스펄전 메시지 시리즈 ❹

찰스 해돈 스펄전의
십자가 메시지
Sermons on Cries from the Cross

찰스 해돈 스펄전 지음
왕 인 성 옮김

기독교문서선교회

기독교문서선교회(Christian Literature Center: 약칭 CLC)는 1941년 영국 콜체스터에서 켄 아담스에 의해 시작되었으며 국제 본부는 미국의 필라델피아에 있습니다.

국제 CLC는 59개 나라에서 180개의 본부를 두고, 약 650여 명의 선교사들이 이동도서차량 40대를 이용하여 문서 보급에 힘쓰고 있으며 이메일 주문을 통해 130여 국으로 책을 공급하고 있습니다.

한국 CLC는 청교도적 복음주의 신학과 신앙서적을 출판하는 문서선교 기관으로서, 한 영혼이라도 구원되길 소망하면서 주님이 오시는 그날까지 최선을 다할 것입니다.

Sermons on Cries from the Cross

Written by
Charles Haddon Spurgeon

Translated by
In Seong Wang

All rights reserved

Korean Edition
Copyright © 2017 by Christian Literature Center
Seoul, Korea

Sermons on Cries from the Cross

Sermons on Cries from the Cross

| 발간사

| 찰스 해돈 스펄전의 생애와 설교

박영호 박사
언약신학원 원장

1. 신앙적 배경과 목회

오늘날 사람들에게 찰스 해돈 스펄전(Charles Haddon Spurgeon, 1834-1892) 목사가 누구인지 물어본다면 그 대답이 너무 다양해서 놀랄지 모르겠습니다. 대부분의 사람들은 설교의 황태자, 청교도의 황태자로 부르며 유명한 설교가였다고 생각할 것이고, 다른 사람들은 침례교인이였다고 말할지도 모르겠습니다. 또 다른 사람들은 19세기에 영국에 살았던 목사라고 기억할 것입니다. 이 모든 말이 사실이지만, 찰스 해돈 스펄전에 관해 훨씬 더 많은 이야기들이 있습니다.

스펄전은 1834년 회중교회 가정에서 17명의 자녀 가운데 맏아들로 태어났으며, 조부와 증조부 모두 독립파 교단의 목사였습니다. 이러한 집안 내력은 지금 보기에는 하나도 이상할 것이 없지만, 19세기 중반의 영국에서는 상황이 다릅니다. 그 당시 이런 집안이라는 것은 잉글랜드 국교회에 반대하여 비국교도에 헌신했다는 것을 의미했습니다.

그리고 스펄전 목사는 그 시절 영국을 사로잡았던 산업혁명 영향에서 멀리 떨어진 시골에서 자랐습니다.

1850년 1월 6일, 16세가 되던 해에 스펄전 목사는 콜체스터에 있는 프리미티브감리교(Primitive Methodist) 집회에서 회심하였습니다. 설교자는 이사야 45장 22절 "땅의 모든 끝이여 내게로 돌이켜 구원받으라 저는 하나님이라 다른 이가 없느니라"는 본문 말씀을 중심으로 "나를 바라보라"는 제목의 설교를 하였습니다. 스펄전은 이 설교에서 깊이 감동하게 되었으며, 구원의 기쁨과 회심을 느꼈습니다.

비록 그의 어머니에게는 슬픔이었지만 곧 침례교인이 되어 바로 평신도 설교자로 설교를 시작하게 되었습니다. 그는 1852년 워터비치에 있는 한 작은 침례교회의 목사가 되었습니다. 그 후에 설교 천재로 여겨지면서 스펄전 목사는 엄청난 수의 청중을 매혹하며, 시골을 넘어서 런던으로까지 큰 명성을 얻게 되었습니다. 이러한 큰 성공의 결과로 스펄전 목사는 1854년 뉴파크스트리트교회(New Park Street Chapel)에서 설교하도록 초청되었는데, 그의 나이가 불과 19세에 불과하였습니다.

스펄전 목사가 그 교회에서 첫 설교를 했을 때, 200석 규모의 자리를 다 채울 수 없었지만 1년 안에 1,200석 자리의 교회가 차고 넘치게 되었습니다. 스펄전 목사는 곧 더 크고 넓은 장소에서 설교를 하기 시작하였고, 교회는 더 부흥 성장하여 마침내 런던 중심가의 메트로폴리탄교회는 1861년에 6,000석 규모의 예배당을 완공하게 되었습니다. 1892년 57세의 일기로 이 땅에서의 생을 마칠 때까지 그의 명성은 그칠 줄 몰랐습니다.

1856년에 스펄전 목사는 수산나 톰슨(Susannah Thompson)과 결혼하여 곧 슬하에 쌍둥이 아들, 찰스와 토마스를 두었습니다. 두 아들은 후에 아버지의 뒤를 이어 목회자가 되었습니다. 스펄전 목사는 목회자 훈련학교인 목회자대학(Pastor"s College)을 열어 그의 평생에 걸쳐 구백 명이 넘는 설교자를 양성하였습니다. 또한, 그는 불우한 소년 소녀들을 위해 고아원을 건립하였으며 고아들을 교육시켰습니다. 그리고 그의 아내 수산나와 함께 기독교 문서를 편찬하고 배포하는 사역을 성장시켰습니다.

스펄전 목사는 그의 40여 년의 목회사역 동안 천만이 넘는 사람들에게 설교했다고 전해집니다. 그의 설교는 매주 2,500부 이상 발간되어 팔렸고 20여 개의 언어로 번역되었습니다. 그는 135권의 저서를 출간했으며, 완전히 설교와 문서운동으로 복음을 전하는데 헌신하였습니다.

스펄전 목사의 전 생애 동안 영국은 산업혁명으로 인해 시골 농경사회에서 도시 산업사회로 탈바꿈하고 있었습니다. 사회 전반의 급격한 변화로 여러 어려움과 공포가 영국 곳곳에 도사리고 있었습니다. 이 엄청난 변화의 소용돌이 가운데 공장 노동자나 가게 점원이 되기 위해 도시로 몰려들었던 사람들이 스펄전 목사의 회중이 되었습니다.

그 자신도 작은 시골에서 나고 자라서 거대하고 불친절한 도시로 이주해온 터라 보통사람으로서 보통 사람들의 영적인 갈급함을 뼛속 깊이 이해했습니다. 그는 복음을 친숙하게 만드는 화술가였으며 사람들의 마음속 깊숙이 자리 잡은 필요를 지혜롭게 말하여 듣는 사람으로 하여금 그 말씀을 기쁘게 받아들이도록 만들었던 사람이었습니다.

스펄전 목사가 지금의 마이크나 스피커가 있기 선 시절에 설교를 했던 분임을 잊지 마시길 바랍니다. 다시 말해 앰프의 도움 없이 설교를 하셨던 분입니다. 한번 설교를 할 때마다 2,000-3,000명이나 되는 청중 앞에서 어떠한 기계 장비의 도움도 없이 설교를 하셨습니다. 그 자신이 강단 위의 증폭기가 되어 설교하셨습니다.

스펄전 목사는 단순히 서서 딱딱한 설교를 읽는 분이 아니었습니다. 설교의 개요를 만들어 놓고, 설교 주제를 즉흥적으로 그때 그때 상황에 맞게 발전시키면서, "보통의 언어로 보통의 사람에게" 전하는 설교를 하셨습니다. 그의 설교는 이야기와 시, 그리고 드라마와 감동이 있었습니다.

스펄전 목사는 생명력 있게 항상 큰 동작으로 단상 위를 성큼성큼 걸어다니며 설교하셨습니다. 그는 감각적 호소를 통해 설교했습니다. 큰 제스처를 사용하면서 이야기를 표현했으며, 유머를 사용하였고, 그림 언어를 이용하여 늘 자신의 설교에 큰 활력을 불어넣었습니다. 스펄전 목사에게 설교란 하나님의 진리를 이야기하는 것으로 이를 위해 어떠한 은사라도 마다하지 않고 사용하곤 했습니다.

스펄전 목사의 설교는 풍성한 기도와 말씀 연구로 가득한 그의 영적인 삶에 뿌리를 내리고 있습니다. 그는 신학적, 사회적, 정치적 유행에 현혹되지 않았습니다. 성경이 오직 그의 삶과 설교의 기초였습니다. 그는 성경 본문의 의미를 텍스트 안에서 파악할 뿐 아니라, 각각의 회중의 삶과 연관지어 이해하는 주해 설교자였습니다. 스펄전 목사에게 성경은 살아있었고, 특별히 성도들의 사회적 지위나 경제적 상황 그리고 살고 있는 시대가 어떠하든지 그들의 삶과 밀접한 연관이 있었습니다.

스펄전 목사는 하나님의 계시를 완전히 받아들였습니다. 하나님의 계시란 예수 그리스도를 통한, 성경을 통한, 그리고 자신의 기도와 말씀 연구를 통한 계시를 말합니다. 그에게 계시란 아직 끝나지 않은 행위입니다. 일단 사람이 받을 준비가 되어 있으면 하나님은 여전히 지금도 그 자신을 계시하고 계십니다. 혹자는 스펄전 목사 자신이 신비로웠고, 또 하나님의 비밀들을 기꺼이 그리고 열정적으로 탐구했다고 말하고 있습니다.

스펄전 목사는 칼빈주의적 청교도 신앙을 가졌으며, "이것은 알고, 이 것은 모르지만, 분명한 것은 여전히 신뢰할 것이다"라고 편안히 말하면 서, 진리와 함께 거하는 삶을 살았습니다. 스펄전 목사의 "감각적 호소의 설교"는 우리에게 도전이 되며 본받아야 합니다.

2. 감각적 호소의 설교

스펄전 목사는 강단에 서기 위한 공식적인 설교 훈련을 받지 못했습 니다. 그러나 그는 생생한 연설이라는 자신의 스타일을 개발했는데, 꾸밈 이 없으면서도 날카롭고 강하게 교리적이면서 엄밀하게 경험적인 "감각 적 호소의 설교"의 대가였습니다.

설교는 성경을 본문으로 한 일종의 기독교적 연설입니다. 설교자의 설 교내용이 효과적으로 전달되도록 하기 위해서는 전달기술, 즉 설교 행위 가 지적인 터치, 감각적·감성적 터치 위에 놓일 때에 효과를 배가시킬 수 있습니다. 따라서 무엇을 이야기할 것인가 하는 설교내용이 중요한 핵 심 사안이지만, 그것 못지않게 중요한 것이 어떻게 이 내용을 감동적으로 전달할 수 있을 것인가 하는 전달기술과 행위의 기법문제입니다.

왜냐하면 설교의 목표는 회중으로 단순히 지적인 만족에 머물게 하는 것이 아니라 궁극적으로 그들의 삶을 변화시키는 데까지 나아가는 것인 데, 이것을 가능하게 하는 것 가운데 하나가 곧 감정적인 터치이기 때문 입니다. 즉, 설교의 내용을 듣고 웃고, 울고, 감동하는 감정적 터치가 이 루어질 때 그것은 회중의 뇌리에 깊이 각인되며 그것이 의지의 변화를 촉 진시키는 동력을 제공하기 때문입니다.

따라서 설교자는 설교 내용과 의지의 변화 사이에 중요하게 자리 잡아야 하는 "감동적 수용"을 간과해서는 안 됩니다.

1) 감각적 호소

설교의 전달행위와 관련하여 중요하게 부각하는 것이 "감각적 호소"(Sense Appeal)입니다. 말하자면 설교에서 감각적인 호소는 회중의 오감(시각·청각·촉각·미각·후각)을 자극하여 설교의 내용의 실감을 극대화하려는 기법으로 회중으로 오감의 터치를 통해 설교의 내용을 경험시키고, 이를 통해 전달의 효과를 높이려는 의도를 갖고 있습니다. 스펄전의 설교는 감각적 호소가 뛰어났습니다.

감각적 호소를 위해 설교자에게 필요한 기본적인 요소는 무엇입니까? 아담스(Jay E. Adams)는 이것과 관련하여 지각(Perception), 상상력(Imagination) 그리고 묘사(Description)를 핵심요소로 추천합니다.

첫째, 지각은 단순히 어떤 사물을 자세히 관찰한다는 것만을 의미하지 않습니다. 감각의 지각이라는 것은 관찰력과 함께 풍부한 지식을 요구하기 때문에 평소의 꾸준한 연구 태도가 설교자들에게 요구됩니다.

둘째, 종합적인 상상은 일차적으로 관찰된 개념을 확대시킴으로 가능케 됩니다. 이 확대 작업을 통해 우리는 모든 물질적인 실체를 궁극적으로 영적인 진리들과 연관시키는 데에 이르게 됩니다. 따라서 이 종합적 상상은 데일(R. W. Dale)이 지적하는 것처럼 영상 속에 있는 것을 다듬는 모방과 구분되어야 하며 오히려 이것을 구체화한 것(incarnating)이 되어야 합니다.

셋째, 사실적인 묘사는 설교자가 설교를 준비하면서 경험한 것을 회중도 동일하게 경험하게 한다는 데 그 핵심이 있습니다. 이를 위해 요구되는 것은 눈에 보이는 선명한 묘사와 풍부한 어휘력입니다. 특히 개념적이고 형이상학적인 단어나 표현 대신 단어 자체에 그림이 있는 단어들을 사용하는 것이 바람직합니다. 이상의 세 가지 요소는 적절하게 조화되어야 하며 동시에 각 요소는 철저히 훈련되어야 합니다.

2) 감각적 호소의 종류

(1) 시각적 호소

설교의 전달에서 가장 중요한 것의 하나가 회중을 설교의 내용 속에 동참하게 하는 것입니다. 즉, 설교자가 설교하는 내용을 들으면서 회중은 그들의 마음에 "마음의 그림"(mind painting)을 그리도록 "언어그림"을 시도하는 것입니다. 아담스가 주장하는 것처럼 몸이 육신의 눈으로 쉽게 볼 수 있듯이 마음도 영적인 눈으로 언어그림을 볼 수 있기 때문에 가능합니다.

설교 역사상 감각적 호소의 기법을 가장 완벽하게 설교에 도입한 인물로 찰스 스펄전을 들 수 있습니다.

> 그러나 여기를 보십시오!
> 십자가에 달려 있는 지분을 당신은 보십니까?
> 그의 가슴 위로 고요히 떨구어진 그의 고통스런 머리를 바라봅니까?
> 그의 볼 위로 뚝뚝 떨어져 내리는 핏방울의 원인이 되어 있는
> 저 가시 돋친 면류관을 봅니까?
> 꿰뚫려 갈라진 그의 두 손과 잔인한 두 못으로 거의 쪼개어진,

체중을 지탱하고 있는 그 의 신성한 발을 당신은 봅니까?
갈보리의 십자가, 예수님의 피흘리는 손에서 자비가 뚝뚝 떨어집니다.
겟세마네 동산, 구주의 피 흘린 자국에 용서가 맺힙니다.
부르짖음이 들립니다.
"나를 앙망하라, 그리하면 구원을 얻으리라"
그곳을 보십시오…
당신을 위해 못박힌 두 손, 당신을 위해 피를 뿜어낸 두 발,
그 품이 당신을 향해 열려있습니다.
만일 그대가 어떻게 자비를 구해야 할지 모른다면, 자 여기 있습니다.

이런 시각적인 호소는 단지 사실적으로 일어난 사건이나 인물에만 해당하는 것이 아니라 어떤 상상적인 가상적인 장면들에 대해서도 가능합니다. 이런 시각적인 호소는 회중으로 설교자가 설명하는 사안에 대해 관념적인 수용 대신 "경험적"인 수용을 가능하게 하며 이렇게 일단 회화적으로 회중 스스로 그려낸 설교의 내용은 단지 언어 내용에만 의지하는 관념적·개념적 전달보다 훨씬 강력한 상을 회중으로 간직하게 한다는 점에서 긍정적입니다. 특히, 이렇게 제공되는 그림들은 동작에 의한 움직이는 그림이기 때문에 생동감을 가질 뿐 아니라, 그 자체로 분명한 설명을 기도하기 때문에 더욱 극적인 효과를 거둘 수 있습니다.

죄인들이여!
당신은 그가 "엘리 엘리 라마 사박다니"라고 부르짖는 외마디 소리를 듣습니까?
당신은 그가 "다 이루었다"라고 외치는 소리를 듣습니까?

당신은 그의 머리가 죽음 속에 매달려 숙여져 있는 것을 목격합니까?
창으로 꿰뚫린 부분과 십자가에서 내려진 시체를 봅니까?
오, 그대여 이곳으로 오십시오!

(2) 청각적 호소

설교에서의 청각적 호소란 설교에 등장하는 구체적인 인물들의 대화를 표현하는 것뿐 아니라 각양의 소리를 묘사함에 있어 청각적 수용을 극대화시키기 위한 일체의 의성어 사용까지를 포괄함을 의미합니다. 스펄전 목사는 간접적인 청각적 터치를 자연현상이나 일반적인 청각적인 현상들을 실감 있게 묘사하는 방식으로 사용하였습니다.

만일 우리가 그를 찬양하기를 그친다 해서
예수 그리스도의 이름이 잊혀질까요?
아닙니다. 돌들이 노래할 것이며 언덕이 관현악단이 될 것이며
산들이 양처럼 뛰놀 것입니다.
태양이 합창을 지휘할 것이며 달은 그의 은빛 하프를 연주하면서
그 소리에 맞추어 달콤하게 노래할 것입니다.
별들은 그들의 율동적인 코스에 따라 춤출 것입니다.

그림을 그리는 작업인 시각적 어필과 마찬가지로 청각적인 어필도 자연스럽게 회화적인 효과를 동반하면서 거기에 사용된 소재의 실감을 더해주기 때문에 이 두 가지 기법은 대개 병행해서 사용됩니다.

당신의 손과 발을 묶고 있는 천사가 단숨에 깊은 구덩이로 당신을 데려갑니다. 그는 당신에게 아래로, 아래로 내려다보라고 명령합니다. 밑바닥

이 없습니다(여기까지는 시각에의 호소입니다. 이제는 귀가 활동하게 됩니다). 당신은 심연(深淵)으로부터 올라오는 음산한 신음소리와 동굴에서 울리는 듯한 끙끙거리는 소리와 고문당하는 유령들의 찢어지는 듯한 비명소리를 듣습니다(지금부터는 두 요소가 상호 교차하여 사용됩니다).

당신은 떨며, 당신의 뼈는 촛농처럼 녹고,
당신의 골수(骨髓)는 당신 속에서 흔들립니다.
지금 당신의 힘은 어디에 있습니까?
또한 당신의 자랑과 허세는 어디에 있습니까?
당신은 외마디 비명을 지르며 울부짖고 자비를 애걸합니다.
그러나 그 천사는 놀라운 한 손아귀에 당신을 재빨리 움켜쥐고
"가라, 가라"고 소리치며 힘껏 아래로 당신을 내던져 버립니다.
그러면 당신은 밑바닥의 휴식할 장소를 결코 발견하지 못할
저 아래쪽으로, 아래쪽으로, 아래쪽으로 영원히 굴러
당신은 내던져 버려지게 됩니다. 내려가게 됩니다.
지옥으로 떨어집니다.
저주받은 자들이 고통의 불타는 쇠사슬 소리를 쩔렁쩔렁 낼 때 그들은
"영원히"라고 말하게 될 것입니다.
고통 속에서 외치는 그대의 끊임없는 고함소리가
하나님의 마음을 움직일 수 없을 것이며,
그대의 신음소리와 짠 눈물이 당신을 동정하도록
하나님을 움직이지 못할 것입니다.
그러나 당신은 먼 곳으로부터
증상과 냉소의 으르렁거리는 소리를 듣습니까?

포근히 싸여있는 북 같은 우리의 심장이
무덤을 향한 장송곡에 맞춰 뛰고 있습니다.

(3) 촉각적 호소

촉감이란 것은 접촉하여 뜨겁거나 찬 온도에 의해 견고하거나 부드러운 혹은 습하거나 건조한 밀도에 의해 거칠거나 고른 피륙의 바탕에 의해 혹은 고통과 같은 감각 등에 의해 활동됩니다. 촉각적인 호소라는 것은 이런 촉감을 회중이 느끼도록 묘사하는 기법입니다. 이것은 앞의 시각적, 청각적 호소와 비교해볼 때 상대적으로 그리 자주 사용되지 않는 기법이지만 설교내용을 현재화시키고 "실감저는 전달"을 위해서는 적극적으로 설교에 도입되어야 합니다.

스펄전 목사는 그의 설교에서 촉각적인 호소를 적절하게 사용하였습니다. 특히 그는 회중으로 촉감을 느낄 수 있도록 "터치"에 많은 주의를 기울였습니다.

마음은 매우 미끄럽습니다!
그렇습니다.
마음은 모든 복음의 낚시꾼들이 잡기에 괴로움을 주는 고기입니다.
뱀장어처럼 미끈둥거려 당신의 손가락 사이를 미끄러져 나갑니다.

특별히 촉각적인 호소는 인간의 고통의 문제나 환희 등을 표현할 때 매우 유용하게 사용할 수 있는 기법입니다. 설교의 내용과 촉감적인 터치를 연결지어 설명하면 더욱 효과적인 전달이 가능합니다.

당신의 손가락을 내미십시오.
사랑하는 여러분!
당신의 손가락을 내미십시오.
당신의 손가락을 내미십시오.
당신이 믿음의 기도나 혹은 소망으로
주님과 접촉할 때까지 가버리지 마십시오.

(4) 미각적 호소

미각적 호소란 혀로 느낄 수 있는 감촉과 관련된 것으로 짜고, 쓰고, 맵고, 시고, 단 혀의 촉감을 설교에 도입하는 기법입니다. 설교의 내용에 따라 모든 미각적인 현상들을 다 취급할 수 있지만 특히 선과 악으로 대별되는 메시지가 주류를 이루는 설교에서는 주로 쓰고, 단 두 가지 미각이 주로 사용됩니다. 스펄전 목사의 설교에서는 주로 유쾌한 것과 불쾌한 것의 두 가지 범주로 미각적 호소가 사용되고 있습니다. 특히 "꿀로 가득 찬 두 손"(Hands Full of Honey)이라는 설교는 미각적 호소가 가장 극명하게 나타난 대표적인 설교라 할 수 있습니다.

시들지 않는 것은 기쁨입니다.
당신은 해마다 그것을 입 속에 간직할 수 있습니다.
그렇지 않다 할지라도 그것은 결코 싫증나게 하지 않습니다.
세상의 남자들은 술에 곧 진저리가 나고
그리스도인들은 즐거움을 갖고 있는데,
그것은 꿀과 같고 꿀벌 집과 같습니다.
양손에 꿀을 가지고 잔치를 계속하면서

그는 주위에 둘러서 있는 모든 사람들에게
하늘의 즐거움을 보이면서 말합니다.
"오! 맛을 보고 주의 선하심을 알라. 그를 믿는 자는 복되도다."

(5) 후각적 호소

후각이란 냄새를 통해 느껴지는 느낌을 말하는 것으로 이 후각적인 느낌을 설교에 도입하려는 시도가 곧 후각적 어필입니다. 일차적으로 후각적 어필에서는 그것이 어떤 냄새이든 설교에서 그 냄새가 회중에게 느껴지도록 묘사하는 것을 말합니다.

후각적인 호소는 이차적인 사용이 가능한데 설교자가 의도적으로 설교의 메시지를 좋고 나쁜 냄새라는 도식으로 나타내는 것이 그것입니다. 가령 복음을 아름다운 장미향기로 묘사한다든지 죄의 부패성을 코를 찌르는 시체 썩은 냄새로 묘사한다든지 어떤 경우이든 비유적으로 끌어들인 후각적인 소재가 생생하게 회중에게 전달되어야 합니다. 스펄전 목사는 특히 이차적인 방식을 그의 설교에 적극적으로 도입하여 복음에 대한 설명을 시도했습니다.

그 지하 납골당에는 죽음의 안개로 덮인 습기나
마땅히 있어야 할 부패한 공기도 없습니다.
일반적인 무덤 속에는 부패하는 유독한 냄새가 있습니다.
그러나 그리스도의 무덤 속에는 어떤 냄새도 없습니다.
오히려 향기가 있을 따름입니다.
한 어린이가 회심할 때 저는 한 가족이 회심할 거란 희망을 갖습니다.
은혜는 값진 연고(軟膏)와 같기 때문입니다.

그것은 향기를 사방에 뿌립니다.
향기로운 향로 상자 하나가 방안에 놓이면
그 향기는 곧 온 방을 채웁니다.
그리고는 조용히 윗층으로 올라가 윗방으로 들어갑니다.
온 집으로 채우기까지 그 일을 쉬지 않습니다.

스펄전 목사는 영혼들을 구원하고자 하는 강렬한 소망이 있다면 그 목적을 이룰 만한 진리들을 전해야 함은 물론, 영혼들을 구원으로 인도하는 데 도움이 될 만한 방식을 사용하여 그 진리들을 다루어야 함을 알았습니다. 설교자는 모든 사람들에게 모든 것이 되어야 합니다(we are to be all things to all men). 그러므로 논리를 따지는 사람들에게는 논리를 제시하고, 명확한 귀납적 사실들과 필수적인 연역적 사실들을 제시하여야 한다고 말했습니다.

그러나 스펄전 목사는 "논리적인 증명을 요하는 부류의 사람들보다는 감정적인 설득의 방법으로 호소할 필요가 있는 사람들의 숫자가 훨씬 많습니다. 이들에게는 이성적인 추론이 아니라 마음의 논리가 더욱 필요하다"고 지적했습니다. 스펄전 목사는 마음의 논리를 다음과 같은 예를 들어 설명합니다.

다시는 속을 썩이지 말라고 아들을 타이르는 어머니의 논리나 아니면 집으로 돌아와 아버지와 화해하라고 오빠를 설득하는 누이동생의 논리와 같은 것이 필요합니다. 곧 분명한 논리에 뜨거운 사랑이 생생하게 담겨있어야 합니다.

스펄전 목사의 설교는 청교도적 특징을 많이 갖고 있었습니다. 청교도 설교는 진리에 대한 합리적인 이해를 추구하면서, 그에 못지않게 가슴과 의지를 중요하게 여겼습니다. 그는 청중들의 전인격에 호소하였습니다. 리차드 백스터(Richard Baxter)는 말합니다.

> 인간은 깊은 감동과 영향을 받지 않고서는 그 진리에 따라 살려고 하지 않는다…진리에 대한 이해는 반드시 의지에 영향을 주어야 한다. 그 진리가 열정적으로 듣는 이의 가슴을 향하여 파고들 때 듣는 이의 가슴을 뜨겁게 하며 그렇게 살도록 결단하게 만든다.

스펄전 목사는 마음을 설교자의 소명의 중요한 도구(the instrument)로 보았습니다. 그는 "우리의 일은 그저 정신적인 일만이 아니다. 그것은 마음의 일이요, 우리의 가장 은밀한 영혼의 수고인 것이다"(ours is more than mental work, it is heart work, the labour of our inmost soul)라고 확신하였습니다. 설교는 단지 정신의 일만은 아닙니다. 이 마음의 원리는 스펄전 목사의 설교에 강하게 배어있습니다. 스펄전 목사는 말합니다.

> 저는 우리의 마음 깊은 곳에서 솟아저는 설교를 좋아합니다. 우리의 마음에서 나온 설교가 아니라면 청중들의 마음에 닿을 수 없기 때문입니다.

아담스가 말한대로 스펄전 목사는 그의 설교에서 감각적 호소(sense appeal), 즉 오감을 통해 청중들의 감동을 이끌어내는 설교를 했습니다. 스펄전 목사는 분명한 칼빈주의적 신학과 교리를 가지고 있었지만, 그의 설교는 메마르고 쥐어짜는 설교가 아니었습니다. 스펄전 목사는 깊은 묵상과 고민 없이 교리의 구조에만 맞추어 설교하거나 말씀의 의미만을 잘 정리하여 설교하는 행위를 비판하였습니다.

스펄전 목사는 또한 설교가 너무나 고상한 문화나 심오한 학식이나 언변적으로 나아가는 것을 경계하였습니다. 하지만 그는 설교에서 신학이나 교리의 가치를 무시한 것은 아닙니다. 단지 신학이나 교리가 성령의 사역을 자칫 제한할 수 있는 것을 주의해야 한다고 하였습니다.

스펄전 목사 당시의 설교자들은 회중의 상황과 필요를 고려하지 않고, 오히려 회중의 삶과 무관한 메마르고 지루한 산문체의 설교를 하고 있었습니다. 많은 설교자들은 고전문학에서 화려한 문구를 인용함으로써 그들의 학문적인 실력을 과시하는 경향이 많았습니다.

반면에 스펄전 목사는 모든 사람이 이해할 수 있는 평이하고도 쉬운 구어체를 사용했으며, 회중의 삶과 연관되어 적용할 수 있는 설교를 하였습니다. 그의 설교는 은유, 직유, 이야기, 유추와 이미지로 가득 찬 신선하고도 회중의 마음에 깊이 새겨지며 감동을 주는 설교였으며 풍성한 상상력을 불러일으키는 설교였습니다.

아담스는 『스펄전의 설교에 나타난 센스어필』(*Sense Appeal in the Sermons of Charles Haddon Spurgeon*)이란 책에서 스펄전 목사가 이야기, 유추, 상상을 어떻게 효과적으로 설교에서 사용했는지 다음과 보여주고 있습니다.

> 당신은 십자가 위에 못 박힌 주님을 상상 속에서 주시합니까?
> 그의 손과 발에서 흐르는 보혈을 보십니까?
> 당신은 그를 보고 있습니까?
> 그를 바라보십시오.

만일 우리가 그를 찬양하기를 그친다고 해서
예수 그리스도의 이름이 잊혀질까요?
아닙니다.
돌들이 노래할 것이며 언덕이 관현악단이 될 것이며
산들이 양처럼 뛰놀 것입니다.

  스펄전 목사는 그의 설교를 듣는 회중이 능동적으로 참여할 수 있도록 이끄는 설교자였다고 할 수 있습니다. 스펄전 목사의 설교가 사람들에게 감동을 주고 변화를 이끌어낼 수 있었던 것은 그가 풍성하고 다양한 상상, 유추, 비유, 이야기 등을 통하여 청중들과 호흡하는 설교를 하였을 뿐만 아니라, 더 중요한 것은 그의 설교는 청중의 정신에만 호소한 것이 아니라 청중의 마음에 호소하였기 때문입니다.
  이 설교집에 있는 스펄전 목사의 십자가 메시지는 감각적 호소를 충분히 반영하고 있습니다. 독자들이 주의 깊게 읽고 느껴 보시기 바랍니다. 물론 이 책의 각각의 설교들은 스펄전 목사가 자신의 목회 사역 중 각기 다른 시기에 설교한 것으로 각각의 독특한 특징들이 있습니다.
  이 설교들은 시리즈가 아니며, 순차적으로 의도되어 만들어진 것도 아니고 하나로 묶을 수 있을 정도로 조화를 이룬다거나 편집된 것도 아닙니다. 대신에 이 십자가 메시지들은 설교자인 스펄전을 그대로 반영하고 있습니다. 놀라운 설교가인 스펄전 목사가 독사로 하여금 특정한 이야기, 특정한 사건, 즉 하나님의 특별한 계시를 자신과 함께 경험하도록 인도하고 있습니다. 이 책을 통해 독자들은 스펄전 목사의 십자가 목소리를 분명히 들을 수 있을 것입니다.
  이 설교집 『십자가 메시지』를 읽으면서 주님의 목소리를 "들을 수" 있기를 간절히 바랍니다. 이 귀한 말씀들을 읽는다는 것은 단순히 책 읽듯이 읽는 것이 아니라 듣는 것을 말합니다. 주의 깊게 듣는다면 무수한 세월이 지났지만 하나님의 영원한 진리의 말씀의 메아리인 이 설교가 놀랍도록 아름다운 운율이 되어 독자들의 귀에 들릴 것입니다.

이 설교집을 읽는 독자들은 무엇보다도 시대를 초월하여 우리와 연합하고자 하시는 창조주의 초대를 깨닫고 반응하고자 했던 스펄전 목사의 열정, 그의 헌신, 그의 언어로 풀이된 메시지를 느낄 수 있을 것입니다. 즐거운 부활절을 벅찬 감격으로 맞이하시기를 바랍니다.

Sermons on Cries from the Cross

역자 서문

왕인성 박사
부산장신대학교 신약학 교수

하나님의 말씀은 어제나 오늘이나 동일하십니다.

따라서 모든 시대를 무론하고 하나님의 음성은 생생히 과거 믿음의 사람들이나 오늘날의 그리스도인이나 미래의 성도들에게도 과거의 이야기나 미래적 소재가 아닌 현재형의 나의 이야기로 들려지는 것입니다.

스펄전 목사의 설교를 번역하면서 필자는 동일한 인상을 받았습니다. 물론 감히 하나님의 말씀과 한 목사의 설교를 동일시하려는 것이 아니라, 분명 스펄전 목사의 설교는 19세기의 영국이 주된 배경이 되고, 당시의 지명과 사건들이 자주 언급되지만, 21세기를 살아가는 한국적 상황에서도 그 메시지는 동일하게 그리고 생명력 있게 다가옵니다.

그리고 스펄전 목사의 설교는 먼 발치에서 팔짱 끼고 방관하듯 듣게 되는 것이 아니라, 눈으로 읽음에도 우리를 성령께서 휘감아치는 설교의 현장 속에 우리를 강제적으로 앉혀놓는 듯한 인상을 받기도 합니다.

스펄전 목사는 평범한 사람들의 평범한 언어로 우리 눈앞에 말씀이 살아 숨쉬게 하는 달란트가 있어, 번역하는 내내 전율을 금치 못했습니다.

이 『십자가 메시지』 편에는 이른바 예수님의 가상칠언, 즉 "아버지 저들을 사하여 주옵소서 자기들이 하는것을 알지 못함이니이다"(눅 23;34), "내가 진실로 네게 이르노니 오늘 네가 나와 함께 낙원에 있으리라"(눅 23;43), "여자여 보소서 아들이니다 보라 네 어머니이라"(요 19;26-27), "나의 하나님 나의 하나님 어찌하여 나를 버리셨나이까"(마 27;46), "내가 목마르다"(요 19;28), "다 이루었다"(요 19;30), "아버지 내 영혼을 아버지 손에 부탁하나이다"(눅 23;46)를 토대로 합니다.

이 가상칠언을 중심으로 펼쳐지는 12편의 『십자가 메시지』는 깊은 신학적 통찰과 묵상의 결정체입니다.

스펄전 목사의 『십자가 메시지』는 『고난 주간 메시지』와 함께 사순절 기간 뿐 아니라, 하나님 앞에서의 겸비함을 추구하는 모든 이들, 은혜를 잃어 버리고 첫 사랑을 회복하길 원하는 이들, 보다 깊은 영성으로 나아가 하나님의 은혜 속에 침잠하길 원하는 이들에게 비길 데 없는 축복의 통로가 될 것으로 확신합니다.

Sermons on Cries from the Cross

목차

발간사: 찰스 해돈 스펄전 생애와 설교	5
역자 서문	23

제1장	십자가상의 첫 번째 외침	26
제2장	무지한 죄인들을 위한 그리스도의 청원	58
제3장	믿음을 가진 강도	86
제4장	라마 사박다니?	121
제5장	일곱 외침들 중 가장 짧은 외침	157
제6장	그분의 교회를 위한 그리스도의 유언	194
제7장	다 이루었다!	224
제8장	십자가상의 그리스도의 마지막 말씀들	264
제9장	십자가상에서의 우리 주님의 마지막 외침	296
제10장	우리 주님의 죽음의 기적들	328
제11장	우리 주님의 사랑의 메시지	351
제12장	우리 주님의 상처들의 증거들	377

Sermons on Cries from the Cross

제1장
십자가상의 첫 번째 외침

> 이에 예수께서 이르시되 아버지 저들을 사하여 주옵소서 자기들이 하는 것을 알지 못함이니이다(눅 23:34).

우리 주님은 그 순간에 십자가상의 첫 번째 고통을 견디고 계셨습니다. 형 집행자들은 그때 이제 막 못들이 그분의 손과 발을 뚫고 들어가게 한 터였습니다. 더욱이 그분은 크게 낙담하였고, 겟세마네 동산에서의 고뇌와 아침 내내 가야바, 빌라도, 헤롯과 로마 경비대가 가한 매질과 잔인한 조롱을 견디셔야 했기에 극도로 쇠약한 상태에 처해 있었음에 틀림없습니다.

하지만 과거의 연약함도, 현재의 고통도, 그분이 계속적으로 기도하시는 것을 막을 수는 없었습니다. 하나님의 어린양은 사람들에게는 침묵하셨으나, 하나님께는 침묵하지 않으셨습니다. 양털 깎는 자 앞에서 소리 내지 않는 양처럼, 그분은 사람들에게는 자신을 위한 변호로는 한 말씀도 하지 않으셨으나, 그분의 아버지를 향해서는 온 맘으로 계속하여 외치고 계셨습니다. 그분의 거룩한 청원을 그 어떤 고통이나 약함도 침묵시킬 수 없었습니다.

사랑하는 이들이여!

우리의 주님께서 이 사실에서 우리로 깨닫게 하시는 모범은 무엇이겠습니까?

우리 마음이 고동치는 한 계속하여 기도하십시다.

그 어떤 과도한 고통도 은혜의 보좌 앞에서 우리를 떠나가지 않게 하십시다.

오히려 그 고통이 우리로 은혜의 보좌로 가까이 가게 해야 합니다.

그리스도인들이 살아 있는 한 기도해야 할지니,
왜냐하면 그들은 단지 기도할 때만이 살게 될 것이기 때문이다.

기도를 멈추는 것은 우리의 형편이 필요로 하는 위로를 단념하는 것입니다.

정신이 혼미하고 마음이 짓눌리는 상태에서도, 크신 하나님은 우리가 계속 기도할 수 있도록 도우시며, 결코 하나님의 속죄소(mercy-seat)로부터 우리의 발걸음이 절망 속에 쫓겨나게 하지 않으십니다. 우리의 거룩한 구속자는 잔인한 사자가 그분의 부드러운 신경 조직을 잘근잘근 씹고 그분의 선신을 망치로 두드리고 두드려 큰 고통에 빠지게 할 때조차도 기도로 견뎌내셨습니다.

그리고 이 인내는 그분이 절대 멈출 수 없는 기도하는 습관 속에 계셨다는 그 사실로 인해 설명될 수 있습니다. 그분은 스스로는 [기도를] 멈추지 못하게 할 만큼의 중보기도의 엄청난 속도를 몸에 익히셨습니다.

차가운 산기슭에서 그토록 긴 밤들과 외로이 보내셔야 했던 그 수많은 날들, 그리고 끊임없이 하늘을 향해 쏘아 보냈던 절규의 외침들, 이 모든 것이 그분 안에 가장 극심한 고통조차도 힘을 유지할 수 없게 만들만큼 강력한 습관을 형성하였던 것입니다.

하지만 그것은 습관 이상이었습니다. 우리의 주님은 기도의 영으로 세례 받으셨습니다. 그분은 그 기도 안에서 사셨습니다. 그 기도는 그분 안에 살아있었습니다. 기도는 그분의 본성의 한 요소가 되었습니다.

그분은 고귀한 방향제와 같아서, 몸에 상처를 입었을지라도, 향기를 발산하는 일을 멈추지 않으셨고, 오히려 몽둥이로 내려친 상처로 인해 향기를 최대한 뿜어내었는데, 그 향기는 외적이고 피상적인 품질이 아니라 그 본성에 대하여 본질상 내적인 덕목이었습니다. 절구 공이 안에서 찧는 것은 그 향신료로 하여금 달콤함의 비밀스런 영혼을 드러내게 하였습니다.

그리하여 예수님은 심지어 몰약 향주머니(아 1:13)가 냄새를 내뿜을 때, 새들이 노래할 수밖에 없기에 노래하는 것처럼, 기도하셨습니다. 기도는 그분의 영혼을 의복처럼 감쌌고, 그분의 마음은 그러한 방향으로 뻗어나갔습니다.

저는 반복하여 말합니다.

이것이 우리의 모범이 되게 하십시다.

어떤 상황 아래서도, 심각한 시련이나 낙담시키는 어려움 속에서도 기도를 중단하지 맙시다.

추가적으로 우리 주님이 우리 앞에서 기도하실 때, 그분의 아들 됨(Sonship)에 관한 강력한 믿음 안에 계셨던 것을 주목하십시오.

자신을 내던지셨던 극도의 시련도 그분의 아들 됨을 굳게 붙드시는 것을 막지 못했습니다.

그분의 기도는 "아버지"로 시작합니다. 주께서 우리가 기도할 때 "우리 아버지"라고 말하도록 가르친 것은 의미 없는 일이 아니었습니다. 왜냐하면 기도 안에서의 효력은 하나님과의 우리 관계에 대한 확신에 훨씬 더 의존하기 때문입니다.

심각한 상실감과 환난 가운데 있는 사람은 하나님은 우리를 자녀를 대하는 아버지처럼 우리를 다루지 않으시고, 유죄판결 받은 범죄자를 대하는 엄격한 판사처럼 대하고 계신다고 생각하는 경향이 있습니다.

그러나 우리가 결코 도달할 수 없는 극한 상황에 그분이 처해지셨을 때, 그리스도의 외침은 아들 됨이라는 의식 속에서 전혀 주저함이 없으셨음을 드러냅니다. 겟세마네에서, 피처럼 흐르는 땀이 뚝뚝 땅바닥에 떨어졌을 때, 그분의 쓰디쓴 외침은 "나의 아버지"로 시작하면서, 가능하다면 이 쓰라린 고통의 잔이 그분을 피해갈 수 있게 해주시라는 간구합니다.

그분은 그토록 어둡고 침울한 밤에 하나님을 부르시고 또 부르실 때조차도, 그분의 아버지로서의 하나님께 청원하였습니다. 여기에서 다시 그분의 마지막 일곱 말씀 중 첫 번째 말씀은 "아버지"였습니다.

우리로 "아바 아버지"라고 외치게 하시는 성령은 결코 그분의 활동을 중단시키지 않으셨습니다!

"만일 당신이 하나님의 아들이라면"이라는 가정으로, 우리가 영적 속박에 처해지지 않기를!

혹은 시험하는 사가 그렇게 우리를 공격할지라도, 우리가 허기진 광야에서 예수께서 하셨던 것처럼 승리할 수 있게 되길 기원합니다.

"아바 아버지"라고 외침으로 성령께서 모든 불신적인 두려움을 내쫓아 주시길 기원합니다.

우리가 마땅한 일이겠지만, [환난으로] 징계 받을 때 (왜냐하면 어찌 아버지가 징계하지 않는 아들이 있으리요, 히 12:7), 우리 영혼의 아버지께 사랑의 복종 가운데 살게 되길 기원합니다.

또한 우리의 은혜로우신 아버지의 사랑이나 그분의 양자됨(adoption) 안에서의 우리의 분깃을 의심하도록 하는 속박의 영의 포로가 되지 않길 기원합니다.

그러나 더욱 놀라운 일은 아버지를 향하여 드리신 우리 주님의 기도가 자기 자신을 위한 것이 아니었다는 사실입니다. 그분은 십자가 위에서 자기 자신을 위하여 계속 기도하셨습니다. 그것은 사실입니다. 그리고 그분의 비통에 찬 외침, "나의 하나님, 나의 하나님, 어찌하여 나를 버리셨나이까"라는 그분의 기도의 개인적 성격을 보여줍니다.

그러나 십자가상의 위대한 일곱 외침 가운데 첫 번째 외침은 간접적으로라도 그분 자신에 대해 거의 언급하지 않고 있습니다. 그 외침은 "아버지, 저들을 용서하옵소서"였습니다. 그 청원은 전적으로 다른 사람들을 위한 것이었습니다. 그리고 비록 그들이 그분에게 자행하고 있던 잔혹함에 대한 암시가 있을지라도, 그것은 희박할 뿐이었습니다.

그리고 여러분은 주님이 "내가 그들을 용서합니다"라고 말씀하지 않으셨던 것을 주목하게 될 것입니다. 그것이 당연한 상황이었을지라도 말입니다. 그분은 그들이 자신에게 악한 일을 행하고 있다는 사실조차도 망각한 것처럼 보입니다.

주님의 생각에는 그것은 그들이 하나님 아버지께 행하고 있는 악행이고, 아들의 인격 속에 계시는 아버지께 그들이 모욕을 가하고 있는 것입니다. 주님은 결코 자신에 대해 생각하고 있지 않습니다. "아버지여 저들을 용서하옵소서"라는 외침은 전적으로 이기적이지 않습니다.

그분 자신은 기도 속에서 그분 자신이 아닌 것처럼 기도하시고, 그리하여 그분의 자기소멸(self-annihilation)은 완전합니다. 그리하여 그분은 자기 자신과 비통함 자체를 잊어버리십니다.

나의 형제들이여!

그분이 엄격히 그분의 기도를 자신에게 한정시켰던 인자로서의 삶 가운데 한 순간이라도 있었다면, 이론의 여지없이, 그것은 그분이 죽음의 사투를 시작하려는 때였습니다. 우리는 어떤 사람이 말뚝에 견고히 매어지거나 십자가에 고정된다면, 그의 첫 번째 그리고 마지막 모든 기도가 그토록 견디기 어려운 시련 아래서 살고자하는 기도였다면, 그것은 놀라운 일이 아닙니다.

그러나 보십시오!

주 예수님은 그분의 기도를 다른 사람을 위한 간구로 시작합니다.

여기에서 얼마나 위대한 마음이 드러나는지를 보게 되지 않습니까?

십자가에 달리신 분 안에 있는 긍휼의 마음은 무엇이었습니까?

얼마나 하나님다우시며, 얼마나 신적인 마음 씀씀이입니까?

죽음의 그 고통에서조차 자신의 첫 번째 기도를 다른 사람을 위한 중보기도로 드렸던 사람이 그분 앞에 일찍이 존재했던 적이 있습니까?

형제들이여!

이 사심 없는 마음이 여러분의 마음 속에도 자리 잡게 하십시오.

모든 사람이 자신의 일만을 살피는 것은 아닙니다. 그러나 모든 사람이 다른 사람의 일을 살피는 것도 아니지요.

여러분의 이웃을 여러분 자신처럼 사랑하십시오.

예수님께서 여러분 앞에 사심 없는 모범을 제시해주셨기 때문에, 그분의 발걸음을 좇아 그분을 따르십시오.

그러나 이 영광스러운 사랑의 왕관에는 최고의 보석이 있습니다. 의의 태양이 놀라운 장관 속에 갈보리를 비추었습니다. 그러나 그분의 떠남을 영광스럽게 하는 밝은 색체들 가운데, 이 색체가 있습니다. 곧 그분의 기도는 다른 사람들만을 위한 것이 아니라, 그분의 가장 잔인한 대적들을 위한 것이었습니다.

그분의 대적들이라고 제가 말했나요?

고려해야 할 그 이상의 것이 있습니다. 그 기도는 수년 전에 그분께 악행을 자행했던 대적들을 위한 것이 아니었습니다. 그 기도는 갈보리 그곳에 있었고, 따라서 그분을 살해하고 있던 이들을 위한 기도였습니다. 구세주는 냉혈한으로 기도하신 것이 아니었습니다. 그분이 상처를 잊은 후에는 그들의 악행을 보다 쉽사리 용서하실 수 있었을 것입니다.

그러나 첫 번째 붉은 핏방울이 못이 박혀진 손등에서 분출되어 나오는 동안, 망치가 진홍색의 응고된 피로 얼룩이 지고 있는 동안, 그분의 거룩하신 입은 신선하고 따뜻한 기도를 쏟아내셨습니다.

> 아버지여, 저들을 용서하옵소서. 그들은 자신들이 무슨 일을 하고 있는지 모르는 까닭입니다.

저는 그 기도가 현장에 있던 사형집행자들에게만 국한된 것이 아니라, 훨씬 더 멀리까지 미치는 기도였다고 믿습니다. 즉, 그 기도는 서기관들과 바리새인들, 빌라도와 헤롯, 유대인들과 이방인들....

맞습니다!

어떤 의미에는 모든 인류를 포함하였습니다. 우리 모두는 그 살해 사건과 연루되었기 때문입니다. 그러나 확실히 그 기도는 바로 현장에 있던 사람들 위에, 즉 그곳에서 저주받은 나무 위에 그분을 매달아 고정하는 악행을 저지르고 있던 그들 위에 값진 나드 향처럼 부어지고 있었습니다.

그러한 관점에서 본다면 그 기도는 얼마나 숭고합니까?

그것은 인적이 드문 영광이 깃든 산 위에 홀로 서 있습니다.

일찍이 그러한 기도를 드린 자는 없었습니다. 아브라함, 모세, 그리고 선지자들이 악한 자들을 위해 기도했었다는 것은 사실입니다. 그러나 그들의 손과 발을 관통하여 찌른 악한 자들을 위한 기도는 아니었습니다. 그리스도인들이 그날 이후로 스데반이 "주여 이 죄를 그들에게 돌리지 마옵소서"(행 7:60)라고 외쳤던 것처럼, 그리고 수많은 순교자들이 자신의 마지막 순간에 박해자들을 위하여 긍휼의 마음으로 중보기도를 그 마지막 말로 삼았던 것처럼, 동일한 기도를 드리고 있는 것은 사실입니다.

그러나 그들이 이런 태도를 어디에서 배웠는지를 여러분은 잘 압니다. 저는 여러분에게 그들이 이런 태도를 어디에서 배웠는지를 묻고 싶습니다.

하나님으로서의 예수께서 그 기원이 아니십니까?

하지만 주님은 그것을 아무데서도 배우지 않으셨습니다. 그러한 태도는 그분 자신의 하나님 같은 본성 안에서 솟아난 것입니다. 독특하게 그분에게만 속한 긍휼이 이 기도의 기원을 명하신 것입니다. 그분의 사랑의 내적 충실성이 그분으로 하여금 그토록 기억될만한 중보기도를 드리게 한 것입니다.

그리하여 그 기도는 우리를 위한 모범으로 작용하게 되있는데, 하지만 그 방식은 전에 존재한 적이 없었습니다. 저는 이 순간에 여러분에게 말하기 위해서 회중 가운데 서기보다는 저의 주님의 십자가 앞에 엎드림이 더 나을 것 같다고 느끼고 있습니다.

저는 그 기도로 인하여 그분을 찬양하기 원하며, 마음으로 그분을 예배하길 원합니다. 제가 그분에 대해 이 한 가지 기도 외에 아무것도 알지 못한다 할지라도, 저는 그분을 찬송해야 합니다. 긍휼을 위한 이 견줄 데 없는 청원이 그 기도를 드리신 그분의 신성의 가장 거부할 수 없는 힘을 제 안에 확신시키며 저의 마음을 사랑이 경배로 가득 채우기 때문입니다.

저는 여러분에게 우리 주님의 십자가 위에서의 첫 번째 음성을 소개하였습니다. 저는 이제 하나님의 성령의 도움을 받게 된다면, 그 기도의 면면을 살펴보게 될 것입니다.

첫째, 우리는 그 기도를 우리 구세주의 중보에 대한 예시로 여길 것입니다.
둘째, 우리는 그 본문을 교회 사역을 위한 교훈으로 여길것입니다
셋째, 우리는 그것을 회심하지 않은 이들에 대한 충고(suggestive)로 여길 것입니다.

1. 나의 사랑하는 형제들이여! 이 놀라운 본문을 우리 주님의 중보기도의 예시로 바라봅시다

그분은 당시 그분의 대적들을 위하여 기도하셨습니다.

그분은 지금 그분의 대적들을 위하여 기도하고 계십니다. 십자가 위에서의 과거 행동은 보좌 위에 계시는 현재의 전조였습니다. 그분은 현재 높은 곳에 보다 고귀한 상태로 계십니다.

그러나 그분의 직무는 동일합니다. 그분은 여전히 영원한 보좌 앞에서 죄인들을 위하여 "아버지여, 저들을 용서하옵소서"라고 외치시면서 계속

하여 간청하십니다. 그분의 모든 중보는 어느 정도는 갈보리에서의 중보 기도를 닮았습니다. 그리고 갈보리에서의 외침은 우리로 하여금 위에서 일어나는 그분의 중보 전체의 성격을 파악하는데 도움을 줄 수 있습니다. 우리가 그분의 중보의 성격에서 살필 수 있는 요점들은 이렇습니다.

첫째, 그 중보는 가장 은혜롭다입니다.

본문에 의하면, 우리 주님이 중보하신 그 대상들은 그분의 기도에 아무런 자격이 없던 이들이었습니다. 그들은 그분을 섬기는 그들의 수고의 보상으로서 그분에게서 그 어떤 축복도 요청할 만한 아무것도 행한 적이 없었습니다.

오히려 그들은 가장 아무런 가치가 없던 이들로, 그들은 단지 그분을 죽게 만들기 위해 공모했을 뿐입니다. 그들은 그분을 십자가에 못 박았고, 제멋대로 악의에 차서 그분을 십자가 위에서 죽게 만들었습니다. 그들은 심지어 그분의 무고한 생명을 빼앗았습니다. 그분의 기도의 대상들은 칭찬받을만한 일과는 전혀 무관한 자들로, 구세주의 마음속에서 단 하나의 선한 소원이라도 말할 아무런 자격이 전혀 없던 자들이었습니다.

그들은 확실히 결코 그분께 그들을 위해 기도해달라고 요구하지 않았습니다. 그들의 마음속에는 "우리를 위해 기도하라. 오 죽어가는 왕이여! 우리를 위하여 간청하라, 그대 하나님의 아들이여!"라고 말하는 것이 마지막 생각이었을 것입니다.

저는 그들이 그분의 중보기도를 들었을 때, 그 기도는 무시되었거나 경멸적인 무관심 속에 스쳐지나갔거나, 혹은 아마도 농담거리가 되었을 뿐이라고 감히 믿습니다.

저는 그러한 기도가 농담거리가 되었을 것임에 틀림없다고 추정만 하기에는 그 상황은 너무도 심각했던 것으로 보입니다. 너무도 잔인했던 십자가 주위에서는 어떤 것들이 작동하고 있었으며, 저는 이것 또한 발생했었을 것이라고 상상해볼 수 있습니다.

하지만 우리 구세주는 그 기도에 대해 아무런 자격이 없는 자들을 위해 기도하셨습니다. 오히려 저주받아 마땅한 이들이었습니다. 그들은 그 기도를 요청하지도 않았고, 그들이 그 기도를 들었을 때 조롱하기까지 하였습니다. 위대하신 대제사장은 서 계신 하늘에서도 마찬가지로, 죄인들을 위하여 간구하십니다.

나의 청중들이여!

죄인들을 위해서 말입니다. 지상에는 그분의 중보기도를 받을 자격이 있는 이들은 아무도 없습니다. 그분은 누군가가 그 기도에 자격이 있다는 전제로는 그 어떤 사람을 위해서도 간구하지 않으십니다. 그분은 그곳에 서셔서 불의한 자들을 대신하여 의로우신 분으로서 간구하십니다.

"어떤 사람이 의로울지라도"가 아니라, "만일 누가 죄를 범하여도 아버지 앞에서 우리에게 대언자가" 계십니다(요일 2:1).

우리의 위대하신 중보자께서 자신들을 위해 기도해달라고 결코 요청한 적이 없는 이들을 위해서도 기도하심을 기억하십시오.

그분의 택함 받은 자들은, 비록 그들이 죄악과 범죄 가운데 죽었을지라도, 그분의 동정어린 중보기도의 대상이며, 비록 그들이 그분의 복음을 조롱할지라도, 그분의 사랑의 마음은 그들을 대신하여 하늘의 호의를 간청하고 계십니다.

사랑하는 이들이여! 보십시오.

그와 같은 일이 사실이라면, 주 예수 그리스도로 하여금 자신들을 위하여 간구하도록 간절히 요청하는 여러분에게 하나님의 축복이 함께 해야

함이 얼마나 확실한지요.

여러분 가운데 어떤 이들은, 많은 눈물과 간절함으로 여러분의 대언자가 되어주시도록 구세주에게 간청해오지 않았습니까?

그분이 여러분을 거절하시던가요?

사실 그분이 거절할 수 있음이 이치에 맞지 않던가요?

사실 그분은 그분의 탄원을 거절했던 이들을 위해서 간구하시며, 특히 주님의 탄원을 금 이상으로 소중히 여기는 여러분을 위해서는 훨씬 더 간구하십니다.

나의 사랑하는 청중들이여!

여러분 안에 아무런 선한 것이 없을지라도, 그리고 여러분 안에 악의에 차고 나쁘다고 생각되어질 모든 것이 있을지라도, 이것들 중 그 어느 것도 그리스도께서 여러분을 위하여 중보사역을 중단케 할 장애물이 될 수 없음을 기억하십시오.

여러분을 위해서도 그분은 기꺼이 간청하실 것입니다.

와서, 여러분의 사정을 그분 손에 맡기십시오.

여러분을 위해서 그분은 여러분 스스로 찾아낼 수 없는 탄원거리들까지도 찾아내실 것입니다. 그리고 그분은 그분을 살해한 자들을 위하여 "아버지여, 저들을 용서하옵소서"하셨던 것처럼, 여러분을 위하여 여러분의 사정을 하나님께 의뢰하실 것입니다.

둘째, 중보의 요점은 신중한 성품(spirit)입니다.

여러분은 "아버지, 저들을 용서하옵소서. 저들은 자신들이 무슨 일을 행하고 있는지를 모르는 까닭입니다"라는 기도 속에 감지했을 것입니다. 말하자면 우리의 구세주는 그분의 원수들에 대해 그들의 유익을 위해 촉구할 수 있는 그들 안에 있는 어떤 것을 찾으시고 또 찾으셨습니다. 그러나 그분은 그분의 지혜롭고 애정 어린 시선이 그들의 무지를 밝히신 후에야, 그것을 보실 수 있었습니다.

그들은 자신들이 무엇을 하는지를 알지 못합니다.

얼마나 신중히 그분은 그 상황을 살피시고 또 살피셨을까요? 그리고 그분은 그들의 그러한 특징을 끈덕지게 청원하는 근거로 삼으셨습니다. 그리스도는 여러분을 위한 부주의한 대언자가 아니십니다. 이 순간에 그분은 여러분의 정확한 상황을 아십니다. 그리고 그분은 여러분이 통과하고 있는 유혹에 관하여 여러분의 정확한 마음 상태를 아십니다. 아니 그 이상으로 그분은 여러분을 기다리고 있는 유혹을 예견하시고, 그분의 중보기도 안에서, 자신의 선견지명의 눈으로 바라보시는 미래의 사건을 알아차리십니다.

보라 사탄이 너희를 밀 까부르듯 하려고 요구하였으나 그러나 내가 너를 위하여 네 믿음이 떨어지지 않기를 기도하였노니 (눅 22:31-32).

오, 우리 위대하신 대제사장의 겸손한 부드러움이 어떠합니까! 그분은 우리가 스스로에 대해 아는 것보다 우리를 더 잘 아십니다. 그분은 모든 비밀스러운 비통함과 신음을 이해하십니다. 여러분은 자신의 기도 표현에 대하여 스스로를 괴롭힐 필요가 없습니다.

그분이 기도의 내용을 바로 잡아주실 것입니다. 그리고 여러분이 정확한 청원에 대한 이해에 관해서도, 여러분은 그 이해에 실패할지라도, 주님은 절대 정확한 청원의 내용을 이해함에 있어 실패하실 수 없습니다. 왜냐하면 무엇이 하나님의 마음인지를 아시는 것처럼, 그분은 여러분의 마음도 무엇인지를 아시기 때문입니다. 그분은 여러분 안에서 여러분이 스스로에 대해 감지할 수 없는 긍휼을 위한 어떤 근거를 찾아내실 수 있습니다.

그리고 여러분의 영혼이 어둡고 구름으로 가득 찼을 때, 그리하여 여러분이 하늘에 대하여 촉구할 수 있는 청원을 위한 디딤대를 분별할 수 없을 때, 주 예수께서 이미 형태가 갖추어진 탄원과 작성된 청원 건들을 갖고 계셔서, 그 청원 내용이 속죄소 앞에서 수용될 수 있도록 제출하실 수 있습니다. 따라서 여러분이 지켜볼 그분의 중보는 매우 은혜롭고, 다음으로 그 중보는 매우 사려깊습니다.

셋째, 우리는 그 중보의 진정성(earnestness)을 주목해야 합니다.

"아버지여, 저들을 용서하옵소서. 저들은 자신들이 무엇을 하는지를 알지 못합니다"라는 이 말씀을 읽는 그 어떤 사람도 그 말씀들이 열정에 있어 하늘을 관통하고 있음을 의심하지 않습니다.

형제들이여!

여러분은 깊이 생각지 않을지라도, 그리스도께서 그 기도 가운데 처절한 열정을 갖고 기도하셨음을 확신할 수 있습니다.

그 사실을 증명해보도록 하겠습니다.

열정에 찬 사람들은 보통은 위트가 있고, 이해에 빠릅니다.

기회에 왔을 때, 도움을 줄 어떤 것을 발견하기 위함이지요.

여러분이 생명을 위해 간구하고 있다면, 그리고 남아있는 여러분 자신에 대한 요청이 여러분 자신을 위한 것이라면, 제가 보장하는것은, 여러분이 다른 사람은 생각지 못할 어떤 것을 생각해낼 것이라는 것입니다.

예수님은 그분의 대적들의 구원을 위해 그토록 진지하게 기도하시기에, 덜 염려하는 사람이라면 결코 생각해 내지 못했을 긍휼을 위한 한 어떤 주장을 생각해 냅니다.

그들은 자신들이 무엇을 하는지를 알지 못합니다.

왜 그것이 긍휼을 위한 가장 엄격하지만 빈약한 이유일까요?
무지는, 그것이 의도된 바라면, 죄를 경감시키지 않습니다. 십자가 주위를 둘러섰던 많은 사람들의 무지는 의도적인 무지였습니다.
그들은 그분이 영광의 주님이셨던 것을 알 수도 있었습니다.
모세가 충분히 설명하지 않았습니까?
이사야는 자신의 주장에 있어 담대하지 않았습니까?
예수께서 메시아이시다는 주장들은 창공에 떠있는 것은 태양만큼이나 사람들이 의심할 수없는 것들이지 않습니까?
그럼에도 불구하고, 구세주는 경이로운 열정 속에 그리고 당연한 능숙함 속에, 청원거리가 될 수 없었던 것을 청원 내용으로 삼으셔서 이렇게 말씀하십니다.

아버지여, 저들을 용서하옵소서. 저들은 자신들이 무엇을 하는지를 알지 못합니다.

하늘에 있어 그분의 청원은 그 열정에 있어 얼마나 강력한지요!
그곳에서 그분은 이해가 빠르지 않거나 간청의 격렬함에 있어 덜 강렬하다고 생각하지 마십시오.

아닙니다. 나의 형제들이여!

그리스도의 마음은 여전히 영원하신 하나님을 끝까지 붙들고 계십니다. 그분은 게으른 중보자가 아니십니다. 시온을 위하여 그분은 말해야 할 바를 마음에 묻어두지 않으십니다. 그분은 예루살렘을 위하여, 예루살렘의 의가 빛을 발하고, 예루살렘의 구원이 등불처럼 불타오를 때까지 멈추지 않고 계시며, 앞으로도 멈추지 않으실 것입니다.

넷째, 여기에 제시된 기도는 하늘에서의 주님의 중보의 특징인 연속성, 끈덕짐, 그리고 영속성을 판단하는데 도움이 됩니다.

제가 앞에서 언급했듯이, 우리의 구세주가 중보기도를 멈추셨던 적이 있다면, 그것은 그들이 그분을 나무 위에 매달았을 때가 확실합니다. 그들이 신적인 존재로서의 그분에게 치명적인 폭력을 직접적으로 가한 범죄를 저지르고 있었을 때, 그분은 그들을 위한 청원 드리기를 중단하셨을 것입니다. 그러나 죄는 우리의 탄원하시는 친구의 혀를 묶어둘 수 없습니다.

신자들이여!

여러분은 범죄하였고, 여러분은 그분의 성령을 슬프게 하였지만, 여러분은 여러분을 위하여 간청하시는 그 강력한 혀를 멈추게 하지 못했습니다.

나의 형제들이여!

아마도 여러분은 열매 없는 삶을 살았기에, 아무것도 맺지 못하는 나무처럼, 여러분은 베임을 당하는 것이 마땅합니다. 그러나 여러분의 열매 없음이 중재자로서의 그분의 위치를 물러나게 하지는 못합니다.

그분은 이 순간 "금년에도 그대로 두소서"(눅 13:8)라고 외치면서 이의를 제기합니다.

죄인들이여!

그대들은 그분의 긍휼을 오래토록 거부하고 더욱 악화된 행동을 하면서 하나님으로 진노케 하였습니다.

그러나 신성모독이나, 불의함, 그리고 불신앙적 태도도 그리스도로 하여금 죄인들의 괴수에 대한 탄원을 촉구하는 자리에서 물러나게 하지는 않을 것입니다. 그분은 살아계시며, 그분은 살아계시는 동안에는 계속 탄원하십니다. 그리고 지상에 구원받아야 할 죄인이 있는 한, 하늘에서는 그를 위하여 탄원하시는 중보자로 계실 것입니다.

이것들은 생각의 파편들에 불과하나 제가 바라기는 그것들이 우리 대제사장의 중보를 깨닫도록 도움을 주기 바랍니다.

다시 생각해보십시오.

다섯째, 우리 주님의 지상에서의 이 기도는, 그 기도의 지혜로 말미암아 하늘에 계실 때의 그분의 기도와 같습니다.

그분은 최고의 것을 구하시며, 그것도 그분의 도움을 필요로 하는 이들(His clients)이 가장 절실히 원하는 것을 구하십니다.

아버지여! 저들을 용서하옵소서.

그것은 고려할 위대한 점입니다. 그들은 무엇보다도 곧장 하나님의 용서를 원했습니다. 주님은 "아버지여, 저들을 깨우쳐 주옵소서. 그들은 자신들이 무엇을 하는지를 알지 못하기 때문입니다"라고 말하지 않으십니다. 왜냐하면 단순한 깨달음(enlightenment)은 양심의 고통면을 만들어내었을 것이고 그들의 지옥행에 박차를 가했을 뿐이기 때문입니다.

그러나 주님은 "아버지, 용서하옵소서"라고 외치셨으며, 그분이 자신의 목소리를 사용하시는 동안, 못의 상처로부터 떨어지고 있던 고귀한 핏방울 역시도 간청하고 있었습니다. 그리고 하나님은 그 간구를 들으셨고 의심할 바 없이 용서하셨습니다.

죄인들에게 필요한 첫 번째 긍휼은 용서받은 죄입니다. 그리스도는 지혜롭게 가장 필요한 은혜(boon)를 위하여 기도하십니다. 하늘에서도 마찬가지입니다. 그분은 지혜롭게 그리고 신중하게 청원하십니다.

그분을 그냥 두십시오!

그분은 하나님의 손에서 무엇을 구해야하는지를 아십니다.

속죄소 앞으로 나아가서 여러분이 하실 수 있는 최대한 여러분의 소원을 쏟아놓으십시오.

그러나 여러분이 항상 다음과 같이 아뢸 때, 그것은 최상의 청원이 될 것입니다.

> 오 나의 주 예수님, 나의 소원이 당신의 판단에 의한 것이 아니라면, 내 바람에 대해서 응답하시지 마십시오. 그리고 내가 구한 어떤 것 안에서 내가 원하는 바를 구하는 일에 실패했다면, 나의 간청을 수정해 주시옵소서. 당신은 저보다 무한히 지혜로우시기 때문입니다.

오! 우리의 간구 내용들이 위대한 왕 앞에 제출되기 전에 우리를 위하여 그 간구 내용들을 완전무결하게 할 궁정에 있는 친구가 있다는 것은 얼마나 기분 좋은 일입니까!

저는 완전한 기도 외에 그 어떤 것도 하나님 앞에 결코 제출될 수 없다고 믿습니다. 그것은 우리 모두의 위대하신 아버지 앞에서, 그분의 백성의 어떤 기도도 불완전하게 올라가지 않음을 의미합니다. 남겨질 아무것도 없으며, 삭제될 아무것도없습니다.

이는 그들의 기도가 원래적으로 자체적으로 완벽해서가 아니라, 중재자께서 그 기도들로 그분의 무한한 지혜를 통하여 완전하게 하시기 때문입니다. 그리고 하나님 당신의 뜻을 따라 주조된 속죄소 앞에 나아가게 되고, 그분은 확실히 그러한 기도를 응답해주십니다.

여섯째, 우리 십자가에 달리신 주님의 기억될만한 이 기도는 기도의 효력에 있어 그분의 우주적 중보와 같습니다.

그분이 위하여 기도하셨던 이들은 그들 가운데 많은 이들이 용서받았습니다.

주님의 그분의 제자들에게 복음을 전하도록 명하셨을 때 말씀하신 바를 기억합니까?

예루살렘에서 시작하여.

그날에 베드로가 열한 제자와 함께 서서, 사람들에게 그들이 사악한 손으로 구세주를 십자가에 못 박고 살해했다고 책망할 때, 그분의 십자가 죽음에 대해 바르게 비판받은 이 사람들 중 3,000명이 그분을 믿게 되었고, 그분의 이름으로 세례를 받았습니다. 그것은 예수님의 기도의 응답이었습니다. 제사장들은 우리 주님의 살해 주동자로, 그들이 가장 중한 죄를 지은 것입니다. 하지만 이렇게 말해집니다.

또한 제사장들 중 허다한 무리가 믿으니라.

여기에 그 기도에 대한 또 하나의 응답이 있습니다. 이방인들 뿐 아니라 유대인들을 포함하는 모든 사람들이 예수님의 죽음에 있어 대표적으로 자신들의 책임적 분깃이 있기 때문에, 복음은 곧바로 유대인에게 선포되었고, 짧은 시간 안에 복음은 이방인들에게도 전파되었습니다.
바로 이 기도가 아니었습니까?

아버지! 그들을 용서하옵소서.

호수에 던져진 돌 하나처럼, 처음에는 작은 원이 그려졌다가 다음에는 더 큰 고리가 생겨나고 곧 바로 더 큰 영역으로 확대되어 전체 호수가 원을 그리는 물결로 뒤덮이는 것과 마찬가지가 아니겠습니까?
이와 같은 기도가 전체 세상에 던져졌습니다. 처음에는 유대인 개종자들과 제사장들 가운데 작은 파장을 만들고, 다음에는 로마인들 아래서 진동하는 더 큰 원이 그려지고, 오늘날 그 원주가 지구만큼이나 커져서 "아버지여, 저들을 용서하옵소서"라는 이 하나의 중보 기도의 효력으로 허다한 무리가 구원받게 된 것입니다.
그것은 확실히 하늘에 계신 그분의 관계성 안에서 이루어진 것입니다. 그분은 결코 헛되이 청원하지 않으십니다. 피를 흘리시는 손으로, 그분은 그날에 승리하셨습니다. 나무에 단단히 고정된 발로, 그분은 승리하셨습니다. 하나님에게서 버림받으시고, 사람들에게 멸시받으신 그분은 그럼에도 그분의 탄원 안에서 승리하셨습니다.
그분의 이마 주위에는 아름다운 관이 씌워져 있고, 그분의 손은 우주를 다스리는 홀이 들려있으며, 그분의 발에는 은샌들이 신겨져 있습니다.

그분은 왕중의 왕이요 주들 중의 주님으로 왕관을 쓰고 계십니다. 약함 가운데서 나오는 눈물과 외침이 전능하다면, 그분이 아버지의 보좌 앞에 서 서셔서 아버지께서 그분과 맺으신 약속을 언급할 때 그분이 부활하신 제사장으로 주장하시는 거룩한 권위는 훨씬 더 강력한 것임에 틀림없습니다.

오, 떨고있는 신자들이여!
여러분의 염려를 그분에게 맡기십시오.
죄 있는 이들이여!
여기로 와서 그분께 여러분을 위해 간구하시도록 요청하십시오.
기도할 수 없는 여러분이여!
와서 그분께 여러분을 위해 중보해주시라고 요청하십시오.
깨어진 마음과 지친 머리를 지닌 이들이여!
그리고 위로 받지 못한 가슴을 가진 이들이여!
자신의 공적으로 금향로에 넣으시는 그분께 나아와서 여러분의 기도를 그분의 공적에 함께 위치시키십시오.

그러면 여러분의 기도가 향기로운 연기로 올라가서 만군의 주님의 코 속으로 향기가 되어 들어가서 그분은 향취를 맡으시고, 여러분과 여러분의 기도를 그 크신 사랑 가운데 받아주실 것입니다.

우리는 이제 이 오후에 집에서의 여러분의 묵상을 위한 충분한 여지를 열어두었습니다. 따라서 우리는 이 첫 번째 요점을 떠나려 합니다. 우리는 그분의 기도를 항상 하늘에 있게 하는 십자가상의 그리스도의 기도에 대하여 설명했습니다.

2. 본문은 교회의 사역에 대하여 모범이 됩니다

그리스도께서 이 세상 속에 계셨던 것처럼, 교회도 그러해야 합니다. 그리스도께서 이 세상에 오신 것은 보살핌을 받으시려 함이 아니었고, 보살피러 오셨고, 대우를 받기 위해서가 아니라 섬기러 오셨습니다.

그분의 교회는, 자신의 역할을 이해할 때, 교회가 교회 자신을 위해 부를 축적하거나 명예를 얻기 위해 여기에 있는 것이 아니며, 그 어떤 일시적인 권력이나 지위를 확대를 추구하기 위해 존재하는 것이 아님을 인식하게 될 것입니다. 교회는 이 세상에 비이기적으로 살기 위해 있는 것이며, 필요하다면 잃어버린 양들의 구속과 잃어버린 사람들의 구원을 위해 비이기적으로 죽으려고 존재합니다.

형제들이여!

내가 말한 십자가상의 그리스도의 기도는 전적으로 비이기적인 것이었습니다.

교회의 생명을 살리는 기도도 그러해야 할 것입니다. 죄인들을 위한 교회의 적극적인 중보도 비이기적이어야 합니다. 교회는 결코 교회의 목회자나 교회 자체를 위해서 살아서는 안 됩니다. 교회는 오히려 잃어버린 사람의 자녀들을 위해서 살아야 합니다.

교회가 목사들의 생계를 위해 형성된 것이라고 생각지는 않겠지요?

교회가 이 땅에 단지 주교들과 집사들과 녹을 받는 직분자, 보좌하는 목회자들에게 월급을 제공하기 위하여 존재한다고는 생각하지 않지요?

제가 뭘 모르는가요?

나의 형제들이여!

그것이 교회의 유일한 목표라면 이 모든 것은 폐지되어야 마땅합니다.

교회의 목표는 귀족들의 어린 아들들을 위하여 원외 구호(outdoor relief)를 제공하는 것이 되어서는 안 됩니다. 그들이 어떤 방식으로 생계를 유지할 두뇌를 가지고 있지 않을 때, 그들은 가족의 생계 문제에 봉착합니다. 교회들은 사전에 준비된 연설을 하는 사람들이 일요일 발언대(Sundays and talk)에 서서 그들을 칭송하는 사람들에게서 매일의 양식을 얻게 하기 위해 세워진 것이 아닙니다.

아니지요!

교회에게는 다른 목적과 목표가 있습니다. 이 예배하는 장소들은 여기에서 여러분이 편안히 앉아서 어떤 내용을 들으면서 여러분의 일요일을 즐겁게 소일하도록 세워진 것이 아닙니다. 런던의 슬럼가와 누추한 지역들, 그리고 초라한 오두막집들을 찾아 선한 일을 하기 위해 존재하지 않는 그 도시의 교회는 더 이상의 존재하는 이유를 정당화할 수 없는 교회입니다.

이교주의로부터의 회심을 요구하고, 악과 싸우며, 죄를 멸절시키고, 거짓을 몰아내려는 목적이 없이 존재하는 교회, 가난한 자들의 편에서 서며, 불의를 반대하고 정의를 지지하기 위해 존재하지 않는 교회는 더 이상 존재할 권리가 없는 교회입니다.

오 교회여!

당신 자신을 위해서는 존재하지 마시오.

그리스도께서 당신 자신을 위해서 사시지 않았던 것처럼 말입니다. 그분의 영광은 자신의 영광을 버리셨을 때 나타났고, 교회의 영광은 교회에 대한 존경과 교회의 위엄을 추구하는 일을 중단하고, 부랑자들을 불러모으는 것을 교회의 영광으로 간주하고, 가장 역겨운 진흙탕 가운데서 예수께서 자신의 피를 흘리셨던 대상으로서의 값을 환산할 수 없는 보석들을 찾아내는 것을 최고의 명예로 여기는 것입니다. 지옥으로부터 영혼들을 구원하고 하나님, 소망, 하늘로 인도하는 것, 이것이 교회의 하늘에 속한 직책입니다.

교회는 항상 이것을 지각해야 합니다!

교회는 자신을 위해 주교와 설교자들을 두어야 하고, 그들을 지원하고 그리스도를 위하여 깔끔하고 질서를 따라 모든 것이 행해지게끔 해야 합니다. 그러나 교회의 목표는 방황하는 자들의 회심, 무지한 자들에 대한 교육, 가난한 자들에 대한 경제적 지원, 옳은 것에 대한 지지, 그릇된 것에 대한 거부, 그리고 모든 위험을 무릅쓰고 우리 주 예수 그리스도의 면류관과 나라를 지탱하는 일이 교회의 궁극적 목표로 간주되어야 합니다.

첫째, 그리스도의 기도는 목표에 대한 위대한 영성(a great spirituality of aim)을 지니고 있습니다.

여러분은 그리스도의 기도 속에 그들의 영혼에 대한 관심 외에는 어떤 것도 추구되지 않은 것을 알아차립니다.

아버지여! 저들을 용서하옵소서.

그리고 저는 교회가 자신이 혈육과 싸우지 아니하고, 정사와 권세와 싸우지 아니하며, 영적인 악함과 싸우고 있음과, 교회가 분배해야 하는 것은 행정관들의 자리를 지켜주거나, 독재자들을 끌어내리는 법과 질서가 아니고, 청중들을 그리스도께 복종하게 하는 영적 정부와 그분의 진리에 대한 복종으로 이끄는 심판임을 회상할 때 모든 일을 잘 해낼 수 있을 것이라고 믿습니다.

저는 하나님의 교회가 하나님 앞에서 죄인들의 용서를 위해 더욱 노력하고, 교회가 무엇이 죄인지, 그리스도의 피가 무엇을 의미하는지, 죄가 씻겨지지 않으면 어떤 지옥이 뒤따를지를 가르치고, 죄로부터 깨끗케 된 모든 사람에게 보장되는 천국은 무엇인지를 알게 하는 생명의 기도를 더욱 추구하여, 이 모든 것을 더욱 나은 방향으로 지켜나가는 것이라고 믿습니다.

나의 형제들이여!

한 사람으로서 죄인들의 용서에 대한 사안의 근거를 확보하기 위해 계속 노력하십시오.

인류를 괴롭히는 모든 악에 관해서는, 모든 수단을 동원하여 모든 악들과 싸우는 일에 함께 참여하십시오.

절제가 유지되게 하시고, 교육이 지원되게 하십시오.

여러분이 시간을 들이고 노력을 기울일 수 있는 최대한까지 정치적이고 교회적인 개념이 계속 추진되게 하십시오.

그러나 모든 그리스도인 남성과 여성의 첫 번째 과업은 그들이 영존하시는 하나님 앞에 설 때, 따뜻한 마음과 양심이 있는 사람이 되는 것입니다.

그 어떤 것으로도 죽지 않는 영혼들에게 긍휼을 베푸는 여러분에게 명해진 하나님의 심부름을 거절치 못하게 하십시오.

이것이 여러분의 과업입니다.

죄인들에게 죄가 그들을 망하게 할 것이며, 그리스도만이 죄를 없애실 수 있고, 이것이 여러분의 영혼들의 한 가지 갈망이 되게 하라고 말하십시오.

아버지여, 그들을 용서하옵소서. 저들을 용서하옵소서. 그들로 어떻게 용서받는지를 알게 하십시오. 그들로 실제적으로 용서받게 하옵소서. 그리고 나로 하여금 죄인들이, 심지어 그들 가운데 가장 극악한 자까지도 용서받도록 이끄는 방편이 되는 것을 제외하고는 결코 쉬지 말게 하옵소서.

둘째, 우리 구세주의 기도는 교회에게 교회의 정신은 비이기적이어야 하는 반면에, 교회의 목적은 영적이어야 하고, 교회의 선교의 범위가 한계가 없음을 가르칩니다.

그리스도께서는 사악한 자들을 위해 기도하셨습니다. 저는 단순히 사악한 자가 아니라 예수님의 십자가 주위를 둘러쌌던 비열한 패거리들을 사악한 자들 중에 가장 악한 자라고 부르는 것입니다. 그분은 무지한 자들을 위해 기도하셨습니다.

그분은 "저들이 자신들이 무슨 일을 하는지 알지 못합니다"라고 기도하시지 않습니까?

그분은 자신을 박해하는 이들을 위해서도 기도하셨습니다. 그들은 그분께 가장 적대감을 보인 자들로 그분의 심장에 가까이 있던 바로 그들이 었습니다.

하나님의 교회여!

여러분의 사명은 여러분의 목회자 주변에 가까이 모여들어 그들이 선하는 말씀을 존중하여 듣고자 하는 존중받을만한 소수의 사람들을 대상으로 하는 것이 아닙니다. 여러분의 사명은 여러분의 말을 비판하고 여러분의 가르침의 모든 음절 하나하나를 판단할 엘리트나 취사선택하여 듣는 이들(the eclectic), 그리고 지적인 사람들을 대상으로 하는 것이 아닙니다. 여러분의 사명은 여러분에게 친절하게, 관대하게, 애정을 가지고 대우할 사람들을 대상으로 하는 것이 아닙니다. 저는 확실히 나머지 사람들 사이에 있을지라도, 이들만을 의미하는 게 아닙니다.

그러나 여러분의 위대한 임무는 창기들, 도둑들, 욕하는 이들, 술주정뱅이, 가장 부패하고 타락한 이들을 대상으로 하는 것입니다. 이들을 아무도 돌보지 않는다 할지라도, 교회는 항상 이들을 돌보아야 합니다. 그리고 교회의 기도 가운데 가장 우선시되어야할 대상이 있다면, 그것은 바로 일반적으로 우리의 생각 가운데 가장 마지막 존재였던 그들일 것입니다. 우리는 열심을 가지고 무지한 자들을 고려해야 합니다.

설교자들이 어린 시절부터 가르침을 받아 그를 이해할 수 있는 사람들만을 가르치는 것은 충분하지 않습니다. 설교자는 신학적 진리의 가장 평범한 어구마저도 알 수 없는 혀로 말해지는 허튼 소리로 의미 없는 것으로 여기는 이들을 고려해야 합니다. 설교자는 가장 뒤떨어지는 이해력을 가진 사람들까지도 이해시킬 수 있도록 설교해야 합니다.

그리고 무지한 많은 이들이 그에게 가까이 오려고 하지 않을지라도, 그는 그들을 설득하기 위하여, 아니지요, 그들로 강제적으로 복음을 듣도록 하기 위하여 그가 할 수 있는 최상의 수단을 사용해야 합니다.

복음은 또한 기독교를 박해하는 사람들을 위하기도 합니다. 복음은 자신의 사랑의 화살을 대적자들의 심장을 겨눕니다.

우리가 예수께 데려오기로 추구해야할 첫 번째 사람이 있다면, 그는 그리스도의 복음에게서 가장 멀리 떨어져 있고 그 복음을 가장 반대하는 이들이 바로 그 대상이 되어야 합니다.

아버지여! 저들을 용서하옵소서. 당신께서 용서할 다른 이들이 없다면, 그들을 용서하시길 기뻐하옵소서.

그리하여 교회도 그리스도처럼 진지해야 합니다. 교회가 그리하면 교회는 자신이 다루고 있는 사람들 가운데 그 어떤 소망의 근거도 재빨리 알아차리게 될 것입니다. 그리고 교회가 그들의 구원을 위해 하나님께 사용할 수 있는 어떤 탄원 제목도 재빨리 찾아낼 수 있을 것입니다.

셋째, 교회는 또한 소망을 가져야 합니다.
확실히 이 시대의 교회만큼이나 더 희망적인 영역을 가졌던 교회는 없었습니다.
무지가 하나님을 향한 탄원 제목이라면, 이 시대의 이교도들을 보십시오.
수백만 명의 사람들이 메시아의 이름을 결코 들어본 적이 없습니다.
위대하신 하나님! 저들을 용서하옵소서.
참으로 저들은 그들이 무슨 일을 하는지를 알지 못합니다. 무지가 소망으로 위한 어떤 근거라면, 런던이라는 이 위대한 도시 안에는 충분한 소망이 있습니다.
왜냐하면 우리 주위에는 복음의 가장 단순한 진리가 가장 신기함의 대상일 수 있는 수만 명의 사람들이 있지 않습니까?
형제들이여!
이 나라가 여전히 무지의 장막 아래 놓여있다는 생각하는 것은 슬픈 일입니다. 그러나 그러한 두려운 사실이 안겨주는 찌르는 고통은, 우리가 구세주의 기도를 바르게 읽을 때, 희망으로 무디어집니다. 그 기도는 우리로 하여금 우리가 "저들을 용서하옵소서. 그들은 자신들이 무슨 일을 하는지를 모릅니다"라고 울부짖을 때 소망을 갖도록 도와줍니다.

가장 타락한 자들과 가장 무지한 자들을 찾아내고 그들을 끈기 있게 찾는 일이 교회의 사명입니다. 교회는 결코 선을 행함에 있어 손을 놀려서는 안 됩니다. 주께서 내일 오신다면, 그리스도인 여러분이 상호 위로를 위해서 함께 모임을 갖는, 그리고 멸망해가는 수많은 영혼들을 망각한 채, 단순히 수다쟁이나 책 읽는 사람으로 전락해야할 이유가 없습니다.

이 세상이 2주 안에 산산조각이 나게 될 것이고, 그리고 루이 나폴레옹이 계시록의 짐승임이 사실이거나, 혹은 그것이 사실이 아닐지라도, 저는 그것을 안중에 두지 않는데, 그 일은 내 의무에 아무런 차이를 주지 않으며 저는 나의 사역을 바꾸지 않을 것이기 때문입니다.

나의 주님이신 그분이 원하시는 때에, 내가 그분을 위해 수고하는 동안에, 그리고 내가 그분의 임재에 준비되어 있는 동안에, 그분으로 오게 하십시오.

교회의 임무는 여전히 영혼들의 구원을 살피는 일입니다. 현대 예언가들이 교회를 사로잡으려 하는 것을 바라만 보고 있고, 사변적 해석에 탐닉하느라 교회의 사명을 포기한다면, 교회는 주님의 오심을 두려워하는 것이 당연합니다.

그러나 교회가 자신의 일에 분주하고, 중단 없는 수고로 교회가 주님의 고귀한 보석들을 찾는 일에 열중한다면, 교회는 자신의 신랑이 오실 때 전혀 부끄러워하지 않게 될 것입니다.

내가 착수했던 주제들을 확장하기에는 시간이 별로 없군요. 그러나 저는 천둥처럼 큰 소리로, 그리고 번개처럼 강력하게 지각과 열정을 가지고 다음의 말들을 말할 수 있길 바랍니다. 저는 여기 있는 모든 그리스도인들이 흥분시키길 원하고, 그리스도인들 마음속에 자신의 일이 그리스도의 교회의 일을 일부라는 바른 사고에 불을 붙이기를 원합니다.

나의 형제들이여!

여러분은 여러분 자신을 위해 살지 말아야 합니다. 돈의 축적, 여러분의 자녀의 양육, 집을 짓는 일, 하루의 수입을 벌어들이는 일, 이 모든 것을 여러분이 행할 수 있습니다. 그러나 여러분이 그리스도처럼 될 때, 이것보다는 더 위대한 목표가 있어야 합니다. 또한 그렇게 되어야 하는데, 여러분은 예수의 피로 사신 바 되었기 때문입니다.

다른 이들을 위해서 살기 시작하십시오.

모든 사람에게 여러분 스스로가 여러분이라는 존재의 종결점이자 가장 중요한 요소가 아님과 여러분은 투자되고 있고, 여러분이 사람들에게 행하는 선한 일을 통하여, 하나님이 영광 받으실 것이고, 그리스도께서 여러분 안에서 그분의 형상을 발견하시고 만족해하실 것을 알게 하십시오.

3. 시간이 다 되었군요. 하지만 마지막 요점이 회심하지 않은 이들에게 도전적인 내용이 되어야합니다

이 문장들을 집중하여 들으십시오.

저는 그 문장들을 가능한 한 간결하고 응축시켜 표현하겠습니다. 여기에 있는 여러분들 중 몇몇은 구원받지 못했습니다. 이제, 여러분 가운데 몇몇은 매우 무지하고, 여러분이 범죄할 때 여러분은 여러분이 무슨 일을 행하였는지를 알지 못하였습니다. 여러분이 자신들이 죄인이라는 것을 알았고, 여러분이 그것을 알았으나, 여러분은 죄가 가지는 광범위한 책임에 대해 알지 못했습니다.

　여러분은 기도의 집에 오래 출석하지 않았고, 여러분은 성경책을 읽지 않았습니다. 여러분은 그리스도인 부모를 두지 않았습니다. 이제 여러분은 여러분의 영혼에 대해 염려하기 시작했습니다.

　여러분의 무지가 여러분을 책임을 면해주게 하지 못함을 기억하십시오.

　그렇지 않다면, 그리스도께서 "저들을 용서하옵서"라고 말씀하시지 않았을 것입니다. 그들은, 자신이 무슨 일을 하는지를 알지 못하는 이들까지도 용서받음에 틀림없습니다. 그들은 개별적으로 범죄했기 때문입니다. 그러나 여전히 여러분의 무지가 여러분에게 일말의 희망을 제공합니다. 여러분의 무지의 때를 하나님은 눈감아 주셨지만, 이제는 모든 곳에 있는 사람들로 회개하라고 명하십니다.

　그러므로 회개에 합당한 열매를 제출하십시오.

　여러분이 무지하여 망각했던 하나님이 기꺼이 용서할 준비가 되셨습니다. 복음은 마치 이것과 같습니다.

　범죄한 자들을 위하여 돌아가신 예수 그리스도를 신뢰하십시오.

　그러면 여러분은 구원 받게 될 것입니다.

　하나님으로 이 아침에 그러한 일이 발생하도록 도우시길!

　그러면 여러분은 새로운 사람이 될 것이며, 새로운 출생과 버금가는 변화가 여러분에게 발생할 것입니다. 여러분은 그리스도 예수 안에서 새로운 피조물입니다.

　그러나 아, 나의 친구들이여!

　그리스도 자신도 어찌 되었든 광의의 의미에서, 기도 가운데 기도할 수 없으셨던 어떤 것이 여기에 있습니다.

아버지여! 저들을 용서하옵소서. 저들은 자신들이 무슨 일을 하는지 알지 못하기 때문입니다.

여러분은 여러분이 무슨 일을 하였는지를 알고 있고, 여러분이 들은 모든 설교를 알고 있습니다. 특히 복음에 의하여 여러분의 지각과 이해 위에 임했던 모든 인상은 여러분에게 책임을 더하며, 여러분에게서 여러분이 무슨 일을 하는지 알지 못한다는 변명을 제거해 버립니다.

아! 여러분은 세상과 그리스도가 있음을 압니다. 그리고 여러분은 둘 모두를 가질 수 없습니다. 여러분은 죄와 하나님이 있음을 압니다. 그리고 여러분은 둘 모두를 섬길 수 없음을 압니다. 여러분은 악한 쾌락과 하늘의 즐거움이 있음을 압니다.

그리고 여러분은 둘 모두를 가질 수 없습니다. 오! 하나님께서 여러분에게 허락하신 빛 안에서, 그분의 성령이 오셔서 여러분이 어떤 진정한 지혜를 여러분이 선택해야할지를 택하도록 도우시길 바랍니다.

오늘 하나님을 위하여, 그리스도를 위하여 하늘을 위하여, 결단하십시오.

주님께서 그분의 이름을 위하여 여러분으로 정하셨습니다. 아멘

Sermons on Cries from the Cross

제2장
무지한 죄인들을 위한 그리스도의 청원

> 이에 예수께서 이르시되 아버지 저들을 사하여 주옵소서 자기들이 하는 것을 알지 못함이니이다 하시더라(눅 23:34).

우리는 여기에서 어떠한 부드러움을 만날 수 있습니까?

온전한 자기 망각(self-forgetfulness), 전능하신 사랑이 아닙니까!

예수님은 자신을 십자가에 못 박은 이들에게, "썩 물러가라!"고 말씀하지 않으셨습니다. 그 한 마디로 그들은 모두 달아났어야했을 것임에 틀림없습니다. 그들이 예수님을 붙잡기 위해 겟네마네 동산에 왔을 때, 그들은 뒤로 물러났고, 그분이 짧은 한 말씀만을 말하셨을 때, 그들은 땅바닥에 쓰러졌습니다. 그리고 이제 그분은 십자가 위에 매달려 계시면서, 하나의 음절로도 전체 무리를 땅바닥에 쓰러지게 하거나 공포 속에 달아나게 하실 수 있으셨습니다.

예수님은 자신을 변명하는 말씀은 하나도 하지 않으셨습니다. 그분이 자신의 아버지께 기도하실 때, 그분은 정당하게 이렇게 말씀하실 수 있었습니다.

"아버지! 저들이 당신의 사랑하는 아들에게 행하는 것을 보십시오.

그들을 사랑하고, 그들을 위해서 행할 수 있는 모든 것을 행했던 당신의 아들에게 그들이 범한 죄악으로 인해 그들을 심판해주십시오."

그러나 예수님께서 읊조린 말씀 가운데 그들을 공격하는 기도는 전혀 없습니다. 이는 이사야 선지자로 기록된 바, "그가 많은 사람의 죄를 담당하며 범죄자를 위하여 기도하였느니라"(사 53:12)고 하셨고, 여기에서 그 말씀이 성취되었습니다. 예수님은 자신을 살해하는 자들을 위하여 탄원 하십니다.

아버지여! 저들을 용서하옵소서.

그분은 엄하게 책망하는 말씀은 한 마디도 내뱉지 않으셨습니다. 그분은 이렇게 말씀하지 않았습니다.

"너희가 왜 이 일을 행하느냐?

어찌하여 너희에게 음식을 공급한 그 손에 못을 박아 구멍을 뚫느냐?

너희는 왜 긍휼의 마음으로 너희를 돌보기 위해 걸었던 그 발등 위에 못을 박느냐?

너희를 축복하기를 기뻐했던 바로 그 사람을 조롱하느냐?"

아닙니다!

주님은 더군다나 저주의 말이 아닌 부드러운 책망의 말씀도 한 마디도 하지 않으셨습니다.

아버지여 저들을 용서하옵소서.

여러분은 주님이 "내가 저들을 용서합니다"라고 말씀하지 않은 것을 알아차릴 것입니다.

그러나 여러분은 행간을 읽을 수는 있겠지요.

그분은 용서를 어휘로 표현하지 않으셨기에 더욱 많은 것을 말씀하신 것입니다. 그러나 그분은 용서할 권세를 지닌 분으로서의 고귀한 자리보다는, 오히려 자신의 위엄을 내려놓으셨고, 십자가에 매달리셨으며, 따라서 그분은 청원자의 겸손한 위치를 택하신 것입니다.

사람들이 "내가 당신을 용서합니다"라고 말할 때, 얼마나 자주 그 말 가운데 일종의 이기심이 존재할 때가 많습니까?

어찌 되었든, 자아(self)는 용서의 바로 그 행동 가운데서도 주장됩니다. 예수님은 청원자, 곧 그분 자신을 살해하고 있는 이들을 대신하는 청원자가 되십니다.

우리는 오늘 밤 십자가상의 이 말씀을 사용할 것이고, 우리의 교훈을 위하여 그 말씀으로부터 어떤 가르침을 모을 수 있는지를 살펴보게 될 것입니다. 왜냐하면 우리가 그 현장에 없었을지라도, 그리고 우리가 실제적으로 예수를 죽게 만들지 않았을지라도, 진정 우리가 그분의 죽음에 원인을 제공하였고, 우리 역시도 영광의 주님을 십자가에 못 박았기 때문입니다.

그리고 "아버지여, 저들을 용서하옵소서. 왜냐하면 저들은 자신들이 무엇을 하는지를 알지 못하기 때문입니다"라는 그분의 기도는 우리를 위한 것이었습니다.

저는 이 본문을 주해의 방식보다 경험의 방식으로 다루겠습니다. 저는 이 자리에는 이 말씀들이 매우 유용한 사람들이 많이 있다고 믿습니다. 이것이 우리의 생각의 흐름입니다.

첫째, 우리는 많이 무지하였습니다.
둘째, 우리는 이 무지가 아무런 변명이 되지 않음을 고백합니다.
셋째, 우리는 우리를 위하여 청원해주심에 우리 주님께 감사드립니다.
넷째, 우리는 이제 우리가 얻은 용서 안에서 기뻐합니다.

성령께서 우리가 이것을 묵상할 때 도와주시길 기원합니다.

1. 우리의 과거 경험을 회상할 때, 첫째, 우리는 많이 무지했었음을 고백합시다

용서받은 우리, 어린 양의 피로 씻겨진 우리는, 한 때 무지로 말미암아 매우 크게 범죄했었습니다. 예수님은 "그들은 자신들이 무슨 일을 하는지를 모릅니다"라고 말씀하십니다.
이제, 형제자매 여러분!
저는 여러분에게 호소합니다.
여러분이 사탄의 지배 아래 살았을 때, 그리고 여러분 스스로와 죄를 섬겼을 때, 그 삶 안에는 엄청난 무지가 자리 잡고 있지 않았습니까?
여러분은 우리가 지금 노래하는 찬송 안에서 말했듯이 다음과 같이 말할 수 있습니다.

아아 유감스럽게도, 저는 내가 무슨 일을 하는지를 알지 못했습니다.

첫째, 우리가 죄가 가지는 끔찍한 의미를 몰랐다는 것은 사실입니다.

우리는 아이들로서 범죄하기 시작했습니다. 우리는 그것이 잘못임을 알았지만, 이 모든 죄가 무엇을 의미하는지는 알지 못했습니다. 우리는 젊은이로서 계속 범죄하였고, 어쩌면 많은 사악함 속으로 뛰어들었습니다. 우리는 그것이 잘못되었음을 알고 있었습니다.

그러나 우리는 처음부터 그 종국을 보지 않았습니다. 그러한 행동이 우리에게는 하나님께 대한 반역으로 비쳐지지 않았습니다. 우리는 우리가 주제넘게 하나님을 거부하고, 그분의 지혜를 경멸하며, 그분의 권세에 저항하고, 그분의 사랑을 조롱했으며, 그분의 거룩성을 일축하고 있다고 생각지 않았습니다. 하지만 우리는 그 모든 일을 행하고 있었던 것입니다.

죄에는 참담한 심연이 있습니다. 여러분은 그 심연의 바닥을 볼 수 없습니다. 우리가 죄를 단 음식을 한 입 우리의 혀 아래서 굴리듯 할 때, 우리는 그 치명적 달콤 씁쓸함 속에 혼합되어 있는 모든 끔찍한 재료들을 알지 못했습니다.

우리는 우리가 감히 하나님께 반항하여 살고 있을 때 우리가 범했던 엄청난 죄악에 대해 전혀 무지한 채 있었습니다. 내가 생각하기에 여러분도 지금까지 저와 비슷한 길을 걷고 있습니다.

둘째, 당시에 우리는 하나님의 우리를 향하신 위대한 사랑을 알지 못했습니다.

저는 그분이 세상의 기초를 놓으시기 전부터 나를 선택하셨다는 것을 알지 못했습니다. 저는 결코 그것에 대해 상상도 하지 못했습니다. 저는 그리스도께서 나를 사람들 가운데서 속량하시기 위하여 나의 대속자로서 나를 대신하셨다는 것을 알지 못했습니다. 그분과 영원히 거하는 존재가 되게 하시기 위해 저를 의와 신실함 속에 자신과 결혼시키셨음을 알지 못했습니다.

사랑하는 친구들이여!

이제 그리스도의 사랑을 아는 여러분은 당시에는 그것을 이해치 못했습니다. 여러분은 자신들이 영원한 사랑에 반대하여, 무한하신 긍휼에 반대하여, 하나님께서 영원 전부터 여러분을 택정하신 그 놀라운 사랑에 반대하여, 죄를 범하고 있다는 것을 알지 못했습니다. 지금까지 우리는 우리가 무슨 일을 하였는지를 알지 못했습니다.

셋째, 저는 우리가 그리스도를 거부하는 동안 그리고 그분을 비통에 빠뜨리는 동안 행했던 모든 것에 대해서도 알지 못했다고 생각합니다.

그분은 우리의 청춘 시절에 우리에게 오셨고, 우리는 어떤 설교에 감명을 받아 떨기 시작했으며, 그분의 얼굴을 구하기 시작했습니다. 그러나 우리는 꾀임을 받아 세상으로 돌아갔고, 그리스도를 거부했습니다. 우리 어머니의 눈물, 우리 아버지의 기도, 우리 선생님의 훈계는 종종 우리를 감동시켰습니다.

그러나 우리는 매우 완고하여 우리는 그리스도를 거부하였습니다. 우리는 그 거부 가운데, 우리가 실제적으로 그분을 죽이려 하였고, 십자가에 못 박았고 있었다는 것을 알지 못했습니다. 우리는 그분이 하나님이심을 부인하고 있었습니다. 그렇지 않았다면 우리는 그분을 경배했었을 것입니다. 우리는 그분의 사랑을 부인하고 있었습니다. 그렇지 않았다면 우리는 그분에게 복종했었을 것입니다.

우리는 실제적으로 모든 죄악의 행위 안에서 망치와 못을 들고 그리스도를 십자가에 매달고 있었으나, 우리는 그것을 알지 못했습니다. 아마, 우리가 그것을 알았더라면, 우리는 영광의 주님을 십자가에 못 박지 않았을 것입니다. 우리는 자신이 잘못하고 있음을 알고 있었습니다. 그러나 우리는 우리가 행하고 있던 모든 악에 대해서는 알지 못했습니다.

넷째, 우리는 온전히 우리의 머뭇거림(delay)이 갖는 의미에 대해서도 알지 못했습니다.

우리는 주저했습니다. 우리는 바야흐로 회심하려고 하고 있었습니다. 우리는 되돌아갔고, 우리의 옛 어리석음으로 방향을 선회하였습니다. 우리는 마음이 강퍅했으며, 우리 마음 안에 그리스도가 없었고, 계속 기도하지 않았습니다.

그리고 우리 각자는 "오, 저는 단지 나의 현재의 약속을 이행할 때까지, 내가 약간 더 나이가 들 때까지, 내가 세상을 좀 더 알게 될 때까지 조금 더 기다리고 있을 뿐이오"라고 말했습니다.

사실은, 우리가 그리스도를 거절하고 있는 것이며, 그분보다, 세상의 쾌락을 선택하고 있는 것입니다. 그리고 지체되고 있는 모든 시간은 그리스도를 십자가에 못 박고 있고, 그분의 영으로 비통하게 하고, 기품 있고 영원토록 신성한 그리스도 대신, 이 창기와 같은 세상을 선택하는 시간이었습니다. 우리는 그것을 알지 못했습니다. 저는 우리가 한 가지를 더 추가할 수 있다고 생각합니다.

다섯째, 우리는 자기 의(self-righteousness)의 의미를 알지 못했습니다.

우리 가운데 몇몇은 우리 자신의 의를 가지고 있다고 생각하곤 했습니다. 우리는 정규적으로 교회에 다녔거나, 우리는 예배당이 열려 있는 때면 예배당에 가곤 했지요. 우리는 세례를 받았고, 견진성사를 받았으며(confirmed), 혹은 아마도 결코 그런 것들 중 어느 것도 해본 적이 없음을 기뻐했습니다.

그리하여 우리는 종교 의식들이 있거나 혹은 없음을 중요하게 여겼습니다.

우리는 자신의 기도에 대해 말했었지요.

우리는 밤낮 성경의 한 장을 읽습니다.

우리는 그러했지요.

오! 우리는 우리가 무엇을 행하지 않았는지 알지 못합니다. 그러나 우리는 거기에 주저앉아 머물렀습니다. 우리는 우리 자신의 가치관 안에서 의로웠습니다. 우리는 고백해야할 특정한 죄를 짓지 않았고, 하나님의 위엄의 보좌 앞에서 먼지 가운데 있어야할 이유도 없었습니다. 우리는 할 수 있는 한 선하였습니다. 그리고 우리는 바로 그 때에도 그리스도께 가장 심한 모욕을 가하고 있었다는 것을 알지 못했습니다.

우리가 죄인들이 아니었다면, 왜 그리스도께서 죽으셨으며, 우리가 충분히 선한만큼 우리 자신의 의를 가지고 있었다면, 왜 그리스도께서 우리를 위하여 의가 되시기 위하여 여기에 오셨을까요?

우리는, 그분의 대속하는 희생 제사를 의지함 없이 우리가 충분히 선하다고 여김으로써 그리스도를 잉여적 존재가 되게 한 것입니다.

아! 우리는 그것을 행하고 있다는 것을 알지 못했습니다. 우리는 우리 자신의 의로, 우리 외적인 퍼포먼스로, 우리 자신의 교회법상의 바른 행실로 하나님을 기쁘시게 하고 있다고 생각했습니다.

그러나 줄곧 우리는 그리스도 대신, 적그리스도를 높이 세우고 있었습니다. 우리는 그리스도께 부족한 것이 없다고 이해하고 있었습니다. 우리는 그분에게서 그분의 지위와 영광을 빼앗고 있었던 것입니다.

오! 그리스도께서는 이 모든 일에 대해서 우리에 관하여, 이렇게 말씀하실 수 있습니다.

그들은 자신들이 무엇을 하고 있는지를 알지 못합니다.

저는 여러분이 조용하게 어느 점에서 죄를 섬겼었는지 살피기를 원합니다. 그리고 여러분의 마음속에 어두움이 드리워졌고, 여러분의 영혼이 보지 못하여, 여러분 자신이 무엇을 행하고 있는지를 알지 못하게 된 것은 아닌지 여부를 살피기를 원합니다.

2. 자 이제 우리는 이 무지가 변명거리가 아님을 고백합니다

우리 주님은 자신의 일을 강력하게 변호하실 수 있습니다. 그러나 우리는 결코 그럴 수 없습니다. 우리는 우리가 무엇을 행했는지를 알지 못하기에, 우리는 가능한 충분한 정도까지 죄의식을 느끼지 못합니다. 그러므로 우리는 충분히 유죄입니다.
따라서 우리는 그것을 인정합시다.

첫째, 율법은 결코 무지를 탄원거리로 여기지 않음을 기억합시다.
우리 시대의 영국법 안에서, 사람은 법이 무엇인지를 아는 것이 당연시 됩니다. 그가 법을 어긴다면, 자신이 그것을 몰랐다고 탄원하는 구실이 되지 못합니다. 그것은 어떤 판사에 의해서는 어느 정도 정상참작으로 간주될 수 있습니다. 그러나 율법은 그러한 종류의 어떤 것도 허용치 않습니다.

하나님은 우리에게 율법을 주셨고, 우리는 그것을 지켜야할 의무가 있습니다. 우리가 율법을 알지 못한채 죄를 지을지라도, 그것은 여전히 죄입니다. 모세의 율법 아래서, 무지의 죄들이 있었습니다. 이 죄들 때문에 특별한 제사들이 있었습니다. 무지는 죄를 지우지 못합니다. 그것이 내가 가진 본문 안에서 명확합니다.

무지가 더 이상 죄된 행위를 만들어내지 않는다면, 왜 그리스도께서 "아버지여, 저들을 용서하옵소서"라고 말씀하셔야 했을까요?

그러나 그분은 그렇게 하십니다. 그분은 무지가 어느 정도는 유죄성을 경감시킬지라도, 무지의 죄에 대하여 긍휼을 구하십니다.

그러나 사랑하는 친구 여러분!

잘들으십시오!

둘째, 우리는 그것을 알아야 했습니다.

우리가 알지 못했다면, 그것은 우리가 알려고 하지 않았기 때문입니다. 말씀에 대한 선포가 있었습니다. 그러나 우리는 애써 그것을 들으려 하지 않았습니다.

여기 거룩한 책이 있습니다. 그러나 우리는 그 책을 읽는데 관심을 두지 않습니다. 여러분과 내가 앉아서, 성경의 빛으로 우리의 행위를 살폈다면, 우리는 죄의 악함에 대하여 그리고 그리스도의 사랑에 대하여, 그리고 그리스도를 거절하고 그분께 가지 않음으로 발생할 수 있는 배은망덕에 대하여 훨씬 더 잘 알았을 것입니다.

셋째, 더욱이 우리는 그것을 생각하지 않았습니다.

여러분은 말합니다.

"오, 하지만, 어린 아이들은 결코 생각지 않습니다."

그러나 어린 아이들도 생각해야 합니다. 생각할 필요가 없는 누군가가 있다면, 그는 삶이 거의 끝나가는 노인일 것입니다. 노인은 생각할지라도, 그는 단지 발전을 위한 약간의 시간만을 가질 뿐입니다. 그러나 어린 아이들은 그들 앞에 전 생애를 두고 있습니다. 내가 목수라면, 저는 상자를 만들었을 것입니다. 저는 상자를 만든 후에 그것에 대해 생각지 말아야 합니다. 반대로 상자를 만들 재목을 자르기 전에 어떤 종류의 상자가 만들어져야 하는지를 생각해야 합니다.

모든 행동에 있어, 사람은 시작하기 전에 생각합니다. 그렇지 않다면 그는 바보입니다. 젊은이들은 누구보다도 더 생각을 많이 해야 합니다. 왜냐하면 예를 들어, 그는 지금 자신의 상자를 만들려고 하고 있기 때문입니다. 그는 자신의 인생 계획을 세우기 시작하고 있습니다. 그는 모든 사람들 가운데서 가장 신중해야 합니다. 이제 그리스도의 사람이 된 우리들 중 많은 사람이 우리가 보다 어린 시절에 주님을 보다 깊이 생각했었더라면, 우리 주님에 대해 훨씬 더 잘 알았었을 것입니다.

어떤 사람은 아내를 취하는 일에 대해 생각할 것입니다. 그는 직업을 갖는 일에 대해 생각할 것입니다. 그는 말이나 암소를 사는 일에 대해서 생각할 것입니다. 그러나 그는 그리스도의 요구에 대해서 그리고 지극히 높으신 하나님의 요구에 대해서는 고려치 않습니다. 이는 그의 무지를 악하게 만들며, 변명이 되지 못하게 합니다.

넷째, 사랑하는 친구 여러분! 게다가 비록 우리가 자신의 무지를 고백할지라도, 우리는 엄청난 많은 죄들에 대해 알고 있었습니다.

이리 오십시오!

내가 여러분의 기억을 깨워드리겠습니다.

그러한 행동이 잘못되었다는 것을 여러분이 알고 있었던 때, 나아가 여러분이 잘못임을 알고 있던 바로 그 시점부터 더욱 잘못으로 돌아가기 시작한 때가 있었습니다. 그때 여러분은 그 행동이 여러분에게 가져다 줄 이익을 바라보았습니다. 그리고 여러분은 그 소득을 위해 여러분의 영혼을 팔았고, 의도적으로 여러분이 잘못되었음을 잘 알고 있던 그것을 행했습니다.

지금 여기 있는 그리스도에 의해 구원받은 사람 중에, 때때로 양심에 반하여 법을 어겼다는 것을 고백해야 하는 이들이 없습니까?

그들은 하나님의 성령을 거스르며 하늘의 빛을 꺼뜨렸고, 자신에게서 성령을 내몰았습니다. 그들은 명백히 자신들이 잘못하고 있음을 알았음에도 말입니다.

우리 마음의 침묵 속에 하나님 앞에 엎드리고, 이 모든 것을 고백합시다.

우리는 주님께서 말씀하시는 바를 듣습니다.

아버지여! 저들을 용서하옵소서.
저들은 자신들이 무슨 일을 하는지를 알지 못합니다.

다음과 같이 말한 때 눈물을 흘립시다.

그리고 우리를 용서하옵소서. 우리는 어떤 사안들에 대해서는 알지 못하기 때문입니다. 모든 면을 우리가 알았었을 수 있지만, 그러나 우리는 생각이 결핍되어 있음을 알지 못했는데, 그 생각은 우리가 하나님께 마땅히 돌렸어야할 엄중한 의무였습니다.

이 주제에 대해 저는 한 가지를 더 추가하여 말하고자 합니다.
사람이 무지하고 자신이 무엇을 해야 하는지를 알지 못할 때, 그는 무엇을 해야 합니까?
그는 알게 될 때까지 아무것도 하지 않는 것이 좋습니다.

다섯째, 여기에 우리가 알지 못했을 때, 우리가 악한 일을 선택했던 사례로 인한 손해가 있습니다.
우리가 알지 못했을지라도, 우리는 왜 옳은 일을 선택하지 않았던 것일까요?
그러나 어둠 속에서는, 우리는 결코 옳은 일을 착수할 수 없었고, 항상 죄에서 죄로 옮겨다닐 뿐입니다.
이것이 우리의 마음이 얼마나 타락했다는 것을 보여주지 않습니까?
우리가 옳은 것을 추구할지라도, 우리가 혼자 남겨지면, 우리는 스스로 그릇되게 행합니다.
아이를 홀로 놔둬 보십시오.
사람을 홀로 놔두어보십시오.
가르침이나 지침 없이 한 부족을 홀로 놔두어 보십시오.
그 결과가 어떻게 될까요?
왜일까요?
여러분이 밭을 돌보지 않고 남겨 놓았을 때와 마찬가지입니다. 그 땅은 우연이라도 결코 밀이나 보리를 생산하지 못합니다.
땅을 방치해보십시오.

그러면 거기에는 그 토양이 무가치한 것만을 생산해내는 기질이 있음을 보여주는 잡초들, 가시덩굴들, 가시나무들이 자리 잡을 것입니다.

오 친구들이여!

여러분의 마음의 내재적 악 뿐만 아니라 여러분의 삶에 녹아있는 악을 고백하십시오.

여러분이 몰랐을 때에도, 사악한 본능을 갖고 있어 악을 선택하였고, 선한 것을 거부했다는 점에서 그렇습니다. 그리고 여러분이 그리스도에 대해 충분히 알지 못했을 때 그리고 그분을 모셔 들여야 할지 말지를 알기 위해 그분에 대해 충분히 생각지 않았을 때, 여러분은 생명을 주실 그분께 나오기를 꺼려했었습니다.

여러분은 빛이 필요했지만, 여러분은 태양에 대해 여러분의 눈을 가려버렸습니다. 여러분은 목이 말랐으나, 여러분은 살아있는 생수를 마시려 하지 않았고, 그리하여 여러분의 무지는 주 앞에서 고백해야할 범죄적 무지였습니다.

오! 여러분!

여러분이 과거 찾았던 적이 있고, 거기에서 여러분의 짐을 내려놓았던 십자가 앞으로 나아오십시오.

와서 여러분의 죄를 반복하여 고백하십시오.

그리고 그 십자가를 새로이 꽉 붙들고 십자가 위에서 피를 흘리신 그분을 바라보십시오.

그리고 여러분을 위해 "아버지, 저들을 용서하옵소서. 저들은 자신들이 무슨 일을 하는지 알지 못하기 때문입니다"라고 기도하셨던 그분의 성호를 찬양하십시오.

이제 저는 한 걸음 더 나아가기 원합니다.

우리는 대단한 무지 가운데 있었습니다. 그러나 우리는 그 엄청난 무지가 변명이 되지 않음을 고백합니다.

3. 이제 우리는 우리를 위해 탄원해 주신 우리의 주님을 찬송합니다

여러분은 예수님이 탄원하신 시점이 언제였는지 알아차렸습니까? 그것은 그들이 그분을 십자가에 못 박고 있는 동안이었습니다. 그들은 그분을 십자가에 막 못을 박았고, 십자가를 들어 올렸으며, 단번에 구멍 안으로 집어넣었습니다. 그리고 그분의 모든 뼈를 탈구시켜 그분을 "저는 물 같이 쏟아졌으며 내 모든 뼈는 어그러졌으며"(시 22;14)라고 말하게 하였습니다.

오! 사랑하는 친구 여러분!

울음이나 신음 대신에, 이 고귀하신 하나님의 아들이 "아버지여, 저들을 용서하옵소서. 저들은 자신들이 무슨 일을 하는지를 알지 못합니다"라고 말씀하신 것은 바로 그 때였습니다. 그들은 자신들을 위해서 용서를 구하지 않았습니다. 예수님께서 그들을 위하여 용서를 구하셨습니다. 그들의 손은 그분의 피로 물들어졌습니다.

그분이 그들을 위해 기도하신 것은 바로 그 때 심지어 그 때였습니다.

그분이 우리를 사랑하신 바로 그 위대한 사랑에 대해 생각해 봅시다.

우리가 아직 죄인되었을 때, 우리가 죄 가운데서 방탕하게 살아갈 때, 우리가 황소가 고개를 박고 물을 마시듯 술에 취해있는 동안에도 그분은 우리를 사랑하셨습니다.

그 때조차도 그분은 여러분을 위해 기도하셨습니다.

우리가 아직 연약할 때에 기약대로 그리스도께서 경건하지 않은 자를 위하여 죽으셨도다(롬 5:6).

오늘밤 그분의 성호를 찬양합시다.

그분은 여러분이 자신을 위해 기도하지 않을 때에도 여러분을 위해 기도하셨습니다. 그분은 여러분이 그분을 십자가에 못 박고 있는 동안에도 여러분을 위해 기도하셨습니다.

그러므로 그분의 탄원에 대해 생각해봅시다.

첫째, 그분은 자신의 아들 됨을 호소합니다.

아버지! 저들을 용서하옵소서.

그분은 하나님의 아들이셨고, 그분은 자신의 신적인 아들의 자격을 우리를 위하여 밀고 나가셨습니다. 그분은 이렇게 말씀하시는 것 같습니다.

아버지! 여기 당신의 아들이 있습니다. 나의 이 요구를 들어주십시오.
이 역도들을 용서하옵소서. 아버지 저들을 용서하옵소서.

그리스도의 아들로서의 권리는 매우 큰 것이있습니다. 그분은 하나님의 아들이셨고, 양자를 통하여 자녀가 된 우리 같지 않으셨고, 본질적으로 아들이셨습니다. 그리고 그분은 영원한 자식의 권리를 지닌, "빛에서 나신 빛이시고 참 하나님에게서 나신 참 하나님이신" 지극히 높으신 분의 아들로, 삼위일체 중 제2위격이셨습니다.

그리고 그분은 바로 그 아들 됨을 여기 하나님 앞에 내어놓습니다. 그리고 "아버지, 아버지, 저들을 용서하옵소서"라고 말씀하십니다.

오! 그분이 상처 입었을 때, 그분이 큰 고통 속에 있을 때, 그분이 죽어가는 동안, 그 아들의 입술을 통해 나오는 말씀의 능력은 어떠했을까요?

그분은 "아버지! 아버지! 저의 요청을 들어주십시오. 오 아버지, 저들을 용서하옵소서. 저들은 그들이 행하는 바를 알지 못하기 때문입니다"라고 말씀합니다. 그리고 위대하신 아버지는 그 청원이 받아들여졌다는 증표로 자신의 장엄한 머리를 떨구셨습니다.

둘째, 여기에서 예수님께서 조용하게, 그러나 실제적으로 그분의 고난을 탄원하십니다.

기도를 드리실 때의 그리스도의 태도는 매우 주목할 만합니다. 그분의 손은 십자가의 가로지르는 들보 위로 뻗어 있었습니다. 그분의 발은 나무 위에 가지런히 고정되었습니다.

그리고 거기에서 그분은 탄원하셨습니다. 고요하게 그분의 손과 발은 탄원하고 있었습니다. 그리고 모든 힘줄과 근육에서 나오는 고통을 느끼는 그분의 몸은 하나님께 탄원하였습니다. 그분의 희생 제사는 바로 거기 하나님의 면전에서 드려졌습니다. 그 제사는 아직 완성되지 않았을지라도, 그분의 의지 안에서는 완성되었습니다. 그리하여 "아버지여 저들을 용서하옵소서"라는 탄원을 올린 것은 그분의 십자가였습니다.

오 거룩하신 그리스도여!

이로써 우리가 용서받은 것입니다. 그분의 아들 됨과 그분의 십자가가 하나님께 탄원 드렸고 우리를 위하여 그 탄원이 응답된 까닭입니다.

셋째, 저는 또한 이 기도를 사랑합니다. 그 기도의 불분명함(indistinctness) **때문입니다.**

그분은 "아버지여, 나를 여기에서 못 박은 군인들을 용서하옵소서"라고 말씀하지 않았습니다. 그분은 그들을 포함하십니다. 그분은 "아버지여, 나를 바라보고 있는 사람들을 용서하옵소서"라고도 말씀하지 않았습니다. 물론 그분은 그들을 의미하셨지요. 그분은 "아버지여, 나에게 대항하여 범죄할 오는 세대들에 속한 죄인들을 용서하옵소서"라고도 말씀하지 않았습니다. 그러나 그분은 그들을 염두에 두셨습니다.

예수님은 그들에 대하여 이름을 거명하여 비난조로 언급하지 않으셨습니다. "아버지여, 나의 대적들을 용서하옵소서. 아버지여, 나를 살해하려는 자들을 용서하옵소서"가 아니지요. 그분의 존귀한 입술에는 비난의 말이 한 말씀도 없었습니다.

아버지여! 저들을 용서하옵소서.

이제 대명사 "저들"을 살펴봅시다.
저는 천천히 갈 수 있다고 느낍니다.
여러분은 거기에 도달할 수 있습니까?
오! 겸손한 믿음으로 그리스도의 십자가를 신뢰함으로 십자가의 유익이 여러분의 것이 되게 하십시오.
그리고 크면서도 작은 어휘인 "저들"에 올라타십시오.
그 어휘는 지상에 내려와 사람들로 올라타게 하는 긍휼의 전차처럼 보입니다. 그 전차는 그를 하늘로 올려줄 것입니다.

아버지여! 저들을 용서하옵소서.

또한 예수께서 간청하신 바가 무엇이었는지 알아차립시오.

넷째, 그것을 생략하는 것은 그분의 기도의 본질을 빠뜨리는 셈이 됩니다. 그분은 그분의 대적들의 완전한 사면을 요청하셨습니다.

아버지여! 저들을 용서하옵소서. 그들을 처벌하지 마옵소서. 저들을 용서하옵소서. 그들의 죄를 기억하지 마옵소서. 그것을 잊어버리시고, 완전히 지워버리시고, 바다의 심연에 던져버리십시오. 나의 아버지여! 그들의 죄를 기억하지 마옵소서. 그들에게 불리한 어떤 것도 영원히 언급되지 말게 하소서. 아버지여! 저들을 용서하옵소서.

오 거룩한 기도여!
하나님의 용서는 넓고도 깊기 때문입니다.
사람은 다른 이를 용서할 때면, 그릇된 기억의 흔적을 자신 안에 남겨놓습니다. 그러나 하나님이 사면하실 때는, 그분은 "저는 그들의 죄악을 용서할 것이며, 그 죄를 더 이상 기억하지 않을 것이다"라고 말씀하십니다. 그리스도께서 여러분과 나를 위해 우리가 회개하거나 믿기 오래 전에 간구하신 것이 바로 이것입니다.
그리고 그 기도에 대한 응답 안에서, 우리가 자신의 죄를 느끼고 그 죄를 고백하고, 그분을 믿도록 부름받았습니다. 그리고 이제 우리는 그분의 성호에 영광을 돌리며, 우리는 우리를 위해 사면해 주시고 우리 모든 죄의 용서를 얻게 하심에 대해 그분을 찬송할 수 있습니다.

4. 저는 이제 마지막 주제를 다루고자 합니다. 그 주제는 바로 이것입니다. 우리는 이제 우리가 얻은 사면을 기뻐합니다

여러분! 용서받으셨습니까?
이것이 여러분의 찬송입니까?

오 기쁨이여! 나의 죄가 용서받았도다.
이제 저는 믿을 수 있고 저는 믿습니다.

저는 교육을 충분히 받은, 그리고 뛰어난 지위에 있는 사람에게서 온 편지 하나를 주머니 안에 갖고 있습니다. 그는 불가지론자였습니다. 그는 자신이 비꼬기 좋아하는 불가지론자였다고 말합니다. 그리고 그는 하나님을 찬양하면서 구세주의 발 앞에 자신을 이끌어 오심에 대하여 내 머리 속에 모든 찬송의 내용을 떠올리게 하면서 편지를 쓰고 있습니다.
그는 말합니다.
"저는 이생 동안 행복이 없었고, 내세에도 소망이 없었습니다."
저는 그것이 수많은 불신자들에 대한 진실된 묘사라고 믿습니다.
그리스도의 십자가 없이 다가오는 세상을 위한 어떤 소망이 있겠습니까?
그러한 사람이 가질 수 있는 최상의 기대는 비참한 죽음을 죽을 수 있고, 그에게 끝이 있다는 정도겠지요.
가톨릭교도가 죽을 때 가질 소망은 무엇입니까?
저는 많은 신실하고 성실한 친구들에게 미안하게 생각합니다. 그 이유는 그들의 소망이 무엇인지 알지 못하기 때문입니다. 그들은 어찌 되었든 하늘에 가는 것을 바라지 않습니다. 결국 그들은 속죄를 위한 고통을 먼저

감내해야 합니다.

  나아가 인생의 마지막에 대한 생각으로 마음을 번뇌케 하는 것 같은 소망을 갖는 것 역시 불쌍하고, 불쌍한 믿음입니다.

  저는 용서받은, 완벽히 사면된 죄에 대하여 우리에게 말씀하시는 그리스도 예수의 종교 외에는 다른 종교에 대해 알지 못합니다.

  이제 들어봅시다.

  우리의 가르침은 여러분이 죽게 될 때, 아마도 모든 것이 잘 될 것이라고 알게 되는 것이 아닙니다. 우리의 가르침은 "사랑하는 이여, 우리는 이제 하나님의 자녀들임"을 알게 되는 것입니다.

> 아들을 믿는 자에게는 영생이 있고(요 3:36).

  그는 이제 영생을 가지고, 그는 그것을 알고 있으며 영생 안에서 기뻐합니다.

  저는 오늘 설교의 마지막 주제로 돌아가고자 합니다.

  우리는 우리를 위하여 그리스도께서 성취하신 사면을 기뻐합니다. 우리는 용서받았습니다. 저는 여기 모인 청중의 대다수가 "하나님의 은혜로, 우리는 어린 양의 피로 씻김 받았음을 압니다"라고 말하기를 소망합니다.

  첫째, 그리스도의 탄원을 통하여 사면이 우리에게 임하였습니다.

  우리의 소망은 그리스도의 탄원에 있습니다. 그리고 특히 우리의 소망은 그분의 죽음에 있습니다. 예수께서 나의 빚을 청산하셨다면, 그리고 내가 그분을 믿는 신자라면, 저는 빚에서 벗어났습니다. 예수께서 나의 죄의 처벌을 감당하셨다면, 그리고 내가 신자라면, 내가 받아야할 처벌은 없습니다. 왜냐하면 우리는 그분께 이렇게 말씀드릴 수 있기 때문입니다.

당신은 완전한 속죄를 이루셨습니다.
그리고 최후의 파딩(farthing-영국의 1/4 페니-역주)까지도 지불되었습니다.
당신의 백성이 어떠한 빚을 졌든지 상관없이,
그분의 나를 향한 분노도 발생할 수 없습니다.
당신의 의로움 안으로 피한다면,
그리고 당신의 피로 피뿌림을 받는다면.

당신은 나의 해방을 주선해주셨습니다.
그리고 기꺼이 하나님의 온전한 진노를 내 방에서 감당하셨습니다.
하나님은 두 번의 지불을 요구하실 수 없습니다.
첫 번째는 나의 피 흘리시는 주님의 손에서,
그 다음에는 다시 내 손에서.

그리스도께서 내 처벌을 감당하셨다면, 저는 결코 그 처벌을 다시 감당하지 않을 것입니다.
오, 이 축복된 확신 안에 있는 기쁨이여!
여러분이 용서받았다는 소망은 예수께서 죽으셨다는 이 사실에 있습니다.
여러분을 위하여 피 흘리신 그분의 삶의 존귀한 상처들을 생각해보십시오.

둘째, 우리는 우리의 사면으로 인해 그분을 찬송합니다. 우리는 이제 우리가 무슨 일을 했는지를 알기 때문입니다.

오! 형제들이여.

우리는 그리스도를 얼마만큼 사랑해야 하는 지를 알지 못합니다. 우리는 지독히도 그분께 대항하여 범죄했기 때문입니다.

하지만 이제 우리는 그 죄가 "엄청나게 죄악된 것임"을 압니다. 이제 우리는 죄가 그리스도를 십자가에 못 박았음을 압니다. 이제 우리는 우리를 사랑하시는 하늘의 존재의 심장을 찔렀던 것을 압니다.

우리는 우리의 최상의 가장 존귀한 친구이자 은혜를 베풀어주신 분을 불명예스러운 방식으로 살해했습니다.

우리는 이제 그것을 압니다. 그리고 우리는 우리가 그분을 그러한 방식으로 대우했던 것을 생각하면서 거의 피눈물을 흘릴 수 있습니다. 그러나 그 죄는 모두 용서 받았고, 사라졌습니다.

오! 그러한 우리의 죄악을 제거해주신 존귀한 하나님의 아들을 찬송합시다.

우리는 이전 어느 때보다도 그 죄악들에 대해 느낍니다. 우리는 그 죄악들이 용서받은 것을 압니다. 우리의 슬픔은 우리의 용서가 우리의 구세주로 지불케 했던 그 고통 때문입니다. 우리는 피 같은 땀을 흘리신 그분을 바라볼 때까지는, 우리의 죄악이 진정 무엇이었는지를 알지 못했습니다. 우리는 결코 우리가 그분의 고귀한 피가 가진 선홍색으로 기록된 우리의 용서에 대해 읽기 전 까지는 우리의 죄가 가진 진홍색을 알지 못했습니다.

이제, 우리는 우리의 죄를 바라봅니다. 하지만 우리는 그것을 보지 못합니다. 하나님께서 그 죄를 용서하셨고, 지워버리셨고, 그분의 등 뒤로 영원히 던져버리셨기 때문입니다.

셋째, 이후로는, 우리가 묘사했던 무지는 우리에게 혐오스럽게 될 것입니다.

그리스도와 영원한 것에 대한 무지는 우리에게 혐오스러운 대상이 될 것입니다. 무지를 통하여 우리가 범죄했다면, 우리는 그 무지를 제거해야 할 것입니다.

우리는 그분의 말씀의 학생이 되어야 합니다. 우리는 십자가에 달리셨던 그리스도에 대한 지식, 모든 과학의 정수를 공부하게 될 것입니다. 우리는 성령께 우리에게서 죄를 발생시켰던 무지를 몰아내달라고 요청하게 될 것입니다. 하나님은 우리가 더 이상 무지의 죄에 빠지지 않도록 허락하십니다.

그러면 우리는 "저는 내가 누구를 믿는지를 압니다. 능히 모든 성도와 함께 지식에 넘치는 그리스도의 사랑을 알고 그 너비와 길이와 높이와 깊이가 어떠함을 깨달을 것입니다"라고 말할 수 있을 것입니다.

저는 여기에서 실질적인 것을 말하려고 합니다.

넷째, 여러분이 자신이 용서받은 것을 기뻐한다면, 그리스도를 닮음으로 여러분의 감사를 보여주십시오.

다음과 같은 청원은 일찍이 없었습니다.

아버지시여! 저들을 용서하옵소서.
그들은 자신이 무슨 일을 하는지를 알지 못합니다.

이제 다른 사람들을 위하여 그러한 탄원을 드리십시오.
누군가가 당신에게 상처를 입히고 있습니까?
당신을 중상모략하는 이들이 있습니까?
오늘밤 기도합시다.

아버지여! 그들을 용서하옵소서.
그들은 자신들이 무슨 일을 하는지 알지 못하기 때문입니다.

항상 악에 대항하여 선을 행하고, 저주 대신, 축복의 말을 합시다.
그리고 우리가 다른 이들의 악행을 통하여 고난받게 될 때, 그들이 그것을 알았더라면 그렇게 행동하지 않았을 것이라고 믿으십시오.
그들을 위해 기도합시다.
그리고 그들의 무지로 그들의 용서를 위한 탄원이 되게 하십시오.

아버지여, 저들을 용서하옵소서.
저들은 자신들이 무슨 일을 하는지 알지 못하기 때문입니다.

저는 여러분이 또한 지금 런던에 살고 있는 수백만 명의 사람들을 생각하기 원합니다.
이 저녁에 자신들의 아이들을 쏟아내고 있는 거리의 사람들을 보십시오.
들어갔다 나왔다 긴 행렬을 만드는 무리로 가득 찬 선술집을 보십시오.
야간에도 거리로 내려가 보십시오.
내가 거의 얼굴이 붉어질 정도로 무엇을 말하는지를 보십시오.

남성들과 여성들을 그들의 집에까지 따라가 보십시오.
그리고 이것이 여러분의 기도가 되게 하십시오.

>아버지, 저들을 용서하옵소서.
>저들은 자신들이 무슨 일을 하는지 알지 못하기 때문입니다.

은종이 항상 울리게 하십시오.
내가 무엇이라고 말했지요?
은종이었던가요?
아닙니다.
그것은 제사장의 의복에 달린 금종입니다.
하나님의 제사장인 여러분!
여러분의 의복에 금종을 다십시오.
그리고 그 종으로 항상 황금 곡조로 울리게 하십시오.

>아버지! 저들을 용서하옵소서.
>그들은 자신들이 무슨 일을 하는지를 모르기 때문입니다.

내가 모든 하나님의 성도로 그리스도를 닮으면서 이와 같은 기도를 드리도록 할 수 있다면, 저는 헛되이 말한 것이 아닙니다.

다섯째, 형제들이여! 저는 우리 주위를 둘러싸고 있는 바로 그 무지 안에서 소망의 근거를 봅니다.
저는 우리의 이 불쌍한 도시를 위한 소망을 봅니다. 이 가여운 나라를 위한 소망, 아프리카, 중국, 그리고 인도를 위한 소망을 봅니다.

　　저들은 자신들이 무슨 일을 하는지를 알지 못합니다.

　여기에 그들을 위한 강력한 근거가 있습니다. 그들은 우리가 몰랐던 것보다 더 모르고 있기 때문입니다. 그들은 죄의 악영향에 대해 우리보다 덜 알고 있습니다. 영원한 생명의 소망에 대해 덜 알고 있습니다.
　하나님의 백성인 여러분!
　이 청원을 올려드리십시오.
　여러분의 누적된 힘으로 여러분의 기도를 데웁시다.
　이 강렬한 기도의 화살을 곧장 하나님의 심장을 향하여 쏘아 올립시다. 예수님께서 그 순간에 그분의 보좌에서 그분의 강력한 중보를 더하여 주실 것입니다.

　　아버지! 저들을 용서하옵소서.
　　그들은 자신이 무슨 일을 하는지를 알지 못하기 때문입니다.

　여기에 회심하지 않은 분들이 있다면, 그리고 우리가 알고 있는 회심하지 않은 이들이 있다면, 우리는 그들을 우리의 개인기도나 공적인 회합에서 언급해야할 것입니다. 그리고 우리는 그들을 위해 다음과 같이 기도해야 할 것입니다.

아버지! 저들을 용서하옵소서.
그들은 자신이 무슨 일을 하는지를 알지 못하기 때문입니다.

하나님께서 그리스도로 인하여 여러분 모두를 축복하시길 기원합니다. 아멘!

Sermons on Cries from the Cross

제3장
믿음을 가진 강도

> 이르되 예수여 당신의 나라에 임하실 때에 나를 기억하소서 하니 예수께서 이르시되 내가 진실로 네게 이르노니 오늘 네가 나와 함께 낙원에 있으리라 하시니라(눅 23:42-43).

얼마 전에 저는 죽어가는 강도의 전체 이야기에 대해 설교한 적이 있습니다. 저는 오늘 동일한 내용을 전달하려는 것이 아닙니다. 그러나 저는 하나의 특별한 관점에서 그 이야기를 살펴보길 제안합니다.

죽어가는 강도의 구원에 대한 이야기는 구원하시는 그리스도의 능력에 대한 효력이 상실되지 않는, 그리고 사람들이 어떤 곤경에 처해 있던지 그분에게 나아오는 모든 사람들을 기뻐이 받아주시는 그분의 풍성하신 은혜에 대한 효력이 결코 영원토록 상실되지 않는 사례입니다.

저는 이 은총의 행동을 삭개오의 구원, 베드로의 회복, 혹은 박해자 사울의 회심 등이 유일한 사례처럼 일회성의 사건으로 간주할 수 없습니다.

어떤 의미에서 모든 회심은 독특합니다. 어떤 두 개의 구원 사건도 동일하지 않습니다. 하지만 어떤 회심 사건이라도 다른 이들을 위한 유형이 될 수 있습니다. 죽어가는 강도의 사례는 다른 점보다 우리의 회심과 훨씬 더 유사점이 많습니다.

사실의 관점에서 그의 경우는 평범치 않은 사건으로서가 아니라, 전형적인 것으로 간주될 수 있습니다. 그리하여 저는 그 사건을 이 시점에 사용하려고 합니다. 성령께서 그 사건을 통하여 절망 속에 빠져들어가고 있는 이들을 위한 격려로 말씀하시길 기원합니다.

사랑하는 친구들이여!

우리 주 예수님이 이 행악자들을 구원하실 때, 그분은 자신의 가장 낮은 위치에 계셨던 것을 기억하십시오.

그분의 영광은 겟세마네 동산 안에서 그리고 가야바, 헤롯, 그리고 빌라도 앞에서 물러났습니다. 그리고 그 영광은 이제 최저 수위선에 도달하였습니다. 옷은 벗겨졌고, 십자가에 못 박히신 우리 주님은 상스러운 무리들에 의하여 조롱 받았고, 고통 속에 죽어가고 계셨습니다.

그 때 그분은 "범죄자 중 하나로 헤아림을 받았"고(사 53:12), 만물의 찌꺼기처럼 되셨습니다.

하지만 그 상황 가운데서도, 그분은 이 놀라운 은총의 행동을 성취하셨습니다.

자신의 모든 영광이 비었고 죽음의 순간에 수치스런 구경거리로 올려진 상태에서도 구세주가 행하신 **놀라운** 역사를 보십시오.

그분이 자신의 영광으로 돌아와 빛의 보좌 위에 앉아계심을 본다면, 이 순간에 그분이 긍휼의 기적을 베푸실 수 있음은 얼마나 확실하겠습니까!

> 그러므로 자기를 힘입어 하나님께 나아가는 자들을 온전히 구원하실
> 수 있으니 이는 그가 항상 살아 계셔서 그들을 위하여 간구하심이라
> (히 7:25).

내 주장은 죽어가는 구세주가 강도를 구하셨다면, 지금 살아서 통치하시는 그분은 지금은 더 잘 구원하실 수 있다는 것입니다.

모든 능력이 하늘과 땅에 계신 그분께 주어졌는데, 이 시간에 그분의 은총의 능력을 능가할 어떤 것이 존재할 수 있겠습니까?

참회하는 강도의 구원이 인상적이게 하는 것은 우리 주님의 약함만이 아닙니다. 그것은 죽어가는 행악자가 자신의 두 눈으로 목격한 사실이었습니다.

여러분은 그 사람의 자리에 들어갈 수 있겠습니까?

그리고 여러분 자신이 십자가 위에서 고통 가운데 매달린 사람을 보고 있다고 생각해보십시오.

여러분은 선뜻 그분을 자신의 나라에 곧 임하게 될 영광의 주님으로 믿을 수 있었겠습니까?

그러한 순간에 예수님을 주님이시오 왕으로 믿을 수 있는 것은 절대 가벼운 믿음이 아니었습니다.

사도 바울이 여기에 있다면, 그리고 히브리서 11장에 신약성경 한 장을 더하길 원한다면, 그는 확실히 이 강도의 놀라운 믿음을 자신의 예증으로 시작했을 것입니다. 그 강도는 십자가에 달리시고, 조롱을 받으며, 죽어가는 그리스도를 믿었고, 그분의 나라를 확실히 임하게 할 주체로서의 그분께 탄원을 올렸습니다.

강도의 믿음은 더욱 놀라운데, 그는 스스로 큰 고통 가운데 있었고, 곧

죽을 운명이었기 때문입니다. 여러분이 치명적 고통이 있는 고문을 당할 때, 확신을 갖는다는 것은 쉬운 일이 아닙니다. 우리 마음의 안정은 때때로 신체의 고통에 의해 크게 방해받습니다. 우리가 날카로운 고통 속에 있을 때, 다른 때에 우리가 가질 수 있다고 생각하는 그러한 믿음을 보여주는 것은 쉽지 않습니다.

스스로 고통을 당하고 있었고, 그토록 슬픈 상태에 있던 구세주를 바라본 이 사람은, 그럼에도 불구하고 영원한 생명을 믿었습니다. 그것은 좀처럼 보기 어려운 그러한 믿음이었습니다.

또한 그러한 시점에 그 사람을 구원하실 수 있었고, 그에게 그토록 위대한 믿음을 주셨으며, 그에게 그토록 완벽하고 신속하게 영원한 축복을 준비하신 그분을 회상하십시오.

가망이 없는 토양 위에서 그리고 형편이 좋지 않는 기후 안에서 그러한 믿음을 도출하실 수 있는 성령의 능력을 보십시오.

이제 오늘 설교의 핵심으로 곧장 들어갑시다.

첫째, 지상에서 우리 주님의 마지막 동반자였던 그 사람을 주목하십시오.

둘째, 이 동일한 사람이 낙원의 관문에서 우리 주님의 첫 동반자였음을 주목하십시오.

셋째, 우리 주님이 이 **은총의 행동**으로부터 우리에게 선포하시는 그 설교를 주목하십시오.

오! 이 모든 설교의 처음부터 끝까지 성령께서 함께 하시기를!

1. 십자가에 달린 강도가 우리 주님의 지상에서의 마지막 동반자였던 것에 신중하게 주목하십시오

우리 주님이 여기 계실 때 선택하셨던 유감스러운 동료는 누구인가요?

그분은 종교적으로 열심이었던 바리새파 혹은 사색적인 사두개파와 교제하지 않으셨습니다. 그러나 그분은 "세리와 죄인들의 친구"로 알려졌습니다.

내가 어찌 이 사실에 대해 기뻐하지 않을 수 있습니까?

이 사실은 그분이 나와 사귀는 것을 거절치 않으실 것임을 저에게 확신케 합니다. 주 예수께서 내 친구가 되실 때, 그분은 확실히 자신에게 무엇이 이득이 될 것인가에 대해 선택하지 않으셨습니다.

여러분은 그분이 여러분의 친구가 되실 때, 그분께 어떤 명예가 따라올 것이라고 생각합니까?

그분이 일찍이 우리를 통해 얻으신 바가 있던가요?

아닙니다!

나의 형제들이여!

예수님이 허리를 굽혀 낮아지시지 않았다면, 그분은 나에게 오실 수 없었을 것입니다. 그리고 그분이 가장 무가치한 자를 찾지 않으셨다면, 그분은 여러분에게 가시지 않았을 수도 있습니다.

여러분이 그렇게 느낀다면, 그분이 "내가 의인을 부르러 온 것이 아니요 죄인을 불러 회개시키러"(눅 5:32) 오셨다는 사실에 대해 감사해야 합니다. 위대한 의사로서, 우리 주님은 환자들과 많이 계셨습니다. 그분은 자신의 치유 능력을 사용할 수 있는 공간이 있다면 어디든지 가셨습니다.

모든 사람이 의사를 필요로 하지 않습니다. 모든 이들이 그분을 제대로 평가할 수는 없으며, 그분의 능력을 위해 공간을 내줄 여유도 없습니다. 그러므로 그분은 모든 이들의 거처에 자주 가지는 않으셨습니다.

하지만 우리 주님은 여러분과 나를 구원하시기로 선택하셨습니다. 이는 그분이 우리 안에서 그분의 긍휼과 은혜를 위한 풍부한 공간을 발견하셨기 때문입니다. 우리의 욕구와 죄만이 있는 끔찍한 공허 안에 주님의 사랑이 일할 충분한 공간이 있었습니다. 그리고 그곳 안에서 그분은 우리를 위하여 위대한 일을 행하셨고, 우리는 그것을 즐거워합니다.

여기 있는 어떤 사람도 절망하여, "그분은 결코 나를 보기 위해 황송하게 낮추시는 일은 없을 것입니다"라고 말하지 않게 하십시오.

첫째, 지상에서 그리스도의 마지막 동반자가 죄인이었고, 결코 평범한 일상인이 아니였음에 주목하길 바랍니다.

그는 심지어 사람의 법도 위반했습니다. 그는 강도였기 때문입니다. 어떤 사람은 그를 "산적"이라고 부릅니다. 그리고 저는 그럴 개연성이 있다고 생각합니다. 당시의 산적들은 강도 행위와 살인을 병행했습니다. 그는 아마도 로마 정부에 대항하여 싸우는 무장한 약탈자였을 것입니다. 그에게는 로마 정부를 대항하는 일이 약탈할 기회가 있을 때 변명으로 작용했을 것입니다.

마침내 그가 체포되었고, 로마 재판정에 의해 유죄판결을 받았습니다. 로마 재판징은 대체직으로 공정했고, 이번 사건에서는 확실히 공정했습니다. 왜냐하면 그가 스스로 유죄판결이 공정하다고 고백하기 때문입니다.

십자가 위에서 믿었던 행악자는 사형수 감방에 갇힌 죄수였고, 그의 범죄로 인하여 곧 사형에 처해질 운명이었습니다. 유죄판결을 받은 흉악범이 우리 주님의 마지막 지상에서의 동반자였던 것입니다.

그분은 죄인들의 영혼을 얼마나 사랑하는 분이신지요?

그분은 인간의 가장 낮은 자리까지 내려가시기 위해 얼마나 낮아지셨던가요?

그분은 생명이 다하기 전에, 인간들 중에 가장 무가치한 자에게 영광의 주님이 견줄데 없는 은혜로 말씀하셨습니다. 그분은, 여러분이 성경 전체를 찾아볼지라도 결코 더 뛰어날 수 없는 경이로운 말씀을, 그 사형수에게 하셨습니다.

오늘 네가 나와 함께 낙원에 있으리라.

저는 이 성전(Tabernacle, 스펄전의 6,000석 교회를 가리킴) 안 어딘가에 법을 어겼거나, 혹은 일상적인 정직과 관련한 범죄를 기소되어야할 사람이 있을 것이라고 생각지 않습니다. 그러나 나의 청중들 가운데 그러한 사람이 있다면, 저는 그를 우리 주 예수 그리스도를 통하여 용서를 발견하고 마음의 변화를 얻도록 초대합니다.

여러분은 그분께 나아갈 수 있습니다. 누구든지 그렇게 할 수 있습니다. 왜냐하면 이 사람이 그렇게 했기 때문입니다. 여기에 죄의 극단까지 가 보았고, 자신이 그렇게 했다고 인정한 사람의 표본이 있습니다. 그는 변명하지 않았습니다. 그리고 자신의 죄를 가릴 망토를 찾지 않았습니다. 그는 공의의 손 안에 놓였고, 사형실을 대면했습니다.

하지만 그는 예수님을 믿었으며, 그분께 낮은 신음으로 겸손한 기도를 드렸습니다 그는 현장에서 구원받았습니다. 하나님의 샘플이지만, 그러한 경우는 다반사입니다. 예수님은 유사한 상황의 다른 사람들을 구원하십니다.

그러므로 여기에서 아무도 나를 오해하지 않도록 그 점을 명확히 하겠습니다. 여러분 가운데 어느 누구도, 여러분의 죄악이 얼마나 크든지 상관없이, 그리스도의 무한하신 긍휼에서 배제되지 않습니다. 여러분이 예수님을 믿으면, 그분은 여러분을 구원하실 것입니다.

둘째, 이 사람은 죄인이었을 뿐 아니라, 그는 새롭게 깨달은 죄인이었습니다.

저는 그가 전에는 주 예수님에 대해 진지하게 생각했다고는 추정치 않습니다. 다른 복음서 기자에 의하면, 그는 예수를 조롱함에 있어 다른 강도와 동일하게 행동했던 것으로 보입니다. 그가 실제적으로 상스러운 어휘를 사용하지 않았을지라도, 그 복음서 기자가 "함께 십자가에 못 박힌 강도들도 이와 같이 욕하더라"(마 27:44)라고 말할 때, 그 기자가 그 강도에 대해 그릇되게 평가한 것이 아닐 만큼 그는 더욱이 지금껏 이구동성으로 욕하였을 것입니다.

하지만 이제 갑자기 그는 자기 옆에서 죽어가고 있는 사람이 단순한 사람 이상의 어떤 존재임을 깨달아 확신을 갖게 되었습니다. 그는 예수님의 머리 위에 있는 패를 읽었고 그것이 진실됨을 믿었습니다.

이는 유대인의 왕 예수이시다.

믿게 된 그는 그가 새로이 발견한 메시아께 탄원하면서, 자신을 그분의 손에 위탁합니다.

나의 청중들이여!

여러분은 이 진리를 보십니까?

한 사람이 예수님이 하나님의 그리스도이심을 알게 된 순간에, 그가 즉시로 그분을 믿고 구원받은 사실 말입니다.

저는 어떤 설교자를 압니다. 저는 물론 그의 복음을 매우 의심스럽게 생각합니다. 그는 이렇게 설교했습니다.

50년 동안 죄 가운데 살았던 당신이 예수의 피를 통하여 한 순간에 깨끗해질 수 있다고 믿습니까?

저는 대답합니다.

예! 우리는 한 순간에 예수님의 고귀한 피를 통하여 가장 검은 영혼이 하얗게 될 수 있다고 믿습니다.

우리는 즉시로 60년 혹은 70년의 죄가 절대적으로 용서될 수 있고, 점점 더 악화일로를 걷던 옛 본성이 한 순간에 치명상을 입을 수 있다고 믿습니다. 반면에 즉시로 영원한 생명이 그 영혼에 심겨질 것입니다.

이것이 이 사람에게 일어난 일이었습니다. 그는 자신의 한계에 도달했으나, 갑자기 깨어나 메시아가 자기 옆에 계시다는 확신을 갖게 되었습니다. 그리고 믿음으로 그분을 바라보고 살아났습니다.

자 이제, 나의 형제들이여!

여러분이 이전의 삶에서 어떤 종교적 죄를 자각하는 주체가 되어본 적이 없다면, 여러분이 지금가지 전적으로 신실치 못한 삶을 살았다면, 하지만 이제 여러분이 하나님의 존귀한 아들이 사람들을 죄에서 구원하시기 위해 세상에 오신 것을 믿고, 진실되게 여러분의 죄를 고백하고 그분을 믿는다면, 여러분은 즉시로 구원받을 것입니다.
 그렇습니다!
 제가 이 말을 하는 동안에도, 은총의 행동이 구원할 수 있는 전능한 힘을 갖고 하늘에 오르신 영광스러운 분에 의해 성취될 수 있습니다.
 저는 이 사례를 매우 분명하게 설명하고자 합니다.

 셋째, 이 사람, 그리스도의 지상에서의 마지막 동반자였던 이 사람은 비참함 가운데 있던 죄인이었습니다.
 그의 죄는 그를 알아보았습니다. 그리고 그는 이제 자신의 행동의 대가를 치루고 있는 것입니다. 저는 계속적으로 이 상태에 있는 사람들을 만나고 있습니다.
 그들은 방탕하고, 무절제하며, 부주의한 삶을 살았고, 그들은 자신들의 육체에 떨어지는 분노의 폭풍우에서 나온 불똥들을 느끼기 시작합니다. 그들은 영원한 화(woe)의 전주곡인 지상의 지옥에서 살고 있습니다. 독사처럼 후회가 그들을 쏘아대며 공격합니다. 그리고 그들의 피에 불을 지르고 있습니다. 그들은 안식할 수 없고, 그들은 낮과 밤 가리지 않고 번민에 빠집니다.

> 너희 죄가 반드시 너희를 찾아낼 줄 알라(민 32:23).

 죄가 그들을 찾아내었고, 그들을 사로잡았으며, 그들은 강한 죄의식을 느낍니다. 이 사람은 그 끔찍한 상태에 있었던 것입니다. 그 위에 더 중요한 것은 그 사람은 죽음이라는 막다른 골목에 도달했다는 사실입니다. 그는 오래 살 수 없었습니다. 십자가 처형은 확실히 치명적입니다. 조만간 그의 다리는 부러질 것이고 그의 비참한 존재를 끝나게 할 것입니다. 불쌍한 영혼인 그는 살 수 있는 약간의 시간만을 가졌을 뿐입니다. 아마도 단지 정오부터 일몰까지의 동안만.

그러나 그것은 구원의 능력이 있으신 구세주에게는 충분히 긴 시간이었습니다. 어떤 이들은 우리가 이것을 진술한다면, 사람들이 그리스도께 나아가는 것을 미루려 하지 않을까 매우 염려합니다. 하지만 저는 사악한 사람들이 진리를 갖고 무슨 일을 할지 도울 수는 없으나, 저는 항상 동일하게 이 진리를 진술할 것입니다.

여러분이 이제 한 시간 안에 죽게 된다면, 주 예수 그리스도를 믿으십시오.

그러면 여러분은 구원받게 될 것입니다. 여러분이 결코 집에 도달하지 못하고, 객사를 하게 될지라도, 여러분이 이제 주 예수를 믿으면, 여러분은 구원받을 것입니다. 현장에서 바로 구원받을 것입니다. 예수를 바라보고 믿으면, 그분은 여러분에게 새로운 마음과 올바른 정신을 주시고 여러분의 죄를 지워버리실 것입니다.

이것이 그리스도의 은총의 영광입니다.

내가 어찌 내 짧은 혀로 그 영광을 온전히 찬송할 수 있겠습니까?

그는 그분의 죽음 전에 유죄평결을 받은 중죄인과 동반하여 돌아가시기 전 지상에서 보게 된 마지막 사람으로, 주님은 그에게 가장 사랑스럽게 말씀하셨습니다.

오라! 너 죄인아!

그리고 그분은 여러분을 은총 가운데 받아주실 것입니다.

넷째, 한 번 더, 그리스도께서 마침내 구원하신 이 사람은 그 어떤 선한 행실도 할 수 없었던 사람이었습니다.

구원이 선한 행실로 말미암는다면, 그는 구원받을 수 없었습니다. 왜냐하면 그는 손과 발이 파멸의 나무 위에 억세게 매여 있었기 때문입니다. 그 어떤 의로운 행동을 하기에는 그에게는 모든 것이 끝난 상태였습니다. 그는 한 두 마디의 착한 말을 내뱉을 수는 있었습니다.

그러나 그것이 전부였습니다.

그는 아무런 행동도 취할 수 없었습니다. 그리고 구원이 남에게 유익이 되는 적극적인 삶에 의존한다면, 그는 확실히 결코 구원받을 수 없었을 것입니다.

그는 또한 죄인이었고, 죄에 대한 오랜 회개를 보여줄 수 없었습니다. 그에게는 살 수 있는 시간이 얼마 없었기 때문입니다. 그는 수개 월 혹은 수년 동안 계속된 쓰라린 회한의 모습도 보일 수 없었습니다. 그의 시간을 초단위로 계산되고 있었고, 그는 무덤에 거의 들어가기 직전이었기 때문입니다.

그의 종말이 가까웠지만, 구세주는 그를 구하실 수 있었습니다. 그리고 완벽히 그를 구원하셨습니다. 그가 그리스도와 함께 낙원에 있기 까지 태양은 아직 내려가지 않았습니다.

다섯째, 제가 다양한 색체로 너무 어둡지 않게 묘사한 이 죄인은 예수를 믿었고 자신의 믿음을 고백한 사람이었습니다.

그는 주님을 신뢰했습니다. 예수님은 사람이셨고, 그리고 그는 그분을 그렇게 불렀지만, 그는 그분이 또한 주님이신 것을 알고 그분에 대해 "주여, 나를 기억하옵소서"라고 말하면서 불렀던 것입니다. 그는 주님이 자신을 생각만 해주신다면, 그분이 자신의 왕국 안으로 들어가실 때, 그를 기억만 해주신다면, 그것이 주님께 그가 요청할 모든 것이라는 확신 가운데 주님을 신뢰했습니다.

오! 나의 사랑하는 청중들이여!

여러분 가운데 어떤 이들이 가진 문제는 여러분이 주님에 대해 모든 것을 알지만, 그분을 신뢰하지는 않는다는 것입니다. 신뢰는 구원하는 행동입니다. 수년 전에 여러분은 실제적으로 예수를 바야흐로 믿으려 했던 적이 있었습니다.

그러나 여러분은 지금 그때에 비해서 그 믿음에서 한참 멀어져 있습니다. 이 사람은 머뭇거리지 않았습니다. 그는 자신을 위한 한 번의 소망을 꽉 붙들었습니다. 그는 자신의 마음속에 건조하고 죽은 신앙처럼, 우리 주님의 메시아 되심에 대한 신앙을 오래 유지하지 않았습니다. 그러나 그는 그 신앙을 신뢰로 바꾸었고 기도했습니다.

주여! 당신의 나라에 임하실 때 나를 기억하옵소서.

오! 그분의 무한하신 긍휼 안에서 여러분 가운데 많은 이들이 이 아침에 나의 주님을 믿게 되길!

여러분은 구원받을 것입니다. 저는 여러분이 구원받게 될 것이라고 확신합니다. 여러분이 믿을 때 구원받지 못한다면, 스스로 모든 희망을 포기해야 합니다. 이것이 우리가 행한 모든 것이기 때문입니다.

우리는 바라보았고, 우리는 살았으며, 그리고 우리는 계속하여 살아갑니다. 이는 우리가 살아계신 구세주를 바라보기 때문입니다.

오! 이 아침에 여러분의 죄를 느낀다면, 여러분은 예수를 바라보고, 그분을 신뢰하며, 그리고 그 신뢰를 고백하게 되길 바랍니다. 그분이 아버지 하나님의 영광이 되시는 주님이심을 고백한다면, 여러분은 반드시 구원받게 될 것입니다.

여섯째, 자신을 구원한 이 믿음을 가진 결과로 이 불쌍한 사람은 겸손하지만 어울리는 기도를 드렸습니다.

주여! 나를 기억하옵소서.

이는 많은 것을 청원한 것으로 비쳐지지 않습니다. 그러나 그가 그 기도를 이해하게 되었을 때, 그것은 염려하는 마음이 바랄 수 있는 전부였음을 의미합니다. 그가 하나님의 나라에 대해 생각할 때, 그는 구세주의 영광에 대한 분명한 생각을 갖게 되었습니다.

그리하여 그는 주께서 그를 생각하시면, 그의 영원한 삶이 확보될 것임을 느꼈던 것이지요.

감옥에 있던 요셉이 술 맡은 관원장에게 그가 복직하게 될 때 자신을 기억해달라고 요청했었습니다. 그러나 그 관원장은 요셉을 잊었었지요.

하지만 우리의 요셉(예수 그리스도-편집자주)은 결코 낮은 지하 감옥에서 그분께 외치는 죄인을 결코 잊지 않으십니다. 그분의 나라 안에서 주님은 죄의식을 갖고 그 무게에 힘들어하는 죄인들의 신음과 괴로움을 기억하십니다.

여러분은 이 아침에 기도하여 주 예수의 기억 속에 한 자리를 확보할 수 없겠습니까?

그리하여 저는 그 사람에 대해 묘사하려고 노력해왔습니다. 그리고 제가 최선을 다한 후에, 이 강도가 어떤 존재였는지를 보게 하지 못하는 한, 저는 내 목표에 실패한 셈이 됩니다. 그는 여러분이 어떤 존재인지를 보여주는 그림이기 때문입니다. 특히 여러분이 큰 범죄자였다면, 그리고 여러분이 영원한 것들에 대한 관심 없이 살아왔다면, 여러분은 그 행악자와 마찬가지 존재입니다. 그리고 이제 심지어 여러분조차도 그 강도가 했던 바를 행할 수 있습니다.

여러분은 예수님이 그리스도이신 것을 믿을 수 있습니다. 그리고 여러분의 영혼을 그분의 손에 위탁할 수 있습니다. 그러면 그분은 범죄한 산적을 구하셨던 것만큼이나 확실하게 여러분을 구원하실 것입니다. 예수님은 은혜로 말씀하십니다.

> 내게 오는 자는 내가 결코 내쫓지 아니하리라(요 6:37).

이는 여러분이 그분께 나아와 그분을 신뢰한다면, 여러분이 누구였든지 상관없이 그 어떤 상황에서도 그분은 여러분을 내쫓으실 어떤 이유도 어떤 근거도 없으심을 의미합니다.

여러분은 그 생각을 따라잡으셨습니까?

그 복음이 여러분에 속했고, 여러분이 그분께 나아간다면, 여러분이 영원한 생명을 발견하게 된다고 느끼십니까?

저는 여러분이 그 진리를 지금까지 인지하게 되었다면 크게 기뻐할 것입니다.

저만큼이나 절망에 빠지고 낙담하고 있는 사람들과 교류한 사람은 적습니다. 불쌍한 의기소침한 사람들이 계속적으로 저에게 편지를 보냅니다. 저는 이유를 잘 모르겠습니다. 저는 위로에는 특별한 은사가 없거

든요. 그러나 저는 기꺼이 낙심한 이들을 위로합니다. 그리고 그들은 그것을 알고 있는 듯합니다.

절망에 빠진 이들이 평안을 찾을 때 기쁨은 이루 말할 수 없습니다! 저는 지난 주중에 몇 차례 이 기쁨을 경험했습니다.

용서를 찾을 수 없어 마음을 쥐어뜯고 있는 여러분 중에 있는 이가 주님께 나아가 그분을 신뢰하고 안식을 들 수 있기를 제가 얼마나 바라고 있는지요!

그분은 이렇게 말씀하시지 않았습니까?

> 수고하고 무거운 짐 진 자들아 다 내게로 오라 내가 너희를 쉬게 하리라(마 11:28).

와서 그분이 명하신대로 해보십시오.
쉼은 여러분의 것이 될 것입니다.

2. 이 사람이 낙원으로 가는 정문에서 우리 주님의 동반자였던 것을 주목하십시오

저는 우리 주님이 십자가 위에 달리신 몸에서 떠나셨을 때, 어디로 가셨는지에 관한 추론 속으로 들어가려는 것이 아닙니다. 어떤 성경 본문들에 의하면, 그분은 지상의 보다 낮은 곳으로 내려가셔서 모든 것으로 충만케 하신 것으로 보입니다.

그러나 그분은 매우 신속하게 죽은 자들의 영역을 건너가셨습니다. 그분은 강도보다 앞서 아마도 한두 시간 동안 죽으셨으며, 그 시간 동안에 지하세계를 통하여 영원한 영광이 불타올랐으며, 갓 용서받은 강도가 영원한 세상으로 진입하고 있을 때, 낙원의 문들을 통하여 섬광이 스쳐지나 갔습니다.

영광의 왕이 진주문으로 들어가실 때 동일한 순간에 들어간 사람은 누구입니까?

구속자의 이 은혜를 입은 동반자는 누구입니까?

그 사람은 어떤 영예로운 순교자였습니까?

어떤 신실한 사도였습니까?

아브라함과 같은 족장이었습니까?

다윗과 같은 왕이었습니까?

이들 중의 아무도 아닙니다.

보십시오!

그리고 최고의 은총에 놀라십시오.

영광의 왕과 함께 낙원의 문에 들어간 이는 죽음의 순간에 구원받은 강도였습니다. 그는 결코 저급한 방식으로 구원받지 않았고, 부차적인 방식으로 낙원에 받아들여진 것이 아닙니다.

진정, 나중된 자가 먼저 될 것입니다!

첫째, 여기에서 저는 여러분이 우리 주님의 선택의 겸손(condescension)을 주목하길 바랍니다.

그분 앞에 선 화염검을 든 스랍도 비켜서는 영광의 주님의 동료는 위대한 존재가 아니라, 새로이 회심한 행악자였습니다.

왜였을까요?

저는 구세주께서 그분이 무엇을 의도하셨는지를 보여주시기 위한 표본으로 그로 동행케 하셨다고 생각합니다. 그분은 모든 하늘의 권세자들에게 말씀하시는 것 같습니다.

저는 죄인을 데리고 왔노라. 그는 나머지 사람들의 전형이다.

하늘의 문 밖에 서 있는 꿈을 꾸었던 한 사람에 대해 들어본 적이 없습니까?

그는 그곳에서 영광으로 들어가고 있는 존귀한 사람들의 무리가 내는 아름다운 음악을 듣고 있었습니다. 그들이 하늘나라의 대문을 들어갈 때, 환호하는 큰 기쁨의 소리가 들려왔습니다.

이들은 누구입니까?

그렇게 묻자, 그들은 그에게 선지자들의 귀한 동료들이라는 답변을 하였습니다.

"아아! 나는 저들 가운데 속하지 않는구나!"

그는 한숨을 쉬며 말했습니다. 그는 잠시 기다렸고, 빛나는 무리가 가까이 왔고, 그들은 할렐루야 찬송하며 하늘로 들어갔습니다. 그가 "이들은 누구이고 어디에서 왔습니까?"라고 물었을 때, 대답이 들렸습니다.

"이들은 영광스러운 사도들의 무리요."

그는 다시 한숨을 쉬며 말했습니다.

"저는 그들과 함께 들어갈 수 없군요."

그 때 하얀 옷을 입은 한 무리의 사람들이 왔습니다. 그들의 손에는 종려나무 잎들이 들려 있었고, 황금 도성을 향하여 큰 환호 속에 행진하여 들어갔습니다. 그가 알고 있는 이들은 고귀한 순교자들의 무리였습니다.

그리고 그는 다시 울면서 말했습니다.

"저는 이들과 함께 들어갈 수 없습니다."

마침내 그는 많은 사람들의 목소리를 들었고, 행진하고 있는 더 큰 무리를 보았습니다. 그들 가운데서 그는 라합과 막달라 마리아, 다윗과 베드로, 므낫세와 다소의 사울을 알아보았습니다. 그는 특별히 예수님의 우편에서 죽은 강도를 멀리서 알아보았습니다. 이상한 무리들인 이 사람들이 다 들어갔을 때, 그는 적극적으로 물었습니다.

"이들은 누구입니까?"

그리고 그들이 대답하였습니다.

"이들은 은혜로 구원받은 죄인들의 무리이니라."

그러자 그는 뛸 듯이 기뻐하며 말했습니다.

"저는 이들과 함께 갈 수 있습니다."

하지만 그는 이 무리가 들어갈 때는 아무런 환호성도 없을 것이고 그들이 하늘에 들어갈 때 찬송도 없을 것이라고 생각했습니다. 하지만 그 대신에, 사랑의 주님을 향하여 일곱 겹의 할렐루야 찬양이 울려퍼지는 것 같았습니다. 회개한 죄인들로 인해 하나님의 천사들 앞에서 큰 기쁨이 있었기 때문입니다.

저는 여기에 그리스도를 섬기기를 갈망할 수도 없고, 아직은 그분을 위해 고난받을 수 없으며, 그럼에도 불구하고 예수님의 무리 속으로 다른 믿는 신자들과 함께 가길 원하는 불쌍한 영혼들을 초대합니다. 그분은 지금 여러분 앞에 문을 열어놓고 계십니다.

둘째, 우리가 이 본문을 다루고 있는 동안, 주님께서 이 참회하는 자들을 부르셨던 그 장소의 축복(the blessedness of the place)을 잘 주목하십시오.

오늘 네가 나와 함께 낙원에 있으리라.

낙원은 정원을 말하며, 기쁨으로 가득 찬 정원을 말합니다. 에덴 동산의 하늘의 모형입니다. 우리는 낙원이 하늘을 의미함을 압니다. 사도 바울이 낙원에 올려졌던 한 사람에 대해 말하기 때문입니다. 머지않아 그는 그곳을 삼층천이라 칭합니다.

우리 구세주는 이 죽어가는 강도를 무한한 기쁨의 낙원으로 데리고 가셨습니다. 그곳은 그분이 그분을 믿은 우리 모든 죄인들을 데리고 들어갈 곳입니다. 우리가 그분을 신뢰한다면, 우리는 궁극적으로 낙원에서 그분과 함께 있게 될 것입니다.

다음 어휘는 더 관심을 가질 단어입니다.

셋째, 이 죄인이 인도된 영광스러운 공동체(the glory of the society)을 주목하십시오.

오늘 네가 나와 함께 낙원에 있으리라.

주님께서 "오늘 네가 나와 함께 있으리라"고 말하셨을지라도, 우리는 그분이 다른 어휘를 덧붙이실 필요가 없다고 생각할 것입니다. 왜냐하면 그분이 있는 곳이면, 우리에게는 그곳이 천국이기 때문입니다. 그분은 "낙원"이라는 어휘를 덧붙이셨습니다. 이는 어느 누구도 그분이 어디로 가시는지 추측할 수 없었기 때문입니다.

그것에 대해 생각해 보십시오.

적절치 않은 삶을 살았던 영혼들이여!

여러분은 전적으로 사랑이신 분과 영원히 살기로 되어 있습니다.

불쌍하고 빈궁한 이들이여!

여러분은 그분의 영광 속에, 그분의 지복 안에, 그분의 완전함 안에 그분과 함께 해야 합니다. 그분이 있는 곳에, 그리고 그분처럼, 여러분도 되어야 합니다. 주님께서 여러분의 눈물어린 눈을 보시고 이 아침에 말씀하십니다.

불쌍한 죄인들아, 너희는 장차 나와 함께 있을 것이다.

저는 여러분이 "주여, 그것은 나 같은 죄인에게는 너무나 큰 복입니다"라고 말하는 것을 듣고 있다고 생각합니다. 그러나 그분은 대답하십니다.

나는 그대를 영원한 사랑으로 사랑하노라. 그러므로 나는 그대가 내가 있는 곳에 나와 함께 있을 때까지, 사랑과 친절 속에 그대를 이끌 것이다.

넷째, 본문의 강조점은 이 모든 일의 신속함(speediness)에 있습니다.

내가 진실로 네게 이르노니 오늘 네가 나와 함께 낙원에 있으리라 (눅 23:43).

"오늘" 여러분은 오랫동안 연옥 안에 있지도, 수년 동안 지옥의 변방(limbo)에서 잠을 자지도 않을 것입니다. 오히려 여러분은 즉시로 지고의 복을 위한 준비가 될 것이며, 즉시로 그것을 향유하게 될 것입니다. 죄인들은 지옥의 문에서 고통당하였지만, 전능하신 분이 그를 들어 올리셨고, 주님은 말씀하셨습니다.

오늘 네가 나와 함께 낙원에 있으리라.

십자가로부터 왕관으로의 변화 그리고 갈보리의 고통으로부터 새 예루살렘의 영광으로의 변화가 어떠합니까!
그 몇 시간 안에 그 걸인은 퇴비더미에서 들어 올려져 왕자들 사이에 놓였습니다.

오늘 네가 나와 함께 낙원에 있으리라.

태양이 정오에 높이 솟았을 때, 자신의 죄악으로 역겨웠던 그 죄인에게 일어난 변화를 측정할 수 있습니까?
해가 떨어졌을 때, 순전한 흰옷을 입었고, 사랑하는 이 안에서 하나님의 낙원 안으로 받아들여진 바로 그 동일한 죄인에게 일어난 변화를 측정할 수 있습니까?
오 영광의 구세주여, 당신의 행하신 일이 얼마나 놀라운지요!
당신은 그 경이를 얼마나 신속히 행하실 수 있습니까!

다섯째, 또한 이 본문 안에서 주님의 은총의 장엄함을 주목하시기 바랍니다.

구세주는 그에게 말씀하셨습니다.

내가 진실로 네게 이르노니 오늘 네가 나와 함께 낙원에 있으리라.

우리 주님은 당신의 의지를 이 사람을 구원하시는 이유로 제공하십니다.

내가 네게 이르노니.

주님이 말씀하시는 것은 말할 권리를 주장하시는 것입니다. 주님은 긍휼을 베풀 사람에게 긍휼을 베푸시고 동정하실 사람을 동정하시는 바로 그분이십니다. 그분은 왕으로서 말씀하십니다.

내가 진실로 네게 이르노니.

그 말씀들은 왕의 언어가 아닙니까?
주님은 말씀에 권위를 가지신 왕이십니다.
그분이 말씀하신 바를 누가 반대할 수 있습니까?
지옥과 죽음의 열쇠를 가지신 그분이 말씀하십니다.

나는 네게 이르노니 오늘 네가 나와 함께 낙원에 있으리라.

누가 그분의 말씀의 성취를 가로막겠습니까?

여섯째, 그 말씀의 확실성을 주목하십시오.
그분은 "진실로"라고 말씀하십니다. 십자가상의 우리의 거룩한 주님은, 그분이 고통스럽게 고개를 돌려 바로 곁에서 회심한 이를 바라보실 때, 그분의 과거 위엄있는 태도로 돌아오셨습니다. 주님에게는 "진실로 진실로 내가 네게 이르노니"로 말씀을 시작하시는 습관이 있었습니다. 그리고 이제 그분은 죽어가시면서, 그분이 가장 선호하시는 방식으로 말씀하십니다.

"진실로."
우리 주님은 맹세하지 않으셨습니다. 그분의 가장 강력한 주장은 "진실로, 진실로"였습니다. 그 회개하는 자에게 가장 선명한 확신을 제공하기 위해서, 그분은 말씀하십니다.

내가 진실로 네게 이르노니 오늘 네가 나와 함께 낙원에 있으리라.

이 말씀 안에서, 그 회개하는 자는 비록 자신이 자가 틀림없이 죽게 될 것이지만, 그가 살 것이며 그분의 주님과 함께 낙원에 있는 자신을 발견하게 될 것이라는 절대적으로 논박할 수 없는 확신을 갖게 되었습니다.
그리하여 저는 여러분에게 우리 주님이 약속하신 이 강도와 함께 진주문을 통과하였음을 보여주었습니다.
왜 여러분과 내가 언젠가 그분의 공로로 옷 입고, 그분의 피로 씻긴 채, 그리고 그분의 능력을 의지하여 진주문을 통과하지 않아야 합니까?
이 날들 중의 한 날에 천사들이 여러분과 나에 대해 말할 것입니다.

그의 사랑하는 자를 의지하고 거친 들에서 올라오는 여자가 누구인가?(아 8:5)

빛나는 자들이 우리 가운데 몇이 오는 것을 보고 놀라게 될 것입니다. 여러분이 지금까지 죄인의 삶을 살았을지라도, 여러분은 회개하여 천국에 들어간다면, 여러분이 거기에 왔다는 것을 생각할 때 모든 황금 거리 안에는 얼마나 큰 놀라움이 있겠습니까!

초기 기독교 교회 시절 마르쿠스 가이우스 빅토리누스(Marcus Caius Victorinus)가 회심했습니다. 그러나 그는 장수한만큼 그만큼 역겨운 죄인이어서 목사와 교회가 그를 의심할 정도였습니다. 그러나 그는 자신이 하나님의 변화를 경험한 선명한 증거를 제시하였고, 엄청난 갈채가 일어나면서 많은 이들이 외쳤습니다.

빅토리누스가 그리스도인이 되었다!

오, 큰 죄인들인 여러분 가운데 어떤 이들은 구원받을 수 있습니다.
우리는 여러분에 대해 얼마나 기뻐할까요!
그 일을 하나님께 영광을 돌리는 일이 아니겠습니까?
이 범죄자인 노상강도의 구원은 오늘까지도 우리 주님의 긍휼을 빛나게 합니다.
여러분에게도 동일하게 그 구원이 적용되지 않겠습니까?
성도들이 여러분 가운데 몇몇이 흑암에서 경이로운 빛으로 방향으로 선회한다면 "할렐루야! 할렐루야!"를 외치지 않겠습니까?
왜 그런 일이 발생하지 않겠습니까?

예수님을 믿으십시오.
그대로 이루어집니다.

3. 이제 저는 세 번째 가장 실제적 요점으로 나아가렵니다. 이 모든 것에서 우리에게 나아오는 주님의 설교를 주목하십시오

악마가 이 아침에 설교하길 원하고 있습니다. 사탄이 앞으로 나와 여러분에게 설교하게 해줄 것을 요구하고 있습니다. 그러나 그는 허락받을 수 없습니다.
꺼져버려! 너 속이는 자야!
하지만 저는 설교가 끝날 때 여러분 중 어떤 이에게 사탄이 다가가 다음과 같이 속삭여도 이상하게 생각지 않을 것입니다.

> 너는 가장 나중에 구원받을 수 있음을 알아. 회개와 믿음은 집어치워.
> 너는 죽음의 침상에서도 회개할 수 있어.

여러분은 이 제안으로 여러분을 망가뜨릴 존재가 누구인지를 압니다. 사탄의 속임수 가득 찬 가르침을 혐오하십시오.
하나님이 친절히심을 이용해먹는 배은망덕한 사람은 되지 마십시오.
주님이 인내심이 많다고 그분의 진노를 촉발하지 마십시오.
그러한 행동은 아무런 가치가 없고 배은망덕합니다.
어떤 사람이 진저리나는 위험에서 탈출하였다고 해서 끔찍한 모험을 감행하지 마십시오.

주님은 회개하는 모든 자를 받아주십니다.

그러나 여러분이 회개하리라고 어떻게 알 수 있습니까?

한 강도가 구원받은 것은 사실입니다. 그러나 다른 강도는 멸망했습니다. 전자가 구원받았기에 우리는 절망하지 않을 수 있습니다. 후자가 멸망했기에, 우리는 대담해서는 안 됩니다.

사랑하는 친구 여러분!

저는 여러분이 하나님의 긍휼을 죄 가운데 계속 머무는 근거를 끌어오는 그러한 사악한 성품의 소유자가 아니라고 믿습니다. 여러분이 그러한다면, 저는 단지 여러분에 대해 말할 수 있습니다. 여러분의 저주는 정당합니다. 여러분은 그 저주를 여러분 스스로 위에 내린 것입니다.

이제 우리 주님의 가르침을 고려하십시오.

첫째, 구원 안에 있는 그리스도의 영광을 보십시오.

그분은 마지막 순간에도 구원할 준비가 되어 있으십니다. 그분은 막 돌아가셨습니다. 그분의 발은 아버지의 집의 현관 앞에 있습니다. 이 불쌍한 죄인이 밤 마지막 시간인 제11시에 올라옵니다.

구세주는 그를 기다리며 미소를 지으십니다. 그리고 그분은 이 지각한 떠돌이와 함께 가지 않는다면 들어가지 않겠다고 선언하십니다. 바로 입구에서 그분은 이 갈급해하는 영혼이 그분과 함께 들어갈 것이라고 천명하십니다.

그가 이전에 올 수 있는 시간은 많았습니다. 여러분은 우리가 이처럼 말하는 경향이 있음을 잘 압니다.

"너는 마지막 순간까지 기다리게 했어. 나는 이제 떠날거야. 나는 이제 너를 신경쓰지 않기로 했어."

우리 주님은 그분의 꺼져가는 고통을 부여잡은 채, 멸망해가는 범죄를 돌보시면서 그에게 그분의 동반자로써 하늘의 문을 통과하도록 허락하셨습니다. 예수님은 고통 가운데 죽어가는 죄인들을 너무도 쉽게 구원하십니다. 예수님은 지옥으로 내려가고 있는 죄인들을 구원하시길 좋아하십니다.

여러분은 구원받는다면, 매우 행복하겠지요.

그러나 여러분은 그분이 여러분을 구원하실 때 그분의 절반만큼도 행복하지 않을 것입니다.

그분이 얼마나 다정다감하신지 보십시오.

> 천둥이 없도다, 그분의 손에는
> 두려움이 덮지 않으리, 그분의 이마를
> 번개도 내몰지 않으리, 우리의 죄된 영혼을
> 번개도 내몰지 않으리, 맹렬한 불꽃 아래로.

그분은 우리에게 충만한 부드러움으로, 다시 말하면 그분의 눈에는 눈물을 머금은 채, 그분에 손에는 긍휼을 들고 그 심장에는 사랑을 담아 오십니다.

그분이 큰 죄인들의 위대한 구세주임을 믿으십시오.

저는 과거 큰 긍휼을 경험하고, "그분은 위대한 용서자입니다"라고 적극적으로 말하고 다니는 한 사람에 대해 들었습니다 저는 여러분이 동일한 내용을 말하게 되길 바랍니다. 여러분은 지금 그분을 믿는다면, 여러분의 죄악이 제거되었고, 여러분의 죄악이 단번에 영원토록 용서받았음을 발견케 될 것입니다.

둘째, 이 놀라운 이야기로부터 그리스도께서 선포하신 다음 교리는 허용된 귀속에 대한 믿음(faith in its permitted attachment)입니다.

이 사람은 예수님이 그리스도이심을 믿었습니다. 그가 다음으로 행한 일은 그 그리스도를 사용(appropriate)하는 것이었습니다. 그는 "주여 나를 기억하옵소서"라고 말했습니다.

예수님은 "내가 너와 무슨 상관이 있느냐? 너는 나와 무슨 상관이 있고? 강도와 완전한 존재와 무슨 관계가 있단 말이냐?"라고 말하실 수 있었습니다.

선한 사람들인 여러분들 가운데 많은 사람은 죄 많고 타락한 사람들로부터 가능한 한 멀어지려고 노력합니다. 그들이 여러분의 순수함을 오염시키기나 하는듯 말입니다. 사회는 우리가 사회법을 어긴 자들과는 어울리지 말아야 한다고 주장합니다. 우리는 그들과 교류하는 것으로 비쳐져서는 안 됩니다. 그 일은 우리의 신용을 떨어뜨릴 수 있기 때문입니다.

아주 악명높은 헛소리지요!

본성에 있어서나 행실에 있어 우리 같은 죄인들에게 떨어질 신용이나 있습니까?

우리가 하나님 앞에 있는 우리 자신에 대해 안다면, 우리 스스로 볼 때 우리는 충분히 품위 없는 존재가 아닙니까?

결국 말씀이라는 신실한 거울 안에서 우리가 우리 스스로를 살필 때, 세상에 우리보다 더 악한 존재가 있습니까?

누구든지 예수님이 그리스도이심을 믿자마자, 그로 하여금 스스로 그리스도와 단단히 결속되게 해야 합니다.

여러분이 예수님이 구세주이심을 믿는 순간 그분을 여러분의 구세주로 단단히 붙잡으십시오.

내가 정확히 기억한다면, 어거스틴은 이 사람을 "라트로 라우다빌리스 에트 미라빌리스"(*Latro laudabilis et mirabilis*)라고 불렀습니다. 즉 말하자면 "대담하게도 자신을 위하여 구세주를 붙잡은 칭찬받아야 하고 놀라움의 대상이 된 강도"라고 말입니다.

이점에서 그는 본받을 만합니다.

주님을 여러분의 소유가 되도록 취하십시오.

그러면 여러분은 그분을 갖게 될 것입니다. 예수님은 대담하게 그분을 붙잡는 모든 죄인들의 공동소유입니다. 그렇게 하려는 의지를 가진 모든 죄인은 주님과 함께 집으로 갑니다. 그분은 죄인들을 구하시기 위해 세상에 들어오셨기 때문입니다.

강도들이 자신들의 먹잇감을 취하듯이, 강제적으로 그분을 취하십시오.

하늘나라는 대담한 믿음의 폭력에 고통받기 때문입니다.

그분을 가지십시오.

그러면 그분은 결코 여러분에게서 멀어지지 않으실 것입니다. 여러분이 그분을 신뢰하면, 그분은 반드시 여러분을 구원하십니다.

셋째, 다음으로 즉각적인 권세에 대한 믿음(faith in its immediate power)의 교리입니다.

죄인이 믿은 순간에
십자가에 못 박히신 하나님을 신뢰한 순간에
죄인은 그 즉시 그분의 용서를 받았습니다.
그분의 피를 통하여 충만한 속량을.

오늘 네가 나와 함께 낙원에 있으리라.

그가 믿자마자 그리스도께서는 그가 그분과 함께 그분의 영광 속에 영원히 살게 될 것이라는 온전한 확신을 그의 믿음에 인치셨습니다.

오! 존귀한 이들이여!

여러분이 이 아침에 믿는다면, 여러분은 이 아침에 구원받을 것입니다. 하나님은 여러분에게 그분의 풍부한 은혜로 여기에서, 바로 이 현장에서, 그리고 즉시로 구원받도록 허락하십니다.

넷째, 다음의 주제는 영원한 것의 근접성(the nearness of eternal things)입니다.

잠시 생각해보십시오.

천국과 지옥은 멀리 떨어져 있는 장소들이 아닙니다. 여러분은 시계가 두 번 똑딱하기 전에 천국에 있을 만큼 천국은 가까이에 있습니다.

우리는 보이지 않는 세계로부터 우리를 분리하는 휘장을 찢을 수 있습니까?

그 휘장은 항상 거기에 있습니다. 정말 가까이에 있지요. 주님께서 "오늘"이라고 말씀하셨습니다.

길어봐야 서너 시간 안에!

너는 나와 함께 낙원에 있으리라.

그토록 가까이에 있습니다. 어떤 정치가가 우리에게 "거리를 계산할 만한 지근한 거리에 있는"(within measurable distance)라는 표현을 썼습니다. 우리 모두는 천국이나 지옥의 지근한 거리에 있습니다. 거리를 계산함에 있어 어려움이 있다면, 그 어려움은 길이보다는 짧음에 있습니다.

> 한 번의 부드러운 한숨으로 그 족쇄를 깨뜨렸고,
> 우리는 말하기도 어렵네.
> "돌아가셨어요."
> 속량받은 영혼이 받기 전에
> 보좌 가까이 있는 거처를 받기 전에.

오! 천국과 지옥이 멀리 있는 것처럼 보이기에 그러한 것들을 가벼이 여기는 대신에, 우리는 엄중히 그들을 인식해야 합니다. 천국과 지옥은 매우 가까이 있기 때문이지요.

바로 오늘, 태양이 내려가지 전에, 이 장소에 지금 앉아 있는 몇몇 청중은 자신의 영혼 안에서 천국 혹은 지옥의 실체를 볼 수 있을 것입니다. 이 많은 회중 가운데서, 우리 청중들 중 어떤 사람은 다음 안식일이 오기 전에 죽을 수 있는 그러한 일은 종종 발생합니다. 그 일은 이번 주에 발생할 수 있습니다.

그것에 대해 생각해보시고 영원한 것들이 매우 가까이 있기 때문에 그것들이 더욱 여러분에게 깊은 인상을 주게 하십시오.

다섯째, 더욱이, 여러분이 예수님을 믿는다면 여러분은 하늘에 대하여 준비된 것임을 아십시오.

여러분은 지상에서 그리스도를 영광스럽게 하기 위해 20년, 혹은 30년, 혹은 40년을 살 수 있습니다.

그리고 그러하다면, 그 특권에 대해 감사하십시오.

그러나 여러분이 또 한 시간을 살 수 없다면, 여러분의 즉각적 죽음은 하나님의 아들을 믿는 사람은 하늘나라에 알맞은 사람이라는 사실을 변개시키지 않습니다. 확실히, 우리가 낙원에 들어갈 자격을 갖추기 위해 무엇인가 믿음 외에 필요한 것이 있다면, 강도는 좀더 지상에 머물렀어야 합니다.

그러나 그렇지 않습니다.

그는 아침에 자연 상태에 있다가, 정오에 그는 은총의 상태에 들어갔고, 일몰까지는 그는 영광의 상태에 있었습니다.

질문은 죽음의 침상에서 하는 회개가 진실된 것이라면 수용될 수 있는지 여부에 대한 것이 아닙니다. 질문은 회개가 진실되냐입니다. 회개가 진실되다면, 그 사람이 첫 믿음의 행위 후 5분이 지나 죽는다면, 그는 마치 주님을 50년 동안 섬겼던 것처럼 안전합니다. 여러분의 믿음이 진정성이 있다면, 여러분이 그리스도를 믿은 후 어떤 순간에 죽는다면, 여러분은 여러분이 선한 일을 행하고 다른 은총의 증거들을 도출할 수 있는 시간을 누리지 못할지라도, 낙원의 입장을 허락받을 것입니다.

그 마음을 읽는 주님은 육의 서판에 기록된 여러분의 믿음을 읽을 것입니다. 그리고 비록 사람들의 눈에는 가시적인 은총의 행동이 없을지라도, 그분은 여러분을 예수 그리스도를 통하여 여러분을 영접할 것입니다.

여섯째, 저는 다시 이것이 예외적인 경우가 아님을 말함으로써 결론을 내리려고 합니다.

저는 그것으로 시작했고, 그것으로 함께 끝내려고 합니다. 그토록 많은 부분적이고 절반의 복음들이 거저 주시는 은혜를 온전하게 선포하는 것을 끔찍이 두려워하기 때문입니다. 저는 어떤 목사들이 복음을 나귀들이 엉겅퀴를 먹는 동일한 방식으로 선포한다고 읽었고, 그것이 참이라고 생각합니다. 나귀는 매우 조심성 있게 그것을 먹습니다.

오히려, 저는 복음을 담대히 선포합니다. 저는 그 사안에 대해서 최소한의 경고도 갖고 있지 않습니다. 여러분 가운데 누군가가 자유롭게 주시는 은총에 대한 가르침을 잘못 사용한다면, 저는 어쩔 수가 없습니다. 저주 받을 그는 또한 복음을 다른 것으로 왜곡시켜 스스로를 파멸시킬 수 있습니다. 저는 천박한 마음들이 무엇을 고안해낸다 해도 어쩔 수 없습니다.

그러나 나의 마음은 모든 충만 가운데 있는 은혜 안에 있는 복음을 향해 나아가야 합니다. 그리고 저는 그렇게 할 것입니다. 만일 강도가 예외적인 경우였다면, 그리고 우리 주님이 보통 그러한 방식으로는 행동치 않으신다면, 그토록 중요한 사실에 대하여 주어진 암시가 있었을 것입니다. 어떤 울타리가 모든 원칙에 대한 이 예외 주위에 둘러쳐져야 했습니다.

주님께서 그 죽어가는 사람에게 조용하게 "너는 내가 이런 방식으로 대우하는 유일한 사람이다"라고 속삭이지 않으셨겠습니까?

저는 어떤 사람에게 예외적인 호의를 베풀어야 할 때마다, "이것을 언급하지 말아야주세요. 그렇지 않으면 저는 나를 괴롭히려 몰려드는 사람들 때문에 힘들게 될 것입니다"라고 말해야 할 것입니다. 만일 구세주가 이것을 유일한 경우로 의도하셨다면, 그분은 그에게 어렴풋이 말씀하셨을 것입니다.

"어떤 사람도 이것을 알게 하지 말아라. 그러나 너는 오늘 나와 함께 그 나라에 있을 것이다."

그러나 우리 주님은 공개적으로 말씀하셨고, 그분 주위에 있던 사람들은 그분이 말씀하신 바를 들었습니다. 더욱이 영감 있는 필사가가 그것을 기록했습니다. 그것이 예외적인 경우였다면, 그 내용은 하나님의 말씀으로 기록되지 않았을 것입니다. 사람들은, 어떤 기록이 다른 사람들로 하여금 자신들이 제공할 수 없는 어떤 것을 그들에게서 기대하게 할 것이라고 느낀다면, 자신들의 행동을 신문에 내려고 하지 않을 것입니다.

구세주는 이 은총의 기적을 복음이라는 일간지에 기사화하였습니다. 그분은 그 이적을 매일 베풀어주실 의지가 있었기 때문입니다. 그 사건(bulk)은 견본입니다. 그러므로 그분은 그 견본을 여러분 모두 앞에 펼쳐 놓으십니다. 그분은 가장 멀리 있는 자도 구원하실 수 있습니다.

그분은 죽어가는 강도도 구원하셨기 때문입니다. 그 사건은 그분이 성취할 수 없는 희망들을 고취시키기 위해 그곳에 기술된 것이 아닙니다. 이전에 기록된 모든 것들은 무엇이든지 우리를 실망시키기 위해서가 아니라, 우리가 배울 수 있도록 기록된 것입니다.

그러므로 저는 여러분 가운데 누구든지 나의 주님 예수를 믿지 않고 있다면, 지금 나아와 그분을 믿도록 기도합니다.

전적으로 그분을 신뢰하십시오.

그분만을 신뢰하십시오.

그분을 즉시로 신뢰하십시오.

그러면 여러분은 나와 함께 노래하게 될 것입니다.

> 죽어가던 강도가 보고 기뻐하였네
> 그 샘을 보고
> 거기서 나도, 그 사람처럼 사악한 나도
> 나의 모든 죄를 씻었네.

Sermons on Cries from the Cross

제4장
라마 사박다니?

> 제 구시쯤에 예수께서 크게 소리 질러 이르시되 엘리 엘리 라마 사박다니 하시니 이는 곧 나의 하나님, 나의 하나님, 어찌하여 나를 버리셨나이까 하는 뜻이라(마 27:46).

제9시쯤에 온 땅에 흑암이 내려졌습니다. 이 외침은 그 흑암 속에서 나왔습니다.

마치 구름이 걷혀져 활짝 갠 의의 태양으로부터 나오는 광선이 하늘에서 선명하게 보이듯, 그 외침의 모든 어휘를 다 이해할 것을 기대치 마십시오.

그 외침 안에는 빛이 있습니다. 밝고 섬뜩 같은 빛이 있습니다. 그러나 그 외침 안에는 헤아릴 수 없는 어둠의 중심이 있고, 그 안에는 끔찍한 흑암으로 인해 거의 기절할 것 같은 영혼이 있습니다.

우리 주님은 그 때에 당신이 가야할 길의 가장 어두운 부분 안에 계셨습니다. 그분은 수 시간 동안 포도주 틀을 밟고 계셨고(참조. 사 63:3), 이제 그 일은 거의 끝나갑니다. 그분은 고통의 절정에 도달하셨습니다. 이것은 비참함의 가장 깊은 웅덩이에서 터져 나온 그분의 가장 슬픔에 찬 비탄의 소리였습니다.

나의 하나님! 나의 하나님! 어찌하여 나를 버리셨나이까?

저는 시간의 기록들, 심지어 영원의 기록들이 이보다 더 큰 고통에 찬 문장을 포함한다고 생각지 않습니다. 여기에서 그분의 고통은 쓰라림, 비통함, 그리고 다른 모든 아픔을 능가합니다. 여기에서 여러분은 깊은 심연을 들여다 볼 수 있습니다.

그리고 여러분이 시력을 잃을 때까지 미간을 찌푸려가며 바라보고 살필지라도, 여러분은 그 바닥을 인식하지 못합니다. 그 바닥은 측정할 수 없고, 깊이를 알 수 없으며, 상상조차 할 수 없습니다. 여러분과 나를 위한 구세주의 이 고통은 그것을 요구하는 죄만큼이나 혹은 그 고통을 감당하는 사랑만큼이나 측정할 수도 무게를 잴 수도 없습니다.

우리는 우리가 이해할 수 없는 그곳에서는 단지 찬양해야 할 뿐입니다.

저는 하나님의 자녀들이 그들을 구속하신 주님에 대한 자신들의 무한한 의무들 중 약간을 이해할 수 있도록 돕기 위해 이 주제를 선택했습니다. 여러분은 그분의 사랑의 높이가 일찍이 측정될 수 있었다면, 그것을 측정해야했을 것이고, 알려질 수 만 있었다면, 그분의 슬픔의 깊이를 측정해야 했을 것입니다.

그분이 율법의 저주로부터 우리를 속량하기 위해서 어떤 대가를 치르셨는지를 보십시오!

여러분이 이것을 볼 때, 여러분 자신에게 말하십시오.

우리는 어떤 자세를 가진 사람이 되어야 하는가?
우리는 다가오는 진노로부터 구원받을 수 있도록 극도의 처벌을 감당하신 분께 우리가 돌려야할 사랑의 분량은 무엇인가?

저는 나 자신이 이 깊이까지 뛰어들 수 있다고 인정할 수 없습니다. 저는 단지 그 벼랑의 가장자리만을 접해볼 뿐이기에 저는 "나의 하나님, 나의 하나님, 어찌하여 나를 버리셨나이까?"라는 이 외침이 두터운 흑암을 뚫고 올라올 때, 저는 단지 그 벼랑의 가장자리까지만 위험을 무릅쓰고 나아가, 죽어가시는 우리 주님의 비통함에 대해 여러분이 내려다보며 여러분의 마음을 집중시키도록 하나님의 성령께 기도할 것을 명합니다.

첫째, 우리가 생각해야할 주제는 그 사실, 혹은 그분이 어떤 고난을 받으셨는가입니다. 곧 하나님께 그분을 버리신 사실 말입니다.

둘째, 우리는 다음의 질문에 주목할 것입니다. 즉 그분이 왜 고난받으셨는가입니다. 이 어휘 "왜"가 그 본문의 가장자리입니다. "어찌하여 나를 버리셨나이까?"

셋째, 우리는 그 답을 고려할 것입니다. 즉 그분의 고난의 결과는 무엇인가입니다. 그 대답은 부드럽게 말의 설명 없이 주 예수의 영혼 속으로 흘러들어갑니다. 그분은 "다 이루었다"라는 승리의 외침으로 그분의 고통을 끝내셨습니다. 그분의 사역은 종결되었습니다. 그리고 그분의 버림받음은 그분이 우리를 위하여 감당하셨던 사역의 핵심 부분이었습니다.

1. 성령의 도우심으로 "그 사실" 혹은 "우리 주님이 어떤 고난을 받으셨는가"를 곰곰이 생각해봅시다

하나님께서는 주님을 버리셨습니다.

마음의 고뇌는 신체의 고통보다 견디기 더 어렵습니다. 여러분은 정신이 건강하고 용감한 한에 있어서는, 용기를 내 분발할 수 있고, 질병의 통증과 고통을 견딜 수 있습니다. 그러나 영혼 자체가 실성했고, 마음이 고통으로 병들었다면, 모든 고통은 심각하게 증대될 것이며, 마음을 지탱시킬 아무것도 남지 않게 됩니다.

영적인 슬픔은 정신적 비참함보다 최악입니다. 사람은 자신이 믿음직하게 기댈 수 있는 하나님을 모시고 있다고 생각한다면, 세상적 사안들에 대하여 영혼의 큰 낙담을 견딜 수 있습니다. 다윗처럼, 그는 스스로와 대화하며 "내 영혼아 네가 어찌하여 낙심하며 어찌하여 내 속에서 불안해하는가 너는 하나님께 소망을 두라 그가 나타나 도우심으로 말미암아 내 하나님을 여전히 찬송하리로다"(시 43:5)라고 질문할 수 있습니다.

그러나 주님이 잠시라도 물러나신다면, 그분의 존재가 가지는 위로의 빛이 한 시간 동안만이라도 그림자가 드리워진다면, 가슴에 더 큰 고통이 있게 될 것이며, 저는 그것을 지옥의 서막과만 견줄 수 있습니다. 이것이 마음을 짓누를 수 있는 모든 무게 중에서 가장 클 것입니다. 이것이 시편 기자로 간청하게 만들었습니다.

주의 얼굴을 내게서 숨기지 마시고 주의 종을 노하여 버리지 마소서
(시 27:9).

우리는 피가 흐르는 육체를 견딜 수 있습니다. 그리고 심지어 상처받은 정신도 견딜 수 있습니다. 그러나 하나님께 버림받았다는 의식을 가진 영혼은 견딜 수 있다는 개념을 초월한 것입니다.

그분이 자신의 보좌에서 얼굴을 거두시고, 얼굴 위에 그분의 구름을 펼쳐버리시면, 누가 그 흑암을 견딜 수 있겠습니까?

이 "지옥의 배"(belly of the Hell)에서 나오는 그 음성은 구세주의 고뇌의 가장 낮고 깊은 심연을 표시합니다.

첫째, 버림받음은 실제 상황이었습니다.

우리 주님은 어떤 측면에서는 "아버지는 나와 함께 계신다"라고 말씀하실 수 있었습니다. 하지만 하나님께서 그분을 버리셨다는 것은 엄중한 사실이었습니다. 그분으로 그것이 실제적 사실이 아니라는 쪽으로 생각하도록 이끈 것은 주님의 입장에서는 주님의 믿음의 실패를 나타내는 것이 아닙니다.

우리 믿음이 우리를 저버리면, 우리는 하나님께서 우리를 버리셨다고 생각합니다.

그러나 우리 주님의 믿음은 한 순간도 비틀거리지 않았습니다. 왜냐하면 그분은 두 번에 걸쳐 "나의 하나님! 나의 하나님!"이라고 말씀하셨기 때문입니다.

오! 그분이 전혀 주저함 없는 믿음이 강력하게 두 번에 길쳐 하나님을 붙든 것입니다. 그분은 "아버지께서 나를 버리신다 해도, 저는 결코 아버지를 버리지 않았습니다"라고 말씀하시는 것 같습니다.

믿음은 승리합니다. 살아계시는 하나님을 향한 마음에는 소심함의 흔적이 없습니다.

주님은 하나님께서 주님과의 위로의 교제를 거두어들이셨다고 느끼셨고 끔찍한 박탈감으로 전율하셨습니다. 그것은 그분 신체적 약함, 고열, 그분의 정신의 낙담, 혹은 죽음의 임박성에 기인한 환상이나, 마음의 착란 상태가 아니었습니다. 그분은 생의 마지막 순간까지도 맑은 정신을 갖고 계셨습니다. 그분은 고통, 과다출혈, 경멸, 갈증, 그리고 외로움을 견뎌내셨습니다. 십자가, 못질, 그리고 매질에 대해서도 전혀 불평하지 않으셨습니다.

우리는 복음서 안의 "내가 목마르다"라는 말씀 속에서 인간의 약함에 따른 자연스러운 욕구 이상의 어떤 것도 읽을 수 없습니다. 그분은 자신의 모든 육체적 고통을 침묵 속에 견뎌내셨습니다.

그러나 하나님의 버리시는 순간에 도달하셨을 때는, 그분의 위대한 마음은 "라마 사박다니"(*Lama sabachtani*)를 폭발시켰습니다. 그분의 유일한 신음은 그분의 하나님에 관한 것이었습니다. 그 신음은 "왜 베드로가 나를 버렸습니까? 왜 유다가 나를 배신하였습니까?"가 아니었습니다. 날카로운 상심이 있었지만, 이것은 훨씬 더 예리했습니다. 이 일격은 그분을 속살까지도 베어버렸습니다.

나의 하나님! 나의 하나님! 어찌하여 나를 버리셨나이까?

그것은 음울함으로 인한 환영(幻影)이 아니었습니다. 그것은 그분이 진정 슬퍼한 실재적인 하나님의 부재였습니다.

둘째, 이는 매우 주목할 만한 유기(遺棄)였습니다.

하나님이 그분의 자녀들 혹은 종들을 떠나시는 것은 하나님의 방식이 아닙니다. 그분의 성도들은 그들의 심각한 약함이나 고통 속에 죽게 될 때, 하나님이 가까이 계심을 알게 됩니다. 그리고 그들은 하나님의 존재로 인해 찬송할 수밖에 없습니다.

> 내가 사망의 음침한 골짜기로 다닐지라도 해를 두려워하지 않을 것은 주께서 나와 함께 하심이라(시 23:4).

죽어가는 성도들은 살아계신 하나님에 대한 선명한 비전을 갖고 있습니다. 우리는 관찰을 통해 주님께서 어떤 때는 멀리 계시기도 하지만, 그분은 결코 죽음의 순간 혹은 혹독한 시련기에는 그분의 백성들에게서 떨어져 계시지 않음을 배웠습니다.

세 명의 거룩한 청년들과 관련하여, 우리는 주님께서 그들이 느부갓네살의 화로의 불길 속으로 걸어들어가기 전까지는 그들과 가시적으로 함께 계셨다고는 성경에 기록되어 있지는 않습니다. 그러나 그 자리에서 곧장 주님은 그들을 만나주셨습니다.

그렇습니다. 사랑하는 이들이여!

하나님의 백성들의 환난 때에 그들과 동행하는 것이 하나님의 방식이고 습관입니다. 하지만 하나님은 그분의 아들의 고난의 시간에 그분을 버리셨습니다.

주님께서 그분의 신실한 증인들이 때로 그분의 피에 저항할 때에도, 그들과 함께 계심을 보는 것은 얼마나 평범한 일입니까?

폭스(Foxe)의 『순교자의 책』(*Book of Martyr*)을 읽으십시오.

저는 여러분이 이전 혹은 이후의 박해를 연구하는지 여부는 상관치 않습니다. 여러분이 그 박해 속에 그분의 증인들과 함께 하시는 주님의 명백한 존재로 인해 모두 빛이 나게 됨을 발견할 것입니다.

주님께서 죽음의 현장에 있는 순교자를 지원하는 일에 실패하신 적이 있었습니까?

그분이 언제 교수대에 매달린 그분의 증언자들 중 한 사람을 버리신 일이 있습니까?

교회는 항상 주님께서 그분의 성도들에게 신체적으로 고난 받아 허용하시는 동안, 그분께서 그들이 승리자들(conquerors) 이상이며 그들의 고난을 가벼운 고통으로 다루도록 그들의 영혼을 하나님께서 지원하셨음을 증언해오고 있습니다.

불은 "장미 침대"가 아니었습니다. 그러나 불은 승리의 전차였었습니다. 검은 날카롭습니다. 죽음은 쓰라립니다.

그러나 그리스도의 사랑은 달콤하며 그분을 위해 죽은 것은 영광으로 변하였습니다.

아닙니다!

하나님의 용사들을 버리는 것도, 시련의 시간을 보내고 있는 그들에게서 떠나시는 것은 하나님의 뜻이 아닙니다.

하지만 우리 주님에 관해서는, 이 버리심은 독특합니다.

그분의 아버지께서 주님을 일찍이 버리신 적이 있던가요?

여러분이 사복음서 모두를 철저히 읽을 때, 주님께서 그분의 아버지가 자신을 버리신 일에 대해 불평하신 이전의 어떤 사례를 읽은 적이 있습니까?

아닙니다!

그분은 말씀하셨습니다.

항상 내 말을 들으시는 줄을 내가 알았나이다(요 11:42).

그분은 하나님과 끊임없는 교제 속에 사셨습니다. 아버지와의 그분의 교제는 항상 가까웠고, 사랑으로 가득 찼으며, 선명했습니다. 그러나 지금은, 처음으로 그분은 외치십니다.

어찌하여 나를 버리셨나이까?

이 외침은 매우 주목할 만합니다. 그것은 그분이 우리를 사랑하셨고 그분을 우리를 위해 주셨으며, 그분의 사랑의 목적을 실행하는 과정에서 이 슬픔이, 즉 그분의 하나님의 부재에 대한 애통함이 오게 되었다는 사실에 의해서만 해결될 수 있는 수수께끼였습니다.

셋째, 이 버리심은 매우 끔찍한 일이었습니다.
누가 하나님께 버림받음이 무엇과 같을지 온전하게 설명할 수 있겠습니까?
우리는 단지 우리가 일시적이고 부분적으로 버림받았던 상황에서 느꼈던 경험에 의해서만 추론할 수 있을 뿐입니다. 하나님은 결코 우리를 전적으로 떠난 적이 없으십니다. 왜냐하면 그분은 "내가 결코 너희를 버리지 아니하고 너희를 떠나지 아니하리라"(히 13:5)고 밝히 말씀하셨기 때문입니다. 하지만 우리는 때때로 그분이 우리를 저버리신 것처럼 느꼈습니다.
그리고 우리는 외쳤지요.
"오, 내가 어디서 그분을 찾을지 알 수만 있다면!"
그분의 사랑의 선명한 비추임이 사라졌습니다. 그리하여 우리는 구세주께서 그분의 하나님이 그분을 버리셨을 때 어떻게 느끼셨을까에 대해서는 약간만 이해할 수 있을 뿐입니다. 예수님의 마음은 하나의 어두운 주제에 대해서 생각하도록 남겨졌습니다. 어떤 신나게 만들 이슈도 그분을 위로하지 못했습니다. 그 순간은 예수님이 옛 예언에 따라, 하나님 앞에서 의식적으로 죄를 감당한 이로서 서 있어야할 시간이었습니다.

> 그가 그들의 죄악을 친히 담당하리로다(사 53:11).

그리고 그것은 사실이었습니다. "하나님이 죄를 알지도 못하신 이를 우리를 대신하여 죄로 삼으셨"습니다(고후 5:21). 베드로는 이렇게 기록하고 있습니다.

> 친히 나무에 달려 그 몸으로 우리 죄를 담당하셨으니(벧전 2:24).

죄, 죄, 죄는 그리스도 주위 모든 곳에 있었습니다. 그분에게는 자신이 범하신 죄는 전혀 없었습니다. 그러나 하나님께서 "우리의 모든 죄악을 그에게 담당시키셨습니다"(사 53:6). 그분에게는 하늘로부터 주어진 아무런 능력이 없었고, 어떤 비밀스러운 기름과 포도주도 그분의 상처에 부어진 바 없었습니다.

그러나 그분은 세상 죄를 지고 갈 하나님의 어린 양이라는 외로운 신분으로 등장해야 했습니다. 그러므로 그분은 죄의 무게를 느껴야 했고, 그 죄를 바라볼 수 없는 성부의 거룩한 얼굴로부터 외면 받았습니다.

그분의 아버지는 그 때에 그분에게 어떤 공적인 인정의 말씀을 주시지 않았습니다.

과거 어떤 때에는 한 음성이 들려졌었지요.

이는 내 사랑하는 아들이요 저는 그를 기뻐하노라(마 3:17).

그러나 지금은 그러한 증언이 가장 필요로 할 때, 그 신탁은 입을 닫았습니다. 그분은 십자가 위에서 저주 받은 자로서 매달렸습니다. 왜냐하면 그분은 "우리를 위하여 저주를 받은 바 되사 율법의 저주에서 우리를 속량하셨으니 기록된 바 나무에 달린 자마다 저주 아래에 있는 자"라고 하였기 때문입니다(갈 3:13).

그리고 그분의 하나님은 그분을 사람들 앞에서 인정치 않으셨습니다. 그분의 아버지께서는 원하신다면, 그분께 열두 군단 더 되는 천사들을 보내실 수 있으셨음에도, 그리스도께서 겟세마네 동산을 떠날 때에도 단 한 명의 천사도 오지 않았습니다. 그분을 멸시하는 자들이 그분의 얼굴에 침을 뱉었을 것이나, 그 어떤 신속한 스랍도 그 신성모독을 응징하기 위해서 오지 않았습니다.

그들은 그분을 묶었고, 매질하였지만, 천군천사들 중 어느 누구도 채찍질로부터 그분의 어깨를 감싸기 위해 끼어들지 않았습니다. 그들은 그분을 나무에 못을 박아 단단히 고정하고 들어 올린 다음 그분을 조롱했습니다. 그러나 구원하는 영들의 어떤 군대도 그 무질서한 무리를 물러서게 하여 생명의 주님을 놓아주려고 하지 않았습니다.

아닙니다!

그분은 하나님에게서 버림을 받았고, "하나님께 맞으며 고난을 당하고"(사 53:4), 잔인한 자들의 손에 넘겨진 것처럼 보였습니다. 그 잔인한 자들의 사악한 손은 그분을 무제한적인 비참함 속으로 몰아갔습니다. 그러므로 그분이 "나의 하나님, 나의 하나님, 어찌하여 나를 버리셨나이까?"라고 묻는 것은 너무도 당연했습니다.

그러나 이것이 전부는 아니었습니다.

그분의 아버지는 이제 그분의 전체 지상 생애를 통해 지금까지 흘렀던 평화로운 교통과 사랑스러운 교제의 그 성스러운 시내를 말려버리셨습니다. 그리하여 그분은 여러분이 기억하는대로, 스스로에게 말씀하셨습니다.

> 보라 너희가 다 각각 제 곳으로 흩어지고 나를 혼자 둘 때가 오나니 벌써 왔도다 그러나 내가 혼자 있는 것이 아니라 아버지께서 나와 함께 계시느니라(요 16:32).

여기에 그분의 영원한 위로가 있었습니다. 그러나 이 근원으로부터 나오는 모든 위로가 철회되어야 했습니다. 성령은 인간으로서의 그분의 영혼을 돌보지 않으셨습니다. 아버지의 사랑과의 어떤 교통도 그분의 마음 속에 부어지지 않았습니다.

판사가 재판석에서 죄인을 대표한 이를 보고 미소를 짓는 것은 가능치 않는 일이었습니다. 내가 앞에서 이미 제시한대로, 우리 주님의 믿음은 자신을 넘어지게 하지 않았습니다. 그분이 "나의 하나님, 나의 하나님"이라고 말씀하셨기 때문입니다. 하지만 그 어떤 느낄 수 있는 도움도 그분의 마음에 주어지지 않았고, 그 어떤 위로도 그분의 마음 속에 부어지지 않았습니다.

어떤 작가는 예수님께서 하나님의 진노를 맛보지 않았고, 단지 하나님과의 교제의 철회로 인해 고통스러워하셨을 뿐이라고 주장하였습니다.

그 차이는 무엇입니까?

하나님께서 열을 빼내시든 차가움을 만들어내시든 모두 하나입니다.

그분을 바라보시는 하나님의 얼굴에는 미소가 없었고, 그분은 하나님께 가까이 있다고 느끼도록 허용되지 않았습니다. 그리고 그분의 부드러운 영혼에게는 이것이 가장 예리한 비통함이었습니다.

어떤 성도가 한 때 슬픔 가운데 하나님으로부터 "필요한 것은 받았지만 온화함은 받지 못했다"라고 말했습니다. 필요는 충족되었으나, 그것이 달콤하지는 않았을 것입니다.

우리 주님은 극도의 박탈감으로 고통당하셨습니다. 그분은 살아가게 할 빛을 소유하지 못했고, 삶을 지탱할 호의도 가지지 못했습니다. 여러분은 여러분의 수준에서 하나님이 함께 계신다는 임재 의식과 사랑을 상실한다는 것이 무엇과 같은지 압니다. 여러분은 이제 구세주가 그분의 하나님께 버림받았다고 느끼면서, 그분의 슬픔이 어떠할지에 대해서는 어렴풋이 추측할 수 있습니다.

터가 무너지면 의인이 무엇을 하랴(시 11:3).

우리 주님에게 있어서는, 아버지의 사랑은 모든 것의 터였습니다. 그리고 그것이 사라졌을 때, 모든 것이 사라진 것입니다. 그분의 하나님, 그분의 전적인 확신의 대상인 하나님이 그분에게서 얼굴을 돌리셨을 때, 안에도, 밖에도, 위에도 아무것도 남지 않았습니다.

그렇습니다!

실로 하나님은 우리 구세주를 버리셨습니다.

넷째, 예수님께 하나님에게서 버림받는 것은 우리에게 버림받으시는 것보다 훨씬 큰 고통의 근원이었습니다.

여러분은 말합니다.

"오, 그 이유가 무엇입니까?"

저는 그분이 완벽하게 거룩하기 때문이라고 대답합니다. 완벽히 거룩하신 존재와 삼위일체 하나님 사이의 불화는 극도로 이상하고, 비정상적이며, 당혹스럽고, 고통스러운 것임에 틀림없습니다. 하나님과의 평화 관계가 깨진 여기 있는 어떤 사람이 자신의 진정한 상태에 대해 알 수만 있다면, 그는 공포로 까무러칠 것입니다.

여러분이 용서받지 못한 존재로 어디에 있는지, 그리고 그 순간에 하나님의 시각에서 볼 때 자신이 누구인지를 알기만 해도, 여러분은 결코 그분과 화해하기 전까지는 미소를 띨 수 없을 것입니다.

아아! 우리는 죄의 속임수에 의하여 무감각해지고, 강퍅해졌으며, 따라서 우리는 자신의 진정한 상태를 느끼지 못합니다.

우리 주님은 삼위일체 거룩하신 하나님에 의하여 버림받은 것이 자신의 완전한 거룩성으로 인해 끔찍한 재앙이 되게 하였습니다.

나아가 우리의 거룩한 주님은 하나님과의 깨어지지 않는 교제 안에서 살아오셨음을 기억하십시오.

그러므로 하나님에 의해 버림받는다는 것은 그분께는 새로운 비통함이었습니다. 그때까지는 그분은 결코 흑암이 무엇인지 알지 못하셨습니다. 그분의 삶은 하나님의 빛 안에서 살았던 것입니다.

하나님의 사랑하는 자녀들이여!

생각해보십시오.

만일 여러분이 항상 하나님과의 충만한 교제 가운데 살았다면, 여러분의 날들은 지상에 있는 하늘나라에서의 날들과 같았을 것입니다.

그런데 여러분이 버림받음이라는 흑암 속에 놓여진 것을 발견할 때 여러분의 마음에 가해진 일격은 얼마나 차가울까요?

그러한 일이 완전한 사람에게 일어났음을 생각한다면, 여러분은 우리의 지극히 사랑받으신 분에게 그것이 왜 특별한 시련이었는가를 알 수 있을 것입니다.

기억하십시오!

그분은 우리들 중 어느 누구보다도 더욱 풍성하며, 더욱 지속적인 하나님과의 교제 속에서 즐거워하셨습니다. 그분의 아버지와의 교제는 가장 높고, 가장 깊고, 가장 충만한 등급으로 이루어졌습니다.

그렇기에 그분께 그 교제의 상실은 무엇이었습니까?

우리가 하나님과 교제의 즐거운 경험을 잃을 때는 단지 소량의 경험만을 잃을 뿐입니다. 하지만 그 상실 역시 우리를 몹시 지치게 합니다.

그러나 우리 주 예수 그리스도께는 그 바다는 완전히 말라버렸습니다!

무한하신 하나님의 그분의 교제의 바다를 의미합니다.

그분에게 하나님이 함께 하지 않는 일이 발생한다는 것은 감당할 수 없는 재앙임에 틀림없는 그러한 분이셨음을 잊지 마십시오.

모든 면에서 그분은 완전했고, 모든 면에서 그분은 최고조로 하나님과의 교통하신 분이셨습니다.

죄인은 절대적으로 하나님을 필요로 하지만 그것을 모릅니다. 따라서 그는 하나님을 빼앗길 때 생기게 될 하나님께 대한 갈증과 목마름을 느끼지 못합니다.

주님의 본성의 완전함은 필연적으로 하나님과 교통 가운데 있어야 하도록 합니다

길을 잃고 방황하는 천사를 상상하십시오!

자신의 하나님을 잃어버린 스랍 말입니다!

완벽한 거룩함 속에 있었으나, 이제는 그가 하나님을 발견할 수 없는 상태에 빠져버린 그를 생각해보십시오.

저는 그를 묘사할 수 없습니다.

그분은 죄가 없었고 신실했으나, 하나님께서 자신과 함께 계시지 않는다는 강렬한 느낌을 가지셨습니다. 그는 알 수 없는 곳으로 방황하였습니다. 하나님의 등 뒤에 있는 상상할 수 없는 그곳 말입니다.

저는 스랍의 울부짖음을 듣습니다.

"나의 하나님, 나의 하나님, 어디에 계십니까?"

아침의 아들들 중 하나에게 이런 슬픔이 임하다니!

그러나 우리는 여기에서 최고조로 성부 하나님과 교제하실 수 있으셨던 분의 슬픔의 소리를 듣습니다. 그분은 당연히 위대하신 아버지의 사랑을 받도록 최적화되셨고, 그렇기에 그분의 갈망함은 더욱 강렬하셨습니다. 아들이시기에 어떤 섬기는 천사들보다 그분은 하나님과의 더욱 교통할 수 있는 분이십니다. 이제 그분이 하나님에게서 버림받았기에, 내적인 공허는 훨씬 더 크고, 그 고통은 훨씬 더 쓰라립니다.

우리 주님의 마음, 그리고 그분의 모든 본성은 도덕적으로 그리고 영적으로 그토록 섬세하게 형성되어 있으며 그토록 민감하고 부드럽기에, 하나님 없이 지낸다는 것은 그분에게는 감당할 수 없는 큰 슬픔이었습니다.

저는 본문 안에서 그 버림받음을 견디고 계시는 그분을 봅니다. 그리고 저는 그분이 그것을 견디지 못할 것이라고 봅니다. 저는 그러한 역설 외에는 내가 말하고자 하는 바를 달리 설명할 방법을 모르겠습니다.

그분은 죄인의 대표가 감당해야했던 방식으로 자신을 하나님께 버림받도록 내던져졌습니다.

그러나 그분의 순수하고 거룩한 본성은 세 시간의 침묵 후에, 그 위치가 사랑과 순수함을 갈구하지 않고는 견딜 수 없는 자리임을 아셨습니다. 그리고 그 시간이 끝났을 때, 그 자리를 뚫고 그분은 외치셨습니다.

어찌하여 나를 버리셨나이까?

그분은 고난이 아니라 고난을 일으킨 그 위치 안에 머물 수 없다는 것과 싸우고 있었습니다. 그분은 마치 스스로 그 시련을 끝내야하는 것처럼 보입니다. 하지만 고통 때문이 아니라, 도덕적 충격 때문이었습니다.

우리는 여기에서 그분이 "내 아버지여 만일 할 만하시거든 이 잔을 내게서 지나가게 하옵소서 그러나 나의 원대로 마시옵고 아버지의 원대로 하옵소서"라고 외칠 때, 그분이 고난 앞에서 느끼셨던 그 혐오스러운 고통의 반복을 봅니다.

"나의 하나님, 나의 하나님, 어찌하여 나를 버리셨나이가?"는 죄인들을 대속하는 자리로 말미암아 놀라신 그리스도의 거룩성이 표출된 것입니다.

친구들이여!

저는 이것을 묘사하려고 최선을 다하였습니다. 하지만 저를 무한하게 초월하는 어떤 것을 말하면서, 어린 아이처럼 단지 재잘거리고 있는 것처럼 느껴질 뿐입니다.

결국 저는 우리 주 예수께서 그분의 하나님께 버림받은 채 십자가 위에 계셨다는 그 엄중한 사실만을 남길 뿐입니다.

2. 이는 우리로 하여금 그 질문, 왜 그분이 고난받으셨는가를 고려하도록 이끕니다

이 외침, "나의 하나님, 나의 하나님, 어찌하여 나를 버리셨나이까?"를 신중히 살피기 바랍니다. 그분으로 하여금 이렇게 외치도록 한 것은 순수한 고뇌였고, 희석되지 않는 고통이었습니다. 하지만 그것은 신실한 영혼의 고통이었습니다. 단지 그러한 등급의 사람만이 그러한 표현을 쓸 수 있었습니다.

우리는 그 질문으로부터 유용한 교훈을 배울 수 있습니다. 이 외침은 "그 책"(the Book, 즉 성경-편집자주)으로부터 왔습니다.

그분이 가장 예리한 슬픔을 느끼셨을 때, 그 고뇌와 어울리는 표현을 찾으시려고 성경을 의존하신 것은 그 거룩한 책에 대한 주님의 사랑을 보여주지 않습니까?

여기에서 우리는 시편 22편의 여는 문장을 보게 됩니다.

오! 우리가 영감된 말씀에 맞추어 노래할 뿐 아니라, 그 음악에 따라 울기까지 할 수 있을 만큼 그 영감된 말씀을 사랑할 수 있다면 얼마나 좋을까요!

다시 우리 주님의 비탄의 소리는 하나님을 향한 호소문임을 주목하십시오.

일반적으로 고통 속에 있는 경건한 이들은 자신들을 때리는 그 손을 주목합니다.

"나의 하나님, 나의 하나님"이라는 구세주의 외침은 하나님께 대항하는 것이 아니라, 그분의 손, 즉 그분께로 향한 것이었습니다.

그분은 하나님께 가까이 가기 위해서 이중(성경과 기도-편집자주)의 노력을 기울이십니다.

진정한 아들 됨의 의미가 여기에 있습니다. 어둠 속의 아이는 그의 아버지를 찾아 웁니다.

나의 하나님, 나의 하나님!

성경과 기도!
이 두 가지 모두가 고통 가운데 계신 예수님께 소중했습니다.
계속하여 그것은 믿음의 외침이었음을 주목하십시오.
비록 그 외침이 "어찌하여 나를 버리셨나이까?"라고 물을지라도, 그 외침은 처음에 두 번에 걸쳐 말합니다.

나의 하나님, 나의 하나님!

그 어휘 사용의 강조는 "나의"라는 말에 있으나, 겸손을 담은 존중은 "하나님"이라는 어휘에 힘이 실려 있습니다.

"나의 하나님, 나의 하나님!"
당신은 계속하여 내게 하나님이십니다. 저는 단지 불쌍한 피조물에 불과합니다. 저는 당신과 다투지 않습니다. 당신의 권리는 물음의 대상이 아닙니다. 왜냐하면 당신은 나의 하나님이시기 때문입니다. 당신은 당신이 원하는 바를 하실 수 있습니다. 그리고 저는 당신의 거룩한 주권에 복종합니다. 저는 나를 때린 그 손에 입 맞추고 나의 온 맘을 다해 외칩니다.

"나의 하나님, 나의 하나님!"

여러분이 고통으로 의식이 흐릿할 때, 계속하여 여러분의 성경을 생각하십시오.

여러분의 마음이 방황할 때, 그 마음이 속죄소(the mercy seat)를 향하여 나가도록 하십시오.

그리고 여러분의 마음의 육신이 넘어질 때, 계속하여 믿음으로 살고 계속하여 외치십시오.

나의 하나님, 나의 하나님!

이제 그 질문으로 가까이 나아갑시다.

첫째, 내게 그 질문은 처음에는 미친 사람이 질문하는 것처럼 보였습니다.

무모하진 않지만, 너무 많이 추론하는, 마음의 균형이 깨져 혼란스러워진 상태에서 말입니다.

어찌하여 나를 버리셨나이까?

예수님은 알지 못하셨을까요?
그분은 왜 그분이 버림받았는지를 모르셨을까요?
그분은 그 이유를 가장 명확히 아셨습니다. 하지만 그분의 인성이 짓눌리고, 세게 얻어맞으며, 녹아버릴 정도의 상태였습니다. 그래서 그분의 인성은 마치 그 큰 슬픔의 원인을 이해하지 못한 것처럼 보인 것입니다.

그분은 버림받아야 했습니다.

그러나 그토록 역겨운 슬픔에는 충분한 명분이 있어야 하지 않겠습니까?

그 잔은 맛이 써야 합니다.

그러나 이 가장 역겨운 내용물이 들어있어야 합니까?

그분은 떨면서 말해서는 안되는 것을 말하지 않으려 했지만, 결국 그것을 말해버렸습니다.

그리고 저는 거기에 진실이 있다고 생각합니다.

그 슬픔의 사람(the Man of Sorrows)은 공포에 압도되어 버린 것입니다. 바로 그 순간 인간 그리스도 예수의 유한한 영혼은 하나님의 무한한 공의와 두려운 접촉을 하게 된 것입니다. 하나님과 인간 사이에 계신 예수 그리스도는 인간의 죄를 정죄하시는 하나님의 거룩함을 보셨습니다.

예수 그리스도는 인간의 본성을 보여주셨습니다. 하나님은 예수 그리스도를 위하셨고 예수그리스도와 함께 하셨습니다. 하나님의 그러한 모습은 결코 의심할 수 없는 것이었습니다.

그러나 그 때 그 순간, 그분이 느끼는 한에 있어서는, 하나님은 그분을 대항하셨고 필연적으로 그분에게서 등을 돌리셨습니다.

그리스도의 거룩한 영혼이 하나님의 무한하신 공의와의 고통스러운 접촉에 이끌렸을 때, 몸서리치게 된 것을 놀라운 일이 아니었습니다. 그 영혼의 계획이 단지 그 공의를 정당화하고 율법을 주신 분을 영화롭게 하는 것이었음에도 말입니다. 우리 주님은 이제 말씀하실 수 있었습니다.

주의 모든 파도와 물결이 나를 휩쓸었나이다(시 42:8).

그러므로 그분은 논리적 비판으로 난도질되기에는 너무도 뜨거운 고통을 나타내는 표현을 사용하고 계십니다. 애통은 문법학자의 문법과는 거리가 멉니다. 가장 거룩한 사람조차도, 비록 그가 정결함과 진리에 따라 말하는 사람일지라도, 고통 속에서는, 공감하는 이의 귀에만 충분히 들려질 수 있는 자신만의 언어를 쓰기 마련입니다.

저는 여기에 있는 전부를 이해할 수는 없습니다. 단지 내가 이해할 수 있는 것은 여러분에게 말로는 그것을 표현할 수 없다는 사실입니다.

둘째, 나는 표현해 본다면, 순종과 결단이라고 생각합니다.

우리 주님은 물러서지 않습니다.

그 질문 안에는 진행의 움직임이 있습니다. 어떤 사업을 그만 둔 사람들은 그 사업에 대해 더 이상 질문하지 않습니다.

그분은 버림받음이 너무 이르게 끝날 수 있는지 묻지 않으셨습니다. 그분은 단지 버림받음의 의미를 새롭게 이해하려고 하실 뿐이었습니다. 그분은 위축되지 않았고, 오히려 "나의 하나님, 나의 하나님"이라는 말씀으로 그리고 그 고통의 근거와 이유를 재검토함으로써 하나님께 스스로를 새롭게 헌신하셨습니다.

그리하여 그분은 쓰라린 종결까지도 감내하기로 결심하셨습니다. 그분은 자신을 종국까지 지탱할 동기를 새롭게 느끼길 원하셨습니다. 그 외침은 나에게 하나님께 탄원하는, 깊은 순종과 강력한 결심처럼 들립니다.

셋째, 그분이 "우리를 위하여 죄가 되셨을" 때(고후 5:21), 우리 주님의 놀라심이 이처럼 스스로 외치도록 했다고 생각지 않습니까?

왜냐하면 그토록 거룩하고 순수하신 존재가 속죄 제물이 되었다는 것은 놀라운 경험이었기 때문입니다. 죄가 그분 위에 얹어졌고, 그분은 마치 자신이 개인적으로는 결코 범죄하지 않으셨지만, 죄인처럼 대우받으셨습니다. 그리고 지극히 거룩하신 하나님께 대한 반역에 따른 무한한 공포가 자신의 영혼을 가득 채웠고, 죄의 불의함이 그분의 마음을 찢어놓았습니다.

주님은 죄로부터 뒷걸음질치며, 외치셨습니다.

나의 하나님, 나의 하나님, 어찌하여 나를 버리셨나이까?
왜 제가 그토록 혐오하는 행위의 끔찍한 결과를 감내해야 합니까?

넷째, 더욱이 여러분은 여기에서 그분의 영원한 목적과 그분이 가지신 기쁨의 비밀스런 근원을 보지 못합니까?

바로 그 "어찌하여"는 검은 구름 가운데 희망의 조짐이며, 우리 주님은 그것을 동경하며 바라보셨습니다. 그분은 죄인들을 구하기 위해서는 버림받음이 필요했음을 아셨고, 그 구원을 그분 자신의 위로로 바라보셨습니다. 그분은 불필요하거나, 무가치한 계획으로 버림받은 것이 아니었습니다.

그 계획은 그분 자신의 마음에 소중하였기에, 그 악이 비록 그분께는 죽음과 같을지라도, 일시적인 악에 복종하신 것입니다. 그분은 그 "어찌하여"를 바라보셨고, 그 좁은 창을 통하여 하늘의 빛이 그분의 어두워진 생명 안으로 흘러들어오는 것을 보셨습니다.

나의 하나님, 나의 하나님. 어찌하여 나를 버리셨나이까?

다섯째, 확실히 우리 주님은 우리 역시 그 방향으로 시선을 돌리도록 그 "어찌하여"를 숙고하셨습니다.

그분은 우리가 그분의 슬픔의 이유와 원인을 보도록 하셨습니다. 그분은 우리가 그러한 인내를 위한 은혜로운 동기에 주목하도록 하셨습니다.

여러분의 주님이 고난받으신 모든 것에 대해 많이 생각하십시오.

그러나 그 고난의 이유를 간과하지 마십시오.

이런 저런 슬픔이 어떻게 전체 고난의 위대한 목적을 향하여 역사했는지를 언제나 이해할 수 없다면, 그 웅대한 "어찌하여" 안에 분깃을 갖고 있음을 믿으십시오.

어찌하여 나를 버리셨나이까?

쓰라리지만, 이 축복된 질문이 평생 여러분의 공부가 되게 하십시오. 구세주께서는 자신을 위해서가 아니라 우리를 위하여 이 질문을 던지셨습니다. 그리고 그분 마음속의 절망 때문이 아니라, 그분 앞에 놓인 소망과 기쁨 때문에 그 질문을 하셨습니다. 그리고 그 질문은 비통함의 광야 가운데 계신 그분에게 위로의 샘이었습니다.

잠깐 동안, 가장 광범위하고 무제한적인 의미에서, 하나님께서 자신의 가장 순종적인 아들을 결코 버리실 수 없을 것임을 숙고해보십시오.

하나님은 구원의 원대한 계획안에서 주님과 함께 계셨습니다. 하나님은 주 예수를 향한 무한한 사랑의 관계 속에 늘 계셨음에 틀림없습니다. 심지어 유일한 독생자께서 결코 십자가상에서의 죽음까지도 감내하며, 죽기까지 순종했을 때보다 아버지께 더 사랑스러운 적은 없으셨습니다.

그러나 우리는 여기에서 하나님을 지상의 모든 존재에 대한 심판주로 간주해야 합니다.

　나아가 우리는 주 예수의 공식적인 역할이, 언약의 보증이자, 죄를 위한 희생 제물임을 알아야 합니다.

　그러므로 모든 이에 대한 위대한 재판관께서는 범죄자들을 위한 대속 제물이 되신 그분을 향하여 결코 미소 지을 수 없었던 것입니다.

　죄는 하나님께 역겨운 것입니다. 그리고 죄의 제거를 위해서 그분 자신의 아들이 죄를 감당해야 했으며, 죄가 되신 그분은 여전히 역겨운 존재여서, 하나님과 행복한 교통을 할 수 없었던 것입니다.

　이것이 속죄를 위해서는 절대적으로 필요했습니다.

　하지만 본질적으로 위대한 아버지의 아들에 대한 사랑은 결코 중단될 수 없었으며, 그대로 지속되었습니다. 흐름 안에서는 제한되어야 했으나, 그 근원은 경감될 수 없었습니다.

　그러므로 "어찌하여 나를 버리셨나이까?"라는 질문을 이상히 여기지 마십시오.

3. 성령에 의해 인도받기를 고대하며, 남은 짧은 시간에, 그 질문을 살피려합니다.

　　나의 하나님, 나의 하나님, 어찌히여 나를 버리셨나이까?

　이 고난의 결과는 무엇입니까?

　그 고난의 이유는 무엇이었습니까?

　우리 구세주는 그분 자신의 질문에 답할 수 있으셨습니다. 한 순간 그분의 인성이 당황했을지라도, 그분의 마음은 곧 명확히 이해하셨습니다. 왜냐하면, 그분은 이렇게 말씀하셨기 때문입니다.

"다 이루었다!"

그리고 내가 이미 진술했듯이, 그 순간 그분은 외로운 고뇌 속에 이미 행하신 그 일을 언급하셨던 것입니다.

하나님은 왜 그분을 버리셨습니까?

저는 이것 외에는 아무런 답을 생각할 수 없습니다.

"그분이 우리를 대신하셨습니다."

아버지께서 그분을 버리셔야 했던 이유가 그리스도 안에는 없었습니다. 그분은 온전하셨고, 그분의 생명은 흠이 없으셨습니다. 하나님은 결코 이유 없이 행동하지 않으십니다. 그리고 주 예수의 성품과 인격 안에는 아버지께서 그분을 버리실 이유가 없기 때문에, 우리는 달리 판단해야 합니다.

저는 그 질문에 대해 다른 사람들이 어떻게 답하는지 알지 못합니다. 저는 단지 이런 방식으로 그 질문에 답할 뿐입니다.

> 하지만 그분이 느끼신 모든 비통함은 사실 우리의 것이었습니다.
> 우리의 비통함은 그분이 감당하신 비애였습니다.
> 고통은 그분의 것은 아닙니다. 그분의 영혼은 흠이 없습니다.
> 비통함으로 찢겨진 영혼이지만 말입니다.
> 우리는 그분을 하늘의 저주받은 자로 여겼습니다.
> 하나님에게서 내쳐진 자로 말입니다.
> 그분이 아버지의 막대기 아래서
> 신음하는 동안, 그분이 피 흘리시는 동안 말입니다.

그분은 죄인의 죄를 감당하셨고, 사실 자신이 결코 죄인이 되실 수 없었지만, 죄인처럼 대우받으셔야 했습니다. 자신의 온전한 동의하에 그분은 마치 그분 위에 얹어진 죄악을 자신이 범하신 것처럼 고난받으셨습니다.

그분이 스스로에게 지우신 우리의 죄가 "어찌하여 나를 버리셨나이까?"의 질문에 대한 답입니다.

첫째, 우리는 이때 그분의 순종이 완벽했음을 봅니다.

그분은 아버지께 순종하기 위하여 세상으로 들어오셨습니다. 그리고 끝까지 순종하셨습니다.

하나님께 버림받았다고 느끼고 있는 사람은, 진지하게 공언하는 충성으로, 조롱하는 무리 앞에서 괴로움을 가하시는 하나님께 대한 자신의 신뢰를 계속적으로 선포하면서 그분을 붙들고 있는 것보다, 순종의 정신을 더 지속할 수는 없습니다. 사람이 "어찌하여 나를 버리셨나이까?" 질문하면서 "나의 하나님, 나의 하나님"이라고 외치는 것은 고귀한 일입니다.

순종이 얼마만큼 지속될 수 있을까요?

저는 불가능하다고 봅니다.

불타는 재의 소나기가 떨어지고 있을 때, 보초로서 자신의 위치를 지키고 있던 폼페이 정문의 보초는, 소망의 충절로 자신을 버린 하나님을 붙들고 있는 사람과 비교하여 그 신뢰에 있어 못지않습니다.

둘째, 우리 주께서 이 특별한 형태로 고난받으시는 것은 적절하고 필요한 것이었습니다.

우리 주님에게는 단지 육체적으로 고통받는 것이나 다른 방식들로 마음속에 슬퍼하는 것만으로는 충분하지 않았습니다. 그분은 이 특별한 방식으로 고난받으셔야 했습니다. 그분은 하나님께 버림받았다는 것을 느끼셔야 했는데, 이것은 죄의 필연적 결과였기 때문입니다. 사람에게 있어 하나님께 버림받는 것은 하나님과의 관계를 깨뜨림으로 인해 자연스럽게 불가피하게 뒤따르는 벌입니다.

죽음이 무엇입니까?

아담에게 위협이 되었던 죽음은 무엇이었습니까?

　네가 먹는 날에는 반드시 죽으리라 하시니라.

죽음은 소멸입니까?

아담은 그날 소멸되었습니까?

단언하건대 아닙니다. 그는 그 후로 오래 세월 살았습니다.

그러나 그가 금지된 열매를 먹었던 그날에 그는 하나님과 분리됨으로 죽었습니다.

하나님으로부터의 영혼의 분리는 영적인 죽음입니다. 육체로부터의 영혼의 분리가 자연적인 죽음인 것과 마찬가지입니다. 죄를 위한 희생 제사는 분리의 자리에 놓여야하고 죽음이라는 처벌과 대면해야 합니다.

버림받음과 죽음이라는 이 위대한 희생 제사의 자리에 놓임으로써 하나님은 죄와는 교제하실 수 없다는 것이 전 우주를 통하여 모든 피조물들에게 목도되었을 것입니다.

불의한 자들을 대신하여 서셨던 의로우신 분인 그 거룩한 존재가 하나님께서 자신을 버리셨다는 것을 알았다면, 실제적 죄인의 운명은 무엇이 되어야겠습니까?

죄는 명백히 모든 경우에 있어서 분리시키는 힘을 발휘합니다. 나아가 죄를 짊어지신 분으로서의 그리스도조차도 저 멀리 떨어뜨려놓습니다.

이는 다른 이유를 위해서도 필요합니다.

주 하나님에 의해 대속의 희생 제물이 버림받지 않고서는 죄에 대한 고난을 부과할 수 없었습니다.

하나님의 미소가 그 사람에게 머물고 있는 한, 율법은 그를 고통스럽게 하지 못합니다. 하지만 위대한 심판자의 만족해하시는 표정은 죄인의 자리에 서 계시는 것으로 보이는 사람 위에는 머물 수 없습니다. 그리스도는 죄로부터 고통을 당하셨을 뿐 아니라, 죄로 인하여 고통당하셨습니다.

하나님께서 그분을 기운을 북돋우시고 지탱시키신다면, 그분은 죄로 인하여 고통받는 것이 아닙니다. 심판주께서 명백히 큰 고통에 빠진 분을 구원하려고 하셨다면, 심판주는 죄에 대하여 고난을 가하고 계신 것이 아닙니다.

예수께서 아버지의 존재가 제공하는 온전한 햇볕을 의식적으로 계속 즐기고 계셨다면, 그리스도로서는 인간의 죄악으로 인해 대리적인 고난을 받았을리 만무합니다. 그분이 "나의 하나님, 나의 하나님, 어찌하여 나를 버리셨나이까?"라고 외쳐야 했던 것은 우리를 대신한 희생 제물에게는 필수불가결한 것이었습니다.

사랑하는 이들이여!

우리 주되신 하나님께서 그리스도의 인격 안에서 그분의 법의 정당성을 입증하셨다는 것이 얼마나 놀라운지요!

그분의 법을 영광스럽게 하기 위해, "이 인간들의 무리가 내 법을 어겼고, 따라서 그들은 멸망당해야 한다"라고 말씀하셨다면, 그 법은 끔찍하게 확대되었을 것입니다. 그러나 대신에 그분은 말씀하십니다.

여기 또 다른 나인, 나의 유일한 독생자가 있다. 그는 스스로 이 반역적인 피조물들의 본성을 취하였고, 내가 그에게 그들의 사악한 행위의 짐을 얹는 것과 모든 인간에게 처벌할 죄악들을 그의 인격 안에 받아들이는 것에 동의한다. 그리고 나는 그것을 마무리지을 것이다(I will have it so).

예수께서 율법의 일격에 그분의 머리를 떨구시고, 아버지께서 그분에게서 얼굴을 돌리는 것에 순종으로 동의하셨을 때, 무수한 세상들이 그 완벽한 거룩함과 율법을 주신 분의 엄중한 공의에 깜짝 놀랐습니다.

아마도 하나님의 무한한 창조를 통하여 셀 수 없이 많은 세상들이 존재합니다. 그리고 이 모든 세상들은 하나님의 존귀한 아들의 죽음 안에서 결코 죄를 소홀히 여기는 일을 허락지 않으시는 그분의 결심의 선포를 보았을 것입니다.

하나님의 아들이 자신 위에 다른 이들의 죄를 짊어지고 그분에 앞에 끌려올 때, 그분은 자신의 얼굴을 아들 뿐아니라 죄인들에게서도 돌리셔야 했습니다. 무한한 사랑이 하나님 안에서 모두에게 비추입니다. 하지만, 그분의 무한한 사랑은 하나님의 절대적 정의에 그림자를 드리우지는 않습니다.

역으로 그분의 정의가 그분의 사랑을 파괴하는 일이 허락되지 않는 것도 마찬가지입니다. 하나님은 완전함 속에 모든 완전함을 가지신 분입니다. 그리고 그리스도 예수 안에서 우리는 그 완전함의 반사를 봅니다.

사랑하는 이들이여!

이것은 놀라운 주제입니다.

오, 내가 이 주제를 다루기에 합당한 혀를 가질 수 있다면!

그러나 누가 이 위대한 테마의 절정에 다다를 수 있겠습니까?

셋째, 한 번 더, "예수께서 왜 아버지에게서 버림받는 고난을 받으셔야 했는가"라고 질문할 때, 우리는 우리 구원의 수장(Captain)이 그것으로 인해 고난을 완전히 통과하셨다는 사실을 보게 됩니다.

그 길 전부를 우리 주님 자신의 발로 건너셨습니다.

사랑하는 이들이여!

주 예수께서 결코 이와 같이 버림받지 않았고, 그분의 제자들 중 한 사람이 그 예리한 인내로 부름을 받았다고 가정해보십시오.

그렇다면 주 예수는 그 상황 안에서 그 제자와 결코 공감하실 수 없었을 것입니다. 그 제자는 그의 리더이며 수장에게 얼굴을 돌리면서 그분에게 말했을 것입니다.

나의 주님! 당신께서는 일찍이 이러한 흑암을 느껴보신 적이 있습니까?

그 때에 주 예수께서 대답하실 것입니다.

아니다. 이것은 내가 결코 겪어보지 못한 추락(descent)이다.

그 시험받는 자가 느꼈을 끔찍한 상실감이 어떠하겠습니까?

자신의 주인이 결코 알지 못하는 비통함을 견디는 그 종에게는 어떤 슬픔이 찾아오겠습니까!

그것은 바를 연고가 없는 상처였을 것이며, 진통제 없는 통증이었을 것입니다. 그러나 이제는 그렇지 않습니다.

그들의 모든 환난에 동참하사(사 63:9).

모든 일에 우리와 똑같이 시험을 받으신 이로되 죄는 없으시니라
(히 4:15).

그 점에서 우리는 이 순간에 크게 기뻐하고, 우리가 낙담할 때에도 자주 기뻐할 수 있습니다. 우리 삶의 밑바닥에는 버림받으신 주님의 깊은 경험이 있습니다.

저는 세 가지를 말하고 마치려 합니다.

첫째, 주 예수 그리스도를 믿고 구원을 위하여 그분만을 의지하는 여러분과 저는 우리 주님께 더욱 기댑시다.
그리하여 우리의 모든 짐을 우리 주님께 부담시킵시다.
그분은 우리 모든 죄악과 염려의 온전한 무게를 다 지실 것입니다. 나의 죄에 관해서는, 저는 예수님의 "어찌하여 나를 버리셨나이까?"라는 외침을 들을 때, 그 죄의 거친 비난을 더 이상 듣지 않습니다.
저는 하나님의 복수의 손에서 가장 깊은 지옥의 징벌을 받아야 마땅함을 압니다. 그러나 저는 두려워하지 않습니다. 그분은 결코 저를 버리지 않으실 터인데, 왜냐하면 그분은 저 대신 그분의 아들을 버리셨기 때문입니다. 저는 나의 죄로 인해 고통받지 않을 것입니다. 왜냐하면 예수께서 내 대신에 충분히 고난받으셨기 때문입니다.
그렇습니다.
그분은 "나의 하나님, 나의 하나님, 어찌하여 나를 버리셨나이까?"라고 외치실 만큼 고난받으셨습니다. 죄인은 이 대리적 고난(substitution)이라는 놋쇠처럼 단단한 벽 뒤에서 안전합니다. 이 "반석더미"(munitions of rock)가

모든 신자들을 지킬 것이며, 그들은 안전하게 쉴 수 있습니다.

그 바위는 내게 쪼개어져 있으며, 그 쪼개진 틈에 저는 숨습니다. 그리고 아무런 해도 나에게 미치지 못합니다. 여러분은 온전한 대속, 위대한 희생 제사, 율법의 영광스러운 신원하심을 가졌습니다. 그런 까닭에 예수를 신뢰하는 여러분 모두는 평강 가운데 안식합니다.

둘째, 우리 삶 가운데 향후에 우리가 하나님께서 우리를 버리셨다고 생각하게 될 지라도, 우리가 어떻게 행동할 것인가에 대해 우리 주님의 사례로부터 배웁시다.

하나님께서 여러분을 떠나실지라도, 여러분의 성경을 닫지 마십시오.

아닙니다.

우리 주님이 그러셨던 것처럼 성경을 여십시오.

그리고 여러분에게 어울리는 본문을 찾으십시오.

하나님께서 여러분을 떠나셨을지라도, 혹은 여러분이 그렇게 생각한다면, 기도를 중단하지 마십시오.

아닙니다.

우리 주님이 행하셨던 것처럼 기도하십시오.

그 어느 때보다 열심히 기도하십시오.

당신이 하나님께서 그대를 버리셨다고 생각한다면, 그분께 대한 여러분의 믿음을 포기하지 마십시오.

대신에 당신의 주님처럼 반복하여 외치십시오.

나의 하나님, 나의 하나님!

당신이 전에 하나의 닻을 가진 적이 있다면, 이제 두 개의 닻을 던지십시오.

그리고 당신의 믿음을 두 배로 붙드십시오.

당신이 그리스도의 습관처럼, 여호와를 "아버지"로 부를 수 없을지라도, 그분은 당신의 "하나님"으로 부르십시오.

그 인칭대명사가 견고해지게 부르십시오.

나의 하나님, 나의 하나님!

그 어떤 것도 당신을 그대의 믿음에서 떠나가지 못하게 하십시오.

헤엄을 치든 가라앉든 계속하여 예수님을 붙드십시오.

저로서는 내가 한 번이라도 길을 잃었다면, 그곳은 주님이 달리신 십자가 아래일 것입니다. 이 길로 오기까지, 제가 나를 받아주시는 하나님의 얼굴을 결코 본적이 없을지라도, 저는 하나님께서 그분의 아들에게 신실하실 것이고, 맹세와 피로 인 쳐진 계약에 진실 되게 행하실 것을 믿습니다.

예수를 믿는 사람은 누구나 영원한 생명을 갖게 됩니다. 바위에 달싹 붙은 삿갓조개들 마냥, 저는 그 믿음을 굳게 붙듭니다. 하늘에는 하나의 입구만 있는데, 저는 그곳에 들어가도록 허락되지 않을지라도, 저는 그 문의 기둥들을 단단히 붙들 것입니다.

내가 무엇을 말하고 있습니까?

저는 들어가고 말 것임을 말하는 것입니다. 왜냐하면 그 문은 결코 예수님을 영접하는 영혼에 대해서는 결코 닫힌 적이 없기 때문입니다. 그리고 예수께서 말씀하셨습니다.

내게 오는 자는 내가 결코 내쫓지 아니하리라(요 6:37).

셋째, 마지막은 이것입니다. 우리의 가장 사랑하는 주님께 그러한 고통을 안겨준 죄를 혐오합시다.

죄는 얼마나 저주받은 존재입니까?

죄는 주 예수를 십자가에 못 박았습니다!

여러분은 그 일을 조롱합니까?

여러분은 그 일을 흉내내는 공연을 보러 가서 밤을 허비하려고 합니까?

여러분은 한 입의 달콤한 사탕처럼 죄를 여러분의 혀 아래서 굴리고서는 주일 아침에 하나님의 집에 나아와서 그분을 예배하려고 합니까?

그분께 예배하십시오!

여러분의 마음속에 흠뻑 취해 있는 죄를 가지고 그분께 예배하십시오.

여러분의 일생 안에 사랑받고 애지중지하는 그 죄를 가지고 그분께 예배하십시오!

오 여러분, 내가 살해당한 귀한 형제가 있었다면, 내가 형제의 피로 붉게 물들게 한 그 칼을 귀하게 여긴다면, 여러분은 나에 대해 어떻게 생각하겠습니까?

내가 내 형제의 심장을 단도로 찌른 살인자와 친구가 된다면, 그리고 매일 그 암살자와 교제한다면, 여러분은 내게 대해 어떻게 생각하겠습니까?

확실히 저 역시도 그 범죄에 공모자임에 틀림없습니다. 죄가 그리스도를 살해하였습니다.

여러분은 죄의 친구가 되려고 합니까?

죄가 성육신하신 하나님의 심장을 꿰뚫었습니다.

여러분은 죄를 사랑할 수 있습니까?

그리스도의 비참함만큼이나 깊은 심연이 있다면, 저는 즉시 이 죄의 단도를 그 깊은 심연 속으로 던져 넣어 그곳에서 그 칼이 결코 다시는 빛을 보지 못하게 할 것입니다.

죄여 사라져라!
너는 예수께서 다스리시는 마음에서 추방되었다.
꺼져라!
너는 나의 주님을 십자가에 못 박았고, 그분으로 "어찌하여 나를 버리셨나이까?"라고 외치게 하였기 때문이다.

오 나의 청중들이여!
여러분이 여러분 스스로에 대해 알기만 했어도, 그리고 그리스도의 사랑을 알았다면, 여러분 각자는 더 이상 죄를 마음에 품지 않겠다고 맹세했을 것입니다. 여러분은 죄에 대해 분노했을 것이고 외쳤을 것입니다.

내가 알았던 가장 사랑한 우상,
그 우상이 무엇이었든,
주여, 저는 그 우상의 보좌에서 그것을 파괴하겠습니다.
그리고 저는 오직 당신만을 예배하겠습니다.

그것이 오늘 아침 설교의 핵심이 된다면, 저는 그것으로 만족합니다. 주께서 여러분을 축복하시길!
여러분을 대신하여 고난받으신 그리스도께서 여러분을 축복하시고, 그분의 흑암에서 여러분의 빛이 일어나게 되길 기원합니다. 아멘!

Sermons on Cries from the Cross

제5장
일곱 외침들 중 가장 짧은 외침

> 그 후에 예수께서 모든 일이 이미 이루어진 줄 아시고 성경을 응하게 하려 하사 이르시되 내가 목마르다 하시니(요 19:28).

십자가상에서의 우리 주님의 모든 말씀은 모두 모아져 보존되어야함이 가장 마땅한 일이었습니다. 그분의 뼈 하나도 부러지지 않아야 했던 것처럼, 그분의 한 말씀도 잃어버린바 되어서는 안 될 것입니다. 성경은 십자가상의 그 거룩한 읊조림의 개별 말씀이 적절하게 기록되는 일에 특별한 관심을 기울였습니다.

여러분이 알다시피, 그 마지막 말씀은 일곱으로 구성되어 있는데, 일곱은 완전과 충만의 숫자입니다. 그 수는 무한하신 3위 하나님과 완벽한 창조를 나타내는 4라는 수를 합친 것입니다. 우리 주님은 모든 면에서도 그러하셨지만, 죽음을 앞둔 외침 안에서도 완전 그 자체셨습니다.

각각의 말씀에는 그 어떤 사람도 온전하게 발언할 수 없는 것으로 충만한 의미가 있었고, 그 말씀들이 조합될 때는, 어느 사람도 그 깊이를 측정할 수 없는 광대하고도 깊은 사고를 형성하였습니다. 다른 모든 곳에서처럼, 여기에서 우리는 우리 주님에 대해 다음과 같이 말할 수밖에 없습니다.

> 그 사람이 말하는 것처럼 말한 사람은 이 때까지 없었나이다(요 7:46).

그분의 영혼의 모든 고통 가운데서 그분의 마지막 말씀들은 그분이 온전히 침착한 상태를 유지하셨고, 그분의 용서하시는 본성에 충실하셨으며, 그분의 왕적인 지위에 충실하였고, 그분의 아버지와의 관계에 충실하셨고, 그분의 하나님께 충실하셨고, 기록된 말씀에 대한 그분의 사랑에 충실하셨고, 그분의 영광스러운 사역에 대해 충실하셨으며, 그리고 그분의 아버지께 대한 믿음에 충실하셨음을 증명합니다.

이 일곱 말씀들이 그토록 충실하게 기록되었기 때문에, 우리는 그 말씀들이 자주 경건한 묵상의 주제들이 되어온 사실을 이상히 여기지 않습니다. 교부들과 고백하는 이들, 설교자들과 신학자들이 이 견줄 데 없는 외침들의 모든 음절을 숙고하기를 즐거워했습니다.

이 엄중한 문장들은 계시록의 일곱 황금촛대나 일곱 별들처럼 빛났고, 수많은 사람들에게 그분이 말씀하실 때 빛이 비추어지게 하였습니다. 사려 깊은 사람들은 그 말씀들로부터 풍부한 의미를 끌어내었고, 그렇게 하면서 그 말씀들을 다른 그룹 속으로 배치시키고, 여러 다른 항목으로 위치시켰습니다.

저는 여러분에게 이 풍부한 주제들을 단순히 맛보게 하는 것 이상을 제공할 수 없습니다. 그러나 저는 우리 주님의 마지막 말씀들에 관하여 두 가지 방식으로 가장 감명을 받았습니다.

첫째, 그 말씀들은 우리의 거룩한 믿음의 교리에 대해 많은 이들을 가르치고 확신을 줍니다.

아버지여, 저들을 용서하옵소서. 저들은 자신들이 무슨 일을 하는지를 알지 못하기 때문입니다.

이 말씀은 첫 번째 외침입니다. 여기에 죄의 용서가 있습니다. 구세주의 탄원에 대한 응답 안에 있는 자유로운 용서 말입니다.

오늘 네가 나와 함께 낙원에 있으리라.

이 말씀은 두 번째 외침입니다. 여기에 그분이 돌아가시는 시점에 믿은 자에 대한 안전과 그의 주님의 면전으로 즉각적인 입회 허락이 있습니다. 그것은 "연옥의 존재"라는 가공의 이야기에 상처를 입히는 일격입니다.

여자여, 보소서 아들이니이다.

이 말씀은 세 번째 외침입니다. 이 매우 선명한 말씀은 그리스도의 참되고 적합한 인성을 설명합니다. 그분은 끝까지 자신을 출생케 한 마리아에 대한 자신의 인간적 관계성을 인정하셨습니다. 하지만 그분의 언어는 우리에게 마리아를 경배치 말도록 가르칩니다. 그분은 마리아를 "여자"로 부르시는 까닭입니다.

또 그분의 언어는 극심한 고통 속에서도 그녀의 필요와 슬픔을 생각하시는 주님을 영예롭게 하도록 가르칩니다. 그분은 또한 그분께 속한 모든 이들을 생각하시는데, 이들이 그분의 어머니요 형제요 자매이기 때문입니다.

엘리 엘리 라마 사박다니.

이 말씀은 네 번째 외침으로, 그 말씀은 그분이 우리의 죄를 짊어지셨을 때, 그리하여 그분의 하나님께 버림받으셨을 때, 우리를 대신하여 감당하신 징계를 설명합니다. 하지만 그 어떤 설명도 우리에게 그 판결의 날카로움을 온전하게 밝힐 수 없습니다. 그 날카로움은 그분의 심장을 꿰뚫은 칼의 날과 칼끝처럼 예리합니다.

내가 목마르다.

이 말씀은 다섯 번째 외침입니다. 그리고 그 발언은 우리에게 성경의 진리를 가르치십니다. 왜냐하면 모든 것이 성취되었고, 성경이 응해졌기에, 우리 주님은 "내가 목마르다"라고 말씀하신 것입니다. 성경은 우리 구세주의 모든 말씀과 행동으로 확립된 우리 믿음의 근거로 남아 있습니다.

다 이루었다.

여섯 번째 말씀은 바로 이것입니다.
"다 이루었다."
이 말씀으로 신자의 정당성이 보장됩니다. 그분이 받아들이신 사역이 온전히 완수되었기 때문입니다. 그분의 마지막 말씀들 중의 이 마지막 말씀 또한 성경에서 취해졌습니다. 그리고 그 말씀은 그분의 마음이 어디에서 영양을 공급받고 있는지를 보여줍니다. 그분은 결코 굴복하지 않았던 그분이 자신의 모든 고통 가운데서도 똑바로 세우고 있었던 자신의 머리를 떨구기 전에 외치셨습니다.

아버지 내 영혼을 아버지 손에 부탁하나이다

이 말씀은 일곱 번째 외침입니다. 이 외침 속에는 하나님과의 화해가 있습니다. 우리를 대신하여 서셨던 그분은 그분의 모든 사역을 마치셨고, 이제 그분의 영혼은 아버지께로 돌아갑니다. 그리고 그분은 우리에게 하나님과 함께 다시 오십니다.

그러므로 여러분이 보는 모든 말씀은 우리에게 우리의 축복된 믿음의 위대한 근본적 교리들을 가르칩니다.

귀 있는 자는 들으라 하시니라(마 13:9).

둘째, 이 일곱 외침들을 다루는 양식은 그 외침들을 그 외침들을 발하시는 우리 주님의 인격과 직무를 설명한다고 간주하는 것입니다.

아버지여, 저들을 용서하옵소서. 저들은 자신이 무엇을 하는지 알지 못합니다.

여기에서 우리는 중재하시는 중보자를 봅니다. 예수께서는 아버지 앞에 서시기 전에 죄인들을 위하여 탄원하셨습니다.

진실로 내가 네게 말하노니, 오늘 네가 나와 함께 낙원에 있으리라.

이분이 왕적인 권세로 아무도 닫을 수 없는 문을 다윗의 열쇠로 여시며, 십자가 위에서 그분께 고백한 그 불쌍한 영혼을 하늘의 문 안으로 들이신 우리 주님이십니다.

영존하시는 하늘의 왕께 영광을 돌립시다.

당신은 원하시는 자 누구든지 당신의 낙원에 들이십니다. 당신은 기다리는 시간을 허락지 않으십니다. 즉시로 당신은 진주문을 활짝 여십니다. 당신은 하늘에서 뿐 아니라 지상에서도 모든 권세를 갖고 계십니다.

그 다음으로 이 말씀이 전개됩니다.

여자여 보소서 아들이니이다.

그 말씀 안에서 우리는 유족이 될 어머니를 돌보시는 아들의 온유함이 드러나는 인자를 봅니다. 이전 외침에서, 주님이 낙원을 여셨을 때, 여러분은 하나님의 아들을 보았습니다. 이제 여러분은 진정으로 율법 아래서 한 여인에게서 나신 그분을 봅니다. 그리고 여러분은 율법 아래서 계속 계신 그분을 보는데, 그분은 죽음의 마지막 순간에서 그분의 어머니를 존중하고 그분을 염려하시기 때문입니다.

다음으로 이 말씀이 나옵니다.

나의 하나님, 나의 하나님, 어찌하여 나를 버리셨나이까?

여기에서 우리는 고통 속에 계시는 그분의 인간적인 영혼, 여호와의 얼굴이 그분에게 돌려진 결과로 압도된 그분의 가장 내적인 마음, 그리고 당혹감과 놀라움 속에 계신 것처럼 외치셔야 했던 그분을 봅니다.

내가 목마르다.

이 말씀은 비통한 고통으로 괴로움을 당하시는 그분의 인간의 몸입니다. 여기에서 여러분은 유한한 육신이 어떻게 내적인 영혼과 그 고통을 공유해야 하는지를 봅니다.

다 이루었다.

이것은 마지막 말씀입니다.
그리고 여러분은 그 말씀에서 완전한 구세주, 우리 구원의 수장(Captain)을 봅니다. 그분은 죄에 들어가 죄를 끝내시고, 죄를 종식시키고, 영원한 의를 가져오는 사역을 완수하셨습니다. 예수께서 자신의 영혼을 그분의 아버지께 의탁한 마지막 숨을 거둘 때의 말씀은 그분 자신과 우리 모두를 위한 수용의 통첩(note)입니다.
그분이 자신의 영혼을 아버지의 손의 의탁하신 것처럼, 그분은 모든 신자들을 하나님께 가까이 데리고 가시며, 따라서 우리는 만유보다 크신 하나님의 손 안에 있습니다. 그리고 우리를 어느 누구도 그 곳에서 빼낼 수 없습니다.
이것이 사고의 비옥한 땅이 아닙니까?
성령께서 우리를 그 안에 모으시도록 이끄시길 기원합니다.

이 말씀들이 읽힐 수 있는 다양한 다른 방식들이 있습니다. 그리고 그 말씀들은 모든 충만한 가르침으로 드러날 것입니다. 사다리의 한 단 혹은 금 사슬의 한 고리처럼, 각각의 외침은 상호의존적이며 서로 연결되어 있습니다.

그리하여 우리가 다른 외침으로 인도되고 그 외침은 다음 외침으로 인도되게 하기 위함입니다. 분리되어 혹은 연결되어 우리 주님의 말씀들은 사려 깊은 마음속으로 흘러넘칩니다. 그러나 모든 일곱 말씀 중에서 하나를 제외하고 저는 말해야 합니다.

"우리는 이제 특별히 그것에 대해 말할 수 없습니다."

우리의 본문은 갈보리에서의 모든 말씀들 중에서 가장 짧은 말씀입니다. 우리 언어로 단 두 어휘로 구성되어 있지요.

내가 목마르다.

그러나 헬라어에서는 단 하나의 어휘입니다. 저는 그 어휘가 짧고 달콤한 어휘라고 말할 수 없습니다. 왜냐하면, 아, 그 어휘는 우리 주 예수님께는 자체로 쓰라림이었기 때문입니다. 그리고 그 쓰라림으로부터 저는 우리에게 위대한 달콤함이 오리라고 믿습니다. 말씀하실 때는 그분에게는 쓰라렸을지라도, 듣는 우리에게는 달콤하게 될 것입니다. 우리 시련의 모든 쓰라림이, 우리가 그분이 마신 신 포도주와 쓸개즙을 기억할 때, 잊혀질 정도로 그 말씀은 달콤합니다.

우리는 성령의 도우심으로 우리 구세주의 이 말씀들을 다섯 겹의 빛으로 생각하게 될 것입니다.

1. 우리는 그 말씀들을 그분의 진정한 인성의 표지로 간주합니다

예수님은 "내가 목마르다"고 말씀하셨고, 이것은 한 인간의 불평이었습니다. 우리 주님은 바다와 궁창의 물들의 창조자이십니다. 하늘의 물이 담긴 용기를 그대로 두거나 열어서, 악한 자와 선한 자들에게 비를 보내시는 것은 그분의 손입니다.

"바다는 그분의 것이며, 그분이 만드셨습니다."

그리고 모든 샘과 물의 근원은 그분이 파신 것입니다. 그분은 언덕 사이를 흐르는 시내들과 산맥 아래로 격렬히 흐르는 급류들과, 대지를 풍요롭게 하는 강들이 흘러가게 하셨습니다. 어떤 사람은 말할 수 있을 것입니다.

> 그분이 목이 마르셨다면 그분은 우리에게 굳이 말씀하지 않아도 되었습니다. 모든 구름과 비가 그분의 이마를 시원케 해드리길 즐거워할 것이고, 모든 시내와 개울들이 즐겁게 그분의 발을 적시며 흘러갈 것이기 때문입니다.

하지만 그분이 만유의 주님이었을지라도, 그분은 종의 형태를 온전히 감당하셔야 했고, 그리하여 죄된 육신의 형상을 온전히 입으셔야 했습니다. 그리하여 그분은 희미해져가는 음성으로 "내가 목마르다"라고 말씀하신 것입니다.

그분은 얼마나 참된 인간이십니까?

그분은 참으로 "우리 뼈중의 뼈요 우리 살 중의 살"이었습니다. 왜냐하면 그분은 우리의 약점을 지셨기 때문입니다. 저는 여러분을 우리 주님의 진정한 인성을 매우 경건하게 그리고 매우 사랑스럽게 묵상하도록 초대합니다. 예수님은 진정한 사람으로 증명되셨는데, 그분이 당하신 고난이 인간에게 속한 까닭입니다. 천사들은 갈증으로 고통당할 수 없습니다. 어떤 이들이 그분께 대해 불렀던 유령은 이런 방식으로 고통당할 수 없었습니다.

그러나 예수는 섬세하고 민감한 마음의 보다 정제된 고통 뿐 아니라, 육체와 피로 당하는 보다 거칠고 일반적인 고통을 실제적으로 견디셔야 했습니다. 갈증은 농부나 걸인들에게서 발생할 수 있는 것과 같은 평범한 비참함입니다. 그것은 실제적 고통이었고, 환상이나 꿈의 세상의 악몽과 같은 것이 아니었습니다. 갈증은 왕적인 아픔이 아니었고, 보편적인 인간의 불행이었습니다.

예수님은 가장 가난한 이들과 우리 족속 중 가장 천한 자들의 형제이십니다. 그러나 우리 주님은 극도의 갈증을 견디셨습니다. 왜냐하면 그것은 그분 위에 임한 죽음의 갈증이었고, 더욱이 그것은 그분의 죽음이 평범치 않은 이의 것이었기 때문입니다.

> 모든 사람을 위하여 죽음을 맛보려 하심이라(히 2:9).

그 갈증은 아마도 부분적으로 피가 빠져나간 연유로 촉발된 것이고, 그분의 네 개의 중한 상처에 의해 발생한 염증으로 생겨난 고열에 의한 것일 수 있습니다. 못들이 신체의 가장 예민한 부분들에 박혔고, 그분의 몸무게가 그분의 거룩한 육체를 관통한 못들 위로 끌어내리고 그분의 부드러운 신경을 찢을 때, 그분의 상처는 더욱 커졌습니다. 극도의 긴장이 불타는 듯한 고열을 만들어내었습니다.

그것은 "내 혀가 입천장에 붙었나이다"라는 시편 22편의 언어로 토해질 때까지(시 22:15), 그분의 입을 말리고 마치 입을 오븐처럼 뜨겁게 만든 고통이었습니다.

그것은 우리들 중 어느 누구도 일찍이 경험해본 적이 없는 고통이었습니다. 이와 같은 응축된 죽음의 기운이 우리 이마 위에 아직까지 드리운 적이 없기 때문입니다.

우리는 아마도 그 고통을 우리가 죽는 순간에 우리 수준에서 알게 되겠지요.

그러나 아직은 아닙니다. 우리는 그분이 죽으셨던 것처럼 그토록 끔찍하게 죽어본 적이 없습니다. 우리 주님은 모든 물기가 말라버리는 것 같고, 육체가 죽음의 먼지로 되돌아가는 고갈로 녹아버리는 지독한 고통을 느끼셨습니다.

그리고 죽음의 골짜기의 그늘을 밟기 시작하는 사람들은 이 고통을 압니다. 인간이신 예수님은 죽음 가운데 인간에게 할당된 병폐의 어느 것도 피하지 않으셨습니다. 그분은 참으로 임마누엘이시고, 모든 곳에 우리와 함께 계시는 하나님이십니다.

이것을 믿을 때, 우리 주님 예수께서 우리에게 얼마나 가까이 계시는지를 부드럽게 느껴봅시다.

여러분은 병들었고, 여러분은 그분처럼 고열로 입이 바짝바짝 말랐고, 급기야 "내가 목마르다"하면서 숨을 헐떡입니다. 여러분의 삶은 우리 주님의 삶처럼 고난으로 가득합니다.

그분은 누군가가 마실 것을 가져오도록 하기 위하여 "내가 목마르다" 말씀하셨지요.

이는 여러분이 스스로 목마름을 해결할 수 없을 때, 시원하게 할 한 모금의 물이 여러분에게 전달되길 바라는 것과 똑같습니다.

여러분은 그분의 입술이 해면(sponge)으로 촉촉하게 되어야 할 때 그리고 그분이 다른 사람들의 손을 통해 마실 것을 요청해야할 만큼 다른 사람들에게 의존하셔야 할 때, 주님이 우리에게 얼마나 가까이 계시는지를 느낄 수 있습니까?

다음에 여러분이 입술이 고열로 바짝 타오른 입술이 "내가 너무 목이 말라요" 중얼거릴 때, 여러분 자신에게 "그 말들은 거룩한 말씀입니다. 나의 주님이 그런 방식으로 말씀하셨기 때문입니다"라고 말할 수 있습니다. "내가 목마르다"라는 어휘들은 사형실에서는 평범한 말들입니다. 우리가 어떤 이의 골격이 으깨지는 것을 보게 될 때, 우리가 증인이 되었던 그 고통스러운 장면을 결코 잊을 수 없습니다. 우리가 바라보고 있는, 우리가 진정 사랑했던 이들 가운데 어떤 이들은, 스스로에게 조금도 도움을 줄 수 없습니다.

죽을 때 흘리는 땀이 그들 위에 드리워졌고, 이것은 그들이 죽음에 가까이 가고 있다는 표식들 중 하나이며, 그들은 갈증으로 목이 타면서 단지 자신들의 반쯤 닫힌 입술 사이에서 "나에게 마실 것 좀 주시오"라고 낮고 불명확하게 말할 뿐입니다.

아, 사랑하는 이들이여!

우리의 모든 비통함이 그분을 기억나게 할 정도로 주님은 참된 인간이셨습니다. 그러므로 우리가 목마를 때 우리는 그분을 응시할 수 있습니다. 그리고 우리가 죽어가면서 현기증을 느끼며 갈증에 목말라하는 어떤 친구를 볼 때면 언제나, 우리는 그의 지체 안에 투영된 우리 주님을 희미하게 그러나 진정으로 우리 주님을 바라볼 수 있습니다.

그 목마르신 주님은 우리와 얼마나 가까이 계십니까!

그분을 더욱 더 사랑합시다.

그분으로 이와 같은 낮아짐으로 이끈 그 사랑은 얼마나 크겠습니까!

보좌에 앉으신 영광의 주님과 극한적 갈등에 고통당하신 십자가에 못 박히신 주님 사이의 무한한 간극을 잊지 맙시다.

수정처럼 순수한 생명수의 강이 오늘 하나님과 어린 양의 보좌에서 흐릅니다.

하지만 한때 그분은 겸손하게 "내가 목마르다" 말씀하셨지요.

그분은 샘들과 모든 깊음의 주님이시지만, 그분의 입술에 냉수 한 잔도 갖다 대실 수 없었습니다.

오, 그분이 천사들의 보호에 앞서 "내가 목마르다"고 말할 시간이 있었다면, 그들은 확실히 다윗의 부하들의 용기를 모방하려 했었을 것입니다. 다윗의 부하들은 성문 안에 있던 베들레헴의 우물까지 길을 헤치고 나가, 자신들의 목숨을 위험에 빠뜨리면서까지 물을 길어 왔습니다.

우리들 가운데 어느 누군들 주님을 시원케 해드릴 수만 있다면, 자신의 영혼을 죽음 앞에 기꺼이 내놓지 않겠습니까?

하지만 주님은 그분을 아무도 시중들 이가 없는 수치와 고난의 자리에 우리를 위하여 자신을 위치시키셨습니다. 그러나 그분이 "내가 목마르다" 외치실 때에, 그들은 그분께 마시도록 신 포도주를 가지고 왔습니다.

우리의 존귀하신 머리의 영광스러운 숙이심이여!

오, 주 예수님, 우리는 당신을 사랑하고 당신을 경배합니다!

우리는 당신이 내려가신 그 깊음을 감사히 기억하며 당신의 이름을 기꺼이 드높입니다.

그리하여 우리가 그분의 겸양을 칭송하는 동안, 우리의 사고를 또한 기쁨으로 그분의 확실한 공감(sympathy)하도록 합시다.

왜냐하면 예수께서 "내가 목마르다" 말씀하셨다면, 그분은 우리의 모든 연약함과 비통함을 아시기 때문입니다. 우리가 다음에 고통 속에 있거나 영혼의 침체로 고통당할 때, 우리는 우리 주님이 그 아픔을 모두 아심을 기억하게 될 것입니다.

왜냐하면 그분은 그 고통을 실재적이고 개인적으로 경험하신 까닭입니다. 육체의 고통 가운데서도 마음의 슬픔 가운데서도 우리는 우리 주님에 의해 버림받지 않습니다. 그분은 우리와 동행하여 가십니다.

나의 형제들이여!

최근에 당신을 꿰뚫었던 화살은 처음에는 그분의 피로 물들었습니다. 당신이 맛이 쓸지라도 마셔야 했던 잔은 그 잔의 가장자리에 주님의 입술의 흔적을 갖고 있습니다.

그분은 당신에 앞서 외로이 슬픔에 찬 길을 건너셨으며, 당신이 질척질척한 길에 남긴 모든 발자국은 그분의 발자국과 나란히 찍혀있습니다.

따라서 그분이 "내가 목마르다"라고 말씀하신 까닭에 그분의 공감하심을 온전히 믿고 감사합시다.

또한 향후에 포기(resignation)의 정신을 배양하도록 합시다.

왜냐하면 우리 앞서 그분의 어깨가 지신 십자가를 우리 역시 짊어지는 것을 기뻐함이 당연하기 때문입니다.

사랑하는 이들이여!

우리 주님이 "내가 목마르다"고 말씀하셨을지라도, 우리는 매일 레바논의 시냇물을 마시기를 기대합니까?

그분은 무죄이셨고, 그럼에도 목이 말라하셨습니다.

그렇다면 죄인들이 때때로 벌을 받는 것을 이상하게 여겨야할까요?

그분은 돈 한 푼 없는 채로 친구도 없이 배고픔과 목마름에 고통당하면서 그분이 의복이 벗겨질 만큼 비참해지셨고, 또한 나무 위에 매달리셨다면, 여러분은 이후에 여러분이 가난과 궁핍의 멍에를 매는 일 때문에 불만을 토로하며 투덜거리겠습니까?

오늘 여러분의 식탁에는 빵이 있습니다. 그리고 적어도 여러분을 상쾌하게 할 한 잔의 냉수가 있을 것입니다.

그러므로 여러분은 그분처럼 비참하지는 않습니다.

그러므로 불평하지 마십시오.

종이 자신의 종을 능가하며, 제자가 자신의 스승보다 높은 곳에 위치하겠습니까?

인내가 온전히 작동하게 하십시오.

아마도 사랑하는 자매들이여!

여러분은 고난받을 수 있습니다. 여러분은 여러분의 마음을 물어뜯는 괴로운 질병을 지고 다닐 수 있습니다. 그러나 예수님은 우리의 질병을 감당하셨고, 그분의 잔은 여러분의 잔보다 훨씬 더 썼습니다.

그분이 "내가 목마르다" 말씀하실 때, 여러분의 주님의 헐떡임이 여러분의 귀를 관통하게 하십시오.

그리고 여러분이 그 말씀을 들을 때, 그 말씀이 여러분의 마음을 만지고 여러분으로 스스로 허리를 졸라매고 말하게 하십시오.

"내가 목마르다"라고 그분이 말씀하지 않습니까?

그렇다면 나는 그분과 함께 목마를 것이고 불평하지 않겠습니다. 나는 그분과 함께 고난 받을 것이며 투덜거리지 않겠습니다.

"내가 목마르다"는 구속자의 외침은 그분과 함께 고통받는 이들을 향한 인내에 대한 엄중한 교훈입니다.

다시 한 번, 우리 주님이 사람이심을 증명하는, 이 "내가 목마르다"라는 말씀을 생각할때, 우리와 같은 주님의 모습을 부정하려고 하지 맙시다.

오히려 주님의 그러한 모습을 받아들이며 추구합시다.

그분이 "내가 목마르다" 말씀하실 때, 우리는 우리가 추구한 쾌락을 반쯤은 부끄러워해야 하지 않을까요?

주님이 그토록 홀대 받으시는 동안에, 우리는 음식이 가득한 식탁을 멸시해야하지 않을까요?

그분이 "내가 목마르다" 말씀하셨을 때, 갈증을 해소시킬 한 모금이 거부되는 일이 고난이 될 수 있겠습니까?

예수께서 "내가 목마르다" 외치실 때, 육체적 욕구를 탐닉하고, 육체를 애지중지해야겠습니까?

빵이 좀 말랐으면 어떻습니까?

약이 좀 메스꺼우면 어떻습니까?

왜냐하면 주님의 갈증을 위해서는 아무것도 도움이 되지 않았고, 단지 쓸개즙과 신 포도주만이 제공되었기 때문입니다.

우리가 감히 불평합니까?

그분을 위하여 우리는 자기부정을 즐거워하고 그리스도와 딱딱한 빵 한 조각(a crust)을 이생과 하늘 나라 사이에서 우리가 바라는 전부로 바라는 것도 좋습니다. 짐승의 천한 욕구에 탐닉하고, 거의 폭식과 만취에 가깝도록 먹고 마시는 그리스도인의 삶은 전적으로 그리스도인이라는 이름에 합당하지 않습니다.

욕망의 극복, 육체의 전적인 복종이 성취되어야 하는데, 우리의 위대한 모범이 되시는 분이 "다 이루었다"라고 말씀하신 까닭입니다. 그 점에서 저는 그분이 만유의 가장 높은 곳에 도달하셨고, 그분이 그분은 단지 그 위치의 한 단계 낮은 곳에 서서서 "내가 목마르다"고 말씀하셨다고 생각합니다.

다른 사람을 위하여 고난받는 힘, 하나님을 위하여 위대한 사역을 완수하려는 시도 속에 자기를 부인하는 능력, 이것이 추구되어야할 바이며, 우리의 사역이 완수되기 전에 성취되어야할 바입니다. 이 일 가운데 우리보다 앞서신 주님이 우리의 모범이며 우리의 힘이십니다.

따라서 저는 우리가 "내가 목마르다"를 그분의 진정한 사람 되심의 징표로 간주한 가르침에 대하여 영혼의 눈을 위한 그 렌즈를 사용하여 살펴보았습니다.

2. 우리는 "내가 목마르다"라는 어휘들을 그분의 대리적 고난(suffering substitution)의 징표로 여겨야 합니다

우리의 위대한 보증인이 말씀하십니다.

"내가 목마르다."

이는 그분이 죄인들 대신 죄인들의 자리에 서서 죄의 처벌을 감당하셔야 했기 때문입니다.

"나의 하나님, 나의 하나님. 어찌하여 나를 버리셨나이까?"라는 말씀은 그분의 영혼의 고뇌를 가리킵니다. "내가 목마르다"는 부분적으로 그분의 육신의 고통을 표현합니다.

우리 죄인들은 그 영혼과 육신 모두가 속죄를 필요로 합니다. 왜냐하면 공의의 하나님은 "오직 몸과 영혼을 능히 지옥에 멸하실 수 있는" 분이시기 때문입니다(마 10:28).

그리고 율법으로 인한 고통들은 마음과 육신 모두에게 영향을 미치는 그러한 종류의 고통들입니다.

형제들이여!

죄가 어디에서 시작되는 것을 보고, 죄가 끝나는 곳을 표시해 봅시다.

죄는 탐욕스런 입이 죄 가운데서 만족할 때, 그 입과 함께 시작됩니다. 그리고 그 욕구가 은혜 안에서 거부될 때라야 끝납니다.

우리 첫 번째 부모가 금단의 열매를 따서 먹음으로써 인류에게 악을 끼쳤습니다. 바로 그 욕구가 죄의 문이었습니다. 따라서 우리 주님은 그 지점에서 고통스러워하셨던 것입니다.

하지만 주님의 고백인 "내가 목마르다"와 함께, 그 악은 무너졌고, 그 악의 죄 값은 배상되었습니다.

저는 어느 날 독사가 자신의 꼬리를 물고 있는 문장(emblem)을 본 적이 있습니다. 제가 예술가의 의도를 조금 넘어설 수 있다면, 그 상징은 스스로를 삼키는 욕구로 설명할 수 있습니다. 신체의 육적인 욕구, 음식을 향한 탐욕의 충족은 우선 우리를 첫 번째 아담 아래로 데려갔고, 이제 그 욕구로 인한 고통과 육체가 갈망하는 것에 대한 거부는 우리를 다시 우리의 거룩한 자리로 회복시킵니다.

이것이 전부는 아닙니다.

우리는 경험상 죄에 탐닉하는 모든 사람 안에 있는 죄의 현재적 결과가 영혼의 갈증임을 압니다. 사람의 마음은 탐욕스러운 사람(daughter of horseleech)과 같아서, 영원토록 "내게 달라, 내게 달라"라고 외칩니다. 은유적으로 이해한다면, 갈증은 불만족이고, 자기가 갖고 있지 않지만, 마음이 애타게 추구하는 어떤 것에 대한 마음의 갈망입니다.

우리 주님은 말씀하십니다.

> 누구든지 목마르거든 내게로 와서 마시라(요 7:37).

이 순간에 갈증은 모든 신실하지 못한 인간들 안에 있는 죄의 결과입니다. 이제 신실하지 못한 자들 대신에 서 계신 그리스도는 그분이 죄의 결과를 견디시는 하나의 전형으로서 갈증으로 고통당하십니다. 우리 주님 자신의 가르침에 의하면, 갈증은 또한 영원한 죄의 결과가 될 것이라는 사고가 더욱 엄중합니다. 그분이 부유한 폭식가에 대하여, "그가 음부에서 고통 중에 눈을 들어"라고 말씀하시면서, 응답되지 않는 그의 기도에 대해 말씀하신 까닭입니다.

> 아버지 아브라함이여 나를 긍휼히 여기사 나사로를 보내어 그 손가락 끝에 물을 찍어 내 혀를 서늘하게 하소서 내가 이 불꽃 가운데서 괴로워하나이다(눅 16:22-23).

이제 회상해 보십시오.

만일 예수께서 목마르지 않으셨다면, 우리들 가운데 모든 사람은 우리와 하늘 사이에 건널 수 없는 깊은 구멍으로 인해, 하나님을 멀리서 바라보면서 영원토록 목말라했을 것입니다. 주님의 혀가 우리 대신에 갈증으로 고통 받지 않았더라면, 우리의 죄된 혀들은 정욕의 열병으로 물집이 생겨 영원토록 화상을 입었을 것임에 틀림없습니다.

저는 "내가 목마르다"라는 말씀이 부드럽게 읊조려져서, 아마도 단지 십자가 근처에 있던 한 두 사람만이 그 말씀을 전적으로 들었을 것이라고 생각합니다. 그것은 "라마 사박다니"라는 보다 큰 외침과 "다 이루었다"는 승리의 외침과 비교됩니다.

그러나 그 부드러운 마지막 숨과 함께 내뱉어진 "내가 목마르다"는 우리안에서 영원토록 만족할 줄 모르는 격렬함으로 우리를 잡아먹었을 갈증을 종식시켰습니다.

오! 불의한 자를 위한 의로운 분의 대속하심!

사람을 위한 하나님의 대속하심!

지옥의 형벌이 마땅한 반역한 우리 범죄한 자를 위한 온전하신 그리스도의 대속하심!

이 얼마나 놀라운가요!

우리 구세주의 이름을 크게 높이고 송축합시다.

이 "내가 목마르다"라는 말씀이 말하자면 모든 것을 일소시킨다는 사실이 매우 놀랍게 다가옵니다. 그분은 "내가 목마르다" 말씀하시고 신 포도주를 한 모금 마시자마자, "다 이루었다"고 하셨습니다.

모든 것이 종결되었다는 것이지요.

싸움을 마쳤고 영원한 승리가 주어졌으며, 우리의 위대한 구원자의 갈증은 그분이 마지막 대적을 강타한 징표였습니다. 그분의 슬픔의 홍수가 정점을 통과하였고, 누그러뜨려지기 시작했습니다. "내가 목마르다"는 마지막 고통의 참음이었습니다.

그것이 그분의 고통이 마침내 멈추기 시작했고, 그 고통의 격렬함이 다 소진되었으며, 그분이 경감된 고통을 알아차릴 수 있도록 고통이 그분을 떠나갔다는 사실의 표현이었다고 내가 말한다면 어떻겠습니까?

큰 싸움의 흥분은 사람들로 갈증과 어지러움을 잊게 만듭니다. 그들이제 정신으로 돌아와 그들의 힘이 다 소진되었다는 것을 알아차리는 것은 단지 그 싸움이 끝났을 때뿐입니다. 하나님에 의하여 버림받은 그 큰 고통이 끝이 났습니다.

그리고 그분은 긴장이 물러갔을 때 어지러움을 느끼셨습니다. 저는 우리 주님이 "내가 목마르다"고 외치신 직후에 "다 이루었다"고 말씀하신 것을 묵상하기 좋아합니다. 왜냐하면 이 두 목소리들은 자연스럽게 합쳐지기 때문입니다. 우리의 영광스러운 삼손은 우리의 대적들과 싸워오셨습니다.

삼손은 수천 명을 죽여 산더미처럼 쌓았었지요.

이제 삼손처럼 그분은 극심한 갈증에 시달리셨습니다. 그분은 신 포도주를 한 모금 마셨고, 그분은 기운을 얻게 되셨으며, 갈증을 벗어던지자마자, 그분은 정복자처럼 되셨습니다.

다 이루었다.

그리고 그분은 경기장을 떠나 명성을 얻게 되셨습니다.

우리를 대속하신 분이 최후까지도 그분의 사역을 완수하시고, 그분의 아버지이신 하나님께 "모두 다 이루었다"(Consummatum est)라는 말씀으로 돌아오신 것을 볼 때, 함께 크게 기뻐합시다.

오 쇠로 무거운 심에 짓눌린 영혼들이여!

여기서 안식하면서 안식의 삶을 삽시다.

3. 우리는 이제 그 본문을 세 번째 방식으로 다루려고 합니다. 그리고 하나님의 영께서 다시 한 번 우리를 가르치시길 원합니다. "내가 목마르다"라는 말씀은 인간이 그의 하나님을 대하는 방식을 폭로하였습니다

그 말씀은 하나님을 향한 인간의 타고난 적대감에 대한 성경 증언의 확증이었습니다. 현대적 사고에 의하면, 사람은 매우 훌륭하며 고귀한 피조물로 더 나은 이가 되기 위하여 투쟁하는 존재입니다. 그는 위대하게 칭송받고 칭찬 받아야 합니다.

왜냐하면 그의 죄는 하나님이되기를 추구하는 것이며 미신을 좇느라 애쓰는 것이기 때문입니다. 그는 위대하고 존경받아야할 존재로, 진리는 그를 위하여 변개되어야 하고, 복음은 인간의 다양한 세대의 기질에 어울리도록 조절되어야 합니다.

그리고 우주의 모든 계획은 인간의 관심사에 복속되어야 합니다. 정의는 받아 마땅한 자에게 너무 심하게 적용되지 않도록 현장을 신속히 떠나야 합니다. 처벌에 관해서는, 그의 귀에 부드럽게 속삭여져서는 안 됩니다.

사실상, 이런 경향은 하나님 위에 사람을 높이는 것이며 그에게 가장 높은 자리를 제공하는 것입니다.

그러나 그러한 일은 성경에 따르면 사람에 대한 진실된 평가가 아닙니다. 사람은 타락한 피조물로 하나님과는 화해될 수 없는 육욕적인 마음을 지녔습니다. 흉포한 짐승보다 더 악한 존재로 선에 대해서 악으로 답례하고 그의 하나님을 비열한 배은망덕으로 대합니다.

아! 사람은 사탄의 노예이며 앞잡이이고, 그의 하나님에 대해 뱃속이

검은 반역자입니다.

사람이 성육하신 하나님에게 쓸개를 먹게 하고 신 포도주를 마시게 할 것이라고 예언하지 않았습니까?

그분은 구원하러 오셨고, 사람은 그분을 환대하길 거절했습니다. 처음에는 여관에 계신 그분이 들어갈 방조차 없었습니다. 그리고 마지막에는 그분을 위해서 마시게 하는 한 잔의 냉수조차 없었습니다. 오히려 그분이 목말라 했을 때, 그들은 그분께 신 포도주를 마시게 했습니다. 이것이 사람이 자신의 구세주를 대우한 방식입니다.

모든 인류는 스스로 하나님의 그리스도를 떠났고, 거부했으며, 십자가에 못 박았고 그분을 조롱하였습니다. 이것이 또한 인간이 그분에 대한 연민을 느껴졌을 때 최선의 행동이었습니다. 왜냐하면 구속자의 입술에 젖은 해면을 들어올린 이는 동정심 때문에 그렇게 한 것이 분명해 보이기 때문입니다. 저는 로마 군병들이 잘 행동했다고 생각하는데, 적은 빛과 지식을 가진 거친 전사치고는 잘 행동한 것이기 때문입니다.

그는 달려가서 해면에 신 포도주를 가득 적셨습니다. 이것은 그가 그토록 고통스러워하는 이의 입술에 몇 방울 물기를 적시기 위해 그가 알고 있는 최선의 방법이었습니다.

그러나 비록 그가 약간의 연민을 느꼈을지라도, 그 연민은 개에게 보여줄 수 있는 연민과 같은 것입니다. 그에게는 아무런 존중의 마음이 없었습니다. 오히려 그는 주께서 갈증이 조금 가시자 그분을 조롱했습니다.

> 군인들도 희롱하면서 나아와 신 포도주를 주며(눅 23:37).

우리 주님이 "엘리, 엘리" 외치시고, "내가 목마르다" 말씀하신 후에, 십자가 주위의 사람들은 그분을 조롱하면서 "가만 두라 엘리야가 와서 그를 구원하나 보자"라고 말했습니다(마 27:49). 마가복음에 의하면, 신 포도주를 주었던 사람이 동일한 말을 많이 말했습니다. 그는 고난받는 그 분께 연민을 가졌지만, 그는 조롱의 목소리에 합류할 만큼 그분 자체에 대해서는 그리 많이 생각한 것은 아닙니다.

사람이 그리스도의 고난에 공감할 때에도, 그리고 사람이 그분의 고난에 공감하지 않았다면 인간이기를 중단한 것이 되겠지만, 그럴지라도 그는 그분을 조롱합니다. 사람이 예수께 전해 준 바로 그 잔이 즉시로 조롱과 연민의 잔이었습니다.

왜냐하면 "악인의 긍휼은 잔인"하기 때문입니다(잠 12:10).

최선을 다하는 사람이 어떻게 구세주의 인격에 대한 찬탄을 그분의 주장에 대한 조롱으로 뒤섞어버리는지를 보십시오.

그분을 모범 사례로 드높이는 책들을 쓰면서 동시에 그분의 신성을 부인합니다. 그분은 훌륭한 분임을 인정하지만, 그분의 가장 거룩한 사명은 부인합니다. 그분의 윤리적 가르침을 칭송하지만, 그분의 피는 짓밟습니다. 그리하여 그분에게 마실 것을 제공하나, 그 음료는 신 포도주입니다.

오 나의 청중들이여!

예수를 찬송하면서 그분의 대소적인 희생을 부인하는 일을 주의하십시오.

그분께 영광을 돌리면서 동시에 그분의 이름을 불명예를 드리는 일을 주의하십시오.

아, 나의 형제들이여!

저는 나 자신과 여러분의 경우를 말하지 않고는, 우리 주님에 대한 인간의 잔혹성을 이유로 많은 것을 말할 수 없습니다.

우리는 종종 그분께 마시도록 신 포도주를 드리지 않았습니까?

우리는 우리가 그분을 알기 전 수년 전에 그렇게 행동하지 않았습니까?

우리는 그분의 고난에 대해 들었을 때, 우리의 마음이 녹곤 하였지만, 우리는 우리의 죄악에서 돌아서지 않았습니다. 우리는 그분으로 인해 눈물을 흘렸지만, 그분을 우리의 죄악으로 슬프게 하였습니다. 우리는 때때로 우리가 그분의 죽음에 관한 이야기를 들었을 때, 우리가 그분을 사랑하였다고 생각했지만, 우리는 그분을 위하여 우리의 삶을 변화시키지도, 그분을 신뢰하지도 않았습니다.

대신에 우리는 그분께 신 포도주를 드렸습니다. 비통함이 여기에서 끝나지 않는데, 우리가 일찍이 행했던 최상의 사역과 우리가 일찍이 느꼈던 최상의 감정과 우리가 일찍이 드렸던 최고의 기도가 죄악으로 시큼해졌기 때문입니다.

우리의 그 사역과 감정과 기도가 부드러운 포도주와 비교될 수 있겠습니까?

그것들은 톡 쏘듯 식초 맛을 내는 신 포도주와 다름없지 않겠습니까?

저는 어떤 이들이 그분이 왜 이 신 포도주를 드셨는가 궁금해할 때, 저는 그분이 그것을 일찍이 드셔본 적이 있을지 의아합니다. 하지만 그분은 그것들을 드셨고, 그것들을 제공한 이들을 향하여 미소지으셨습니다.

비록 그 음료 자체는, 내가 생각하기에, 신 포도즙이어서 그분의 치아로 거슬리게 하기에 충분할 만큼 날카로웠지만, 주님은 과거에 물을 어떻게 포도주로 바꾸는지를 아셨기에, 견줄 수 없는 사랑으로 우리의 시디신 제주(drink offering)를 달콤한 어떤 것으로 변화시키신 것입니다.

그러므로 하나님께서 인류의 모든 나머지들을 그분의 사랑으로 회개로 복종케 하실 때, 그분께 가까이 갈 수 있습니다. 그리고 우리가 찔렀던 그분을 바라볼 수 있고, 당신의 장자로 인해 고통 가운데 계신 그분을 애도할 수 있습니다.

우리는 오늘 우리의 과오들을 기억해야함이 마땅합니다.

  우리! 망각의 경향이 있는 우리
  감람산에서의 당신의 고귀한 사랑
  피처럼 흐르는 땀으로 당신의 이마가 씻겨지고.

  우리! 끔찍한 권세를 부리는 우리의 죄악들이
  구름처럼 당신 위에 내려왔습니다,
  하나님이 안 계신 그 시간에.

  우리! 여전히 생각과 행동 가운데,
  종종 쓰라린 갈대를 들고,
  당신에게 나아갑니다, 당신이 갈증으로 타오르는 때에.

저는 그 요점을 매우 가볍게만 다루고 지나가는데, 저는 이 장면의 네 번째 견해를 숙고할 시간이 조금 필요하다고 생각하기 때문입니다. 성령께서 "내가 목마르다"라는 고통스러운 음악의 네 번째 선율을 들을 수 있도록 도와주시기 원합니다.

4. 사랑하는 친구들이여, 저는 "내가 목마르다"라는 외침이 그분의 마음의 갈망의 신비스러운 표현이라고 생각합니다. "내가 목마르다!"

저는 물을 마시지 않아 생기는 자연적 갈증이 그분이 느끼신 모든 것이라고 생각할 수 없습니다. 그는 의심할 바 없이 물이 없어 목말라 하셨습니다.

그러나 그분의 영혼은 보다 고차원적인 갈증으로 고통받으셨습니다. 참으로 그분은 단지 신 포도주가 드려진다는 성경의 예언이 성취되도록 그것을 말씀하신 것처럼 보입니다. 그분은 항상 자신 안에서 조화로우셨고, 그분의 신체는 항상 그분 영혼의 열망뿐 아니라 그 영혼의 갈망을 표현하였습니다.

"내가 목마르다"는 그분의 마음이 사람들을 구원하는 일에 목말라 했음을 의미하였습니다. 그 갈증은 그분께는 그분이 지상에 계시던 가장 이른 시기부터 있었던 것입니다. 그분은 자신이 아직 소년일지라도, "내가 내 아버지 집에 있어야 될 줄을 알지 못하셨나이까"(눅 2:49)라고 말씀하셨습니다.

그분은 제자들에게 "나는 받을 세례가 있으니 그것이 이루어지기까지 나의 답답함이 어떠하겠느냐"(눅 12:50)라고 말씀하시지 않았습니까?

그분은 지옥의 아가리에서 우리를 빼내시고, 우리의 속전을 지불하시며, 우리에게 미결인 채로 남아 있던 영원한 저주로부터 자유롭게 하시는 일에 목말라 계셨습니다. 그리고 십자가상에서 그 일이 거의 완수되어갈 때, 그분의 갈증은 완화되지 않았고, 그분이 "다 이루었다"고 말씀하실 수 있을 때까지 전혀 누그러질 수 없었습니다.

하나님의 그리스도여, 거의 다 이루어졌습니다. 당신은 당신의 백성을 거의 다 구원하셨습니다. 단 한 가지만 남아 있었는데, 당신이 실제적으로 죽으셔야만 했고, 그리하여 당신의 강한 욕구가 끝이 나게 되고 당신의 수고로움이 완수되는 것입니다. 당신은 마지막 고통이 느껴질 때까지 그리고 온전한 대속을 완수하는 마지막 말씀이 말해질 때까지, 따라서 당신이 "내가 목마르다" 말할 때까지 당신은 여전히 답답함 가운데 있었습니다.

사랑하는 이들이여!
우리의 주님(Master)에게는 그분의 백성들을 향한 사랑의 갈구가 있고, 그 갈구는 항상 있어왔습니다.
그 선지자의 옛 시절에 그분의 갈증이 얼마나 강한 것이었는지 기록된 것을 기억하지 않습니까?
이사야 5장에 있는 그분의 불만을 상기하십시오.

저는 내가 사랑하는 자를 위하여 노래하되 내가 사랑하는 자의 포도원을 노래하리라 내가 사랑하는 자에게 포도원이 있음이여 심히 기름진 산에로다 땅을 파서 돌을 제하고 극상품 포도나무를 심었도다 그 중에 망대를 세웠고 또 그 안에 술틀을 팠도다 (사 5:1-2).

그분은 그의 포도원과 그 술틀에서 무엇을 찾고 계셨을까요?
그분으로 기운을 차리시게 할 것이 단지 포도즙뿐이었을까요?
그리고 "좋은 포도 맺기를 바랐더니 들포도를 맺었도다." 즉 그 포도원이 낸 것은 포도주(wine)가 아닌 신 포도주(vineager)였습니다. 달콤함이 아닌 시디 신 맛이었습니다. 그리하여 그분은 당시에 목이 몹시 말랐습니다. 아가서 5장에 있는 사랑의 송가에 의하면, 우리는 그분이 그 오래 전에 마셨을 때, 그분이 기운 차리게 한 것은 그분의 교회의 정원이었음을 알게 됩니다.

그분은 무엇이라고 말씀하셨을까요?

> 내 누이, 내 신부야 내가 내 동산에 들어와서 나의 몰약과 향 재료를 거두고 나의 꿀송이와 꿀을 먹고 내 포도주와 내 우유를 마셨으니 나의 친구들아 먹으라 나의 사랑하는 사람들아 많이 마시라(아 5:1).

동일한 노래에서 그분은 자신의 교회에서 말씀하십니다.

> 네 입은 좋은 포도주 같을 것이니라 이 포도주는 내 사랑하는 자를 위하여 미끄럽게 흘러내려서 자는 자의 입을 움직이게 하느니라(아 7:9).

그리고 다시 8장에서 신부가 말했습니다.

> 저는 향기로운 술 곧 석류즙으로 네게 마시게 하겠고(아 8:2).

그렇습니다. 그분은 그분의 백성과 함께 있길 좋아하십니다. 그늘은 그분이 심신의 상쾌함을 위해 걸으시는 정원입니다. 그리고 그들의 사랑, 그들의 은총은 그분이 마시길 기뻐하시는 우유요 포도주입니다. 그리스도는 항상 사람들을 구원하시는 일에 목말라 하셨고, 사람들에게 사랑 받는 일을 목말라 하셨습니다. 그리고 우리는 그분이 지치셔서 우물가에 앉아 사마리아 여인에서 말을 거실 때, 그분의 일생의 오랜 갈망의 한 유형을 보게 됩니다.

물을 좀 달라.

그분의 말씀에는 그분이 제자들에게 "내게는 너희가 알지 못하는 먹을 양식이 있느니라"(요 4:32)라고 말씀하실 때 그 구절이 충분히 증명하듯이, 그녀가 상상하는 것보다 더 깊은 의미가 있었습니다. 그분은 그 여인의 마음을 그분께로 돌리시는 것으로부터 영적인 회복(refreshment)을 이끌어내셨습니다.

이제 형제들이여!

우리의 거룩한 주님은 이 순간 그분의 백성인 여러분 한 사람 한 사람과의 교제에 대한 갈증을 갖고 계십니다. 이는 여러분이 그분을 위해 유익할 것을 할 수 있기 때문이 아니라, 그분이 여러분에게 유익을 끼칠 수 있기 때문입니다. 그분은 여러분을 축복하고 여러분의 감사하는 사랑을 답례로 받고자 하는 일에 목말라 계십니다. 그분은 여러분이 그분의 완전함을 믿음으로 눈으로 바라보고 그분이 채울 수 있도록 여러분의 빈 마음을 유지하는 것을 보는 일에 목말라 계십니다.

그분은 말씀하셨습니다.

볼지어다 내가 문 밖에 서서 두드리노니(계 3:20).

그분은 무엇을 위해서 문을 두드리실까요?

그것은 그분이 여러분과 함께 먹고 마시기 위함입니다. 왜냐하면 그분은 우리가 그분께 문을 열면 그분이 안으로 들어와 우리와 함께 먹고 우리와 함께 있으시겠다고 약속하시기 때문입니다.

그분은 여러분이 보다시피 우리의 초라한 사랑을 향하여 여전히 목말라 하십니다. 그리고 확실히 우리는 그것을 부인할 수 없습니다.

그분의 기쁨이 우리 안에 가득 찰 때까지, 와서 가득 찬 포도주 병을 부읍시다.

그러면 무엇이 그분으로 우리를 그토록 사랑하게 하였을까요?

아, 저는 그분 자신의 위대한 사랑 외에는 그것에 대해 말할 수 없습니다. 그분은 사랑하셔야만 합니다. 사랑은 그분의 본성입니다. 그분은 과거에 사랑하려고 선택하셨던 이들을 사랑해야만 합니다. 그분은 어제나, 오늘이나 영원히 동일하신 분이시기 때문입니다.

그분의 위대한 사랑이 그분으로 하여금 우리가 현재 있는 곳보다 훨씬 더 가까이 오게 하려는 일에 갈증나게 했습니다. 그분은 자신으로 인해 구속받은 모든 이들이 원수의 사정거리를 벗어나기 전까지는 결코 만족하실 수 없습니다.

저는 그분의 갈증에 찬 기도들 중의 하나를 제시하려 합니다.

> 아버지여 내게 주신 자도 나 있는 곳에 나와 함께 있어 아버지께서 창세전부터 나를 사랑하시므로 내게 주신 나의 영광을 그들로 보게 하시기를 원하옵나이다(요 17:24).

형제들이여 그분이 여러분을 원하십니다.

사랑하는 자매들이여!

그분이 여러분을 원하십니다. 그분은 여러분이 전적으로 그분께 나아오길 갈망하십니다.

　기도 가운데 그분께 나아오십시오.

　교제 가운데 그분께 나아오십시오.

　온전한 성별(consecration) 속에 그분께 나아오십시오.

　여러분의 전 존재를 그분의 영의 달콤한 신비로운 영향력에 복종시키면서 그분께 나아오십시오.

　마리아와 함께 그분의 발치에 앉고, 요한과 함께 그분의 가슴에 기대십시오.

　그렇습니다.

　아가서의 신부처럼 오십시오.

　　내게 입 맞추기를 원하니 네 사랑이 포도주보다 나음이로구나(아 1:2).

　주님도 그것을 요청합니다.

　여러분은 그 입맞춤을 그분께 드리지 않겠습니까?

　여러분은 한 잔의 냉수를 예수님을 위하여 드릴 수 없을 만큼 그토록 냉정합니까?

　여러분은 뜨뜻미지근한 사람입니까?

　오 형제들이여!

　그분이 "내가 목마르다" 말씀하시는데, 여러분이 그분께 미지근한 물을 갖다드린다면, 그것은 신 포도주보다 더 악한 것입니다. 왜냐하면 그분은 "내 입에서 너를 토하여 버리리라"(계 3:16)고 말씀하셨기 때문입니다. 그분은 신 포도주를 받으실 수 있으나, 미지근한 사랑은 받으실 수 없습니다.

오십시오.

그분께 여러분의 따뜻한 마음을 가져다 드리십시오.

그리고 그분으로 정화된 잔을 원하시는 만큼 드시게 하십시오.

여러분의 모든 사랑이 그분의 것이 되게 하십시오.

저는 그분이 여러분을 받기 원하심을 압니다. 그분은 여러분이 그분의 제자들 중 하나에게 제공하는 냉수 한 잔조차도 기뻐하시기 때문입니다.

여러분의 그분께 여러분의 전부를 드린다면 그분은 얼마나 더 기뻐하시겠습니까?

그러므로 그분이 목말라하시는 동안 오늘 그분께 마실 것을 드리십시오.

5. 마지막으로, "내가 목마르다"라는 외침은 우리에게 우리가 그분과 함께 죽는 패턴이 됩니다

사랑하는 이들이여, 여러분은 자신들이 그리스도와 함께 십자가에 못 박힌 것을 알지 못합니까?

이는 내가 주님을 아는 이들에게 말하는 내용이기 때문입니다.

그렇다면 이 외침, "내가 목마르다"는 무엇을 의미하며, 우리는 왜 역시 목말라야 합니까?

우리는 우리가 극심하게 고통 받았던 그 위치에서 옛 방식으로 목말라 하는 것은 아닙니다. 그분이 "내가 주는 물을 마시는 자는 영원히 목마르지 아니하리니"(요 4:13)라고 말씀하셨기 때문입니다. 그러나 이제 우리는 새로운 갈증, 정제된 하늘의 식욕을 갈구하고, 우리 주님을 갈망합니다. 오 거룩한 주님이시여!

우리가 참으로 당신과 함께 나무 위에 못 박혔다면, 단지 "당신의 핏 속에 있는 새 언약"의 잔으로만 만족시킬 수 있는 갈증으로 당신을 목말라 하게 하옵소서.

어떤 철학자들은 그들이 진리에 대한 지식보다 훨씬 더 나은 진리의 추구를 사랑한다고 말하고 있습니다. 저는 그들과 크게 다릅니다. 그러나 저는 이것, 곧 나의 주님의 존재에 대한 실재적 향유 다음으로 저는 그분을 향한 배고픔과 목마름을 사랑한다고 말하고자 합니다.

러더포드(Rutherford)는 이 효과를 위해 몇몇 어휘들을 사용하였습니다.

> 저는 나의 주님을 향한 갈증이 있습니다. 그리고 이것이 즐거움입니다. 그 어떤 사람도 내게서 빼앗을 수 없는 즐거움입니다. 내가 그분께 다가갈 수 없을 때에도, 저는 위로로 충만할 것입니다. 그분을 목말라하는 것이 천국이기 때문입니다. 그리고 확실히 그분은 결코 불쌍한 영혼이 그분을 찬양하고, 그분을 찬송하며, 그분으로 목말라할 자유를 거부하지 않으실 것입니다.

저에게 있어서, 거룩한 주님을 목말라 하는 일에 더욱 더 만족할 수 없습니다. 그리고 제가 그분의 많은 것을 가질 때, 저는 여전히 더 많을 것을 갈구하게 될 것입니다. 그리고 그 후에 더 많이 그리고 또 더 많이 간구하게 될 것입니다. 저의 마음은 그분이 내게 전부가 될 때까지 그리고 제가 전적으로 그분 안에서 사라질 때까지 만족하지 못할 것입니다.

오, 그분의 달콤한 사랑의 보다 깊은 잔을 마시기 위하여 영혼 안에서 넓혀져야 합니다. 우리 마음은 그것을 충분히 가질 수 없기 때문입니다. 배우자로서 이미 연회장 안에서 만찬을 즐기고 있을 때, 그리고 입맛에 맞는 달콤한 과일을 발견했을 때, 하지만 크게 기뻐하면서도 더욱더 이렇게 외칩니다.

"나를 잔들과 함께 머물게 해주오. 사과들로 나를 위로해주오. 저는 사랑으로 병들었기 때문이오."

그녀는 비록 사랑으로 이미 압도되었을지라도, 사랑으로 가득 찬 잔을 갈구하였습니다. 이는 사람이 많은 것을 가졌을지라도, 그는 더 많이 가져야 하고, 그가 더 많이 갖게 될 때, 그는 더 많이 받아야할 훨씬 더 큰 필요 아래 놓이게 되는 종류의 달콤함입니다.

그리하여 사람의 욕구는 그가 하나님의 모든 충만함으로 가득 차게 될 때까지 영원히 증가하게 됩니다.

"내가 목마르다."

예!

이는 내 영혼이 주님과 함께 하면서 내는 말입니다. 주님의 입술에서 빌려왔지만, 내 입에도 잘 어울립니다.

저는 목마르다, 그러나 내가 예전에 그랬던 것처럼은 아니다,
지상의 헛된 즐거움을 공유하려했던.
임마누엘, 당신의 상처들 모두가 금합니다,
나내가 거기에서 나의 쾌락을 추구하는 일을.

존귀한 미지의 기쁨의 샘이여!
더 이상 가장자리 아래로는 잠기지 말며,
그러나 넘쳐서 나에게 부어주시오
생기 있고 생명을 주는 시내(stream)를.

예수님이 목말라 하셨다면, 물이 없는 이 건조하고 말라비틀어진 땅에 사는 우리는 더욱 목말라 합시다.

수사슴이 시냇물을 찾아 헐떡이며 헤매듯이, 우리 영혼들은 당신을 갈망합시다.

오 하나님!

사랑하는 이들이여!

우리 동료들의 영혼을 향해 목말라 합시다.

저는 이미 여러분에게 그러한 일이 우리 주님의 신비스러운 욕구라고 말한 바 있습니다.

그 욕구가 또한 우리의 욕구가 되게 하십시오.

형제들이여! 여러분의 자녀로 구원받게 하는데 목말라 합시다.

형제들이여! 저는 여러분의 직장 동료가 구원받도록 기도하는 일에 목말라 하도록 기도합니다.

자매들이여! 여러분이 소속되어 있는 그룹들의 구원을 위해 목말라 합시다.

여러분의 가족의 구원을 위해 목말라 합시다.

여러분의 남편의 회심을 위해 목말라 합시다.

우리는 모두 회심을 향한 갈망해야 합니다.

여러분 각자는 그러한 갈망이 있습니까?

없다면 즉시로 분발하십시오.

여러분의 마음을 구원받지 못한 이들에게 고정하시고, 그들이 구원받을 때까지 목말라 하십시오.

이 진실된 그리스도인의 성품으로서의 이 거룩한 영혼에 대한 갈증이 구원받은 이들에게 임하게 될 때, 그것이 많은 사람들이 그리스도께로 이끌리는 방식입니다.

바울이 이렇게 말한 것을 기억하십시오.

> 내가 그리스도 안에서 참말을 하고 거짓말을 아니하노라 나에게 큰 근심이 있는 것과 마음에 그치지 않는 고통이 있는 것을 내 양심이 성령 안에서 나와 더불어 증언하노니 나의 형제 곧 골육의 친척을 위하여 내 자신이 저주를 받아 그리스도에게서 끊어질지라도 원하는 바로라 (롬 9:1, 3).

그는 진심으로 자신의 동포들의 영원한 복지를 갈망했기에, 그들을 구원하기 위해서 기꺼이 자신을 희생했습니다.

이런 마음이 또한 여러분의 마음이 되게 하십시오.

여러분에 관해서는, 완전에 대한 갈증을 가지십시오.

의에 대한 배고픔과 갈증을 가지십시오.

그러면 여러분은 충만하게 될 것입니다.

죄를 미워하시고, 진심으로 죄를 혐오하십시오.

그러나 하나님이 거룩하신 것처럼 거룩해지는 일에 목말라 하십시오. 그리스도처럼 되는 일에 목말라 하시고, 그분의 뜻에 온전한 순복으로 그분의 성호에 영광을 가져오는 일에 목말라 하십시오.

십자가에 못 박히신 그리스도의 완전한 모범을 따라 성령께서 여러분 안에서 역사하시길 빕니다.

그리고 그분께 영원히 찬송이 영원히 있을지어다. 아멘.

Sermons on Cries from the Cross

| 제6장
그분의 교회를 위한
그리스도의 유언

다 이루었다(요 19:30).

요한복음의 헬라어 원문에는 우리 주님의 말씀이 단 하나의 어휘로 표현되었습니다. 그 어휘를 영어로 번역하기 위해서, 우리는 세 단어를 사용해야 합니다(It is finished).

그러나 그 어휘가 말해졌을 때는 그것은 단지 하나의 어휘였습니다. 그 단어의 한 방울 안에는 단순히 한 방울일지라도, 그 안에는 의미의 바다가 담겨있습니다. 왜냐하면 그것은 우리가 한 단어라고 부를 수 있는 전부이기 때문입니다.

다 이루었다.

하지만 이 한 단어를 설명하기 위해서는 일찍이 말해진 바 있던 혹은 말해질 수 있었던 모든 다른 어휘들을 필요로 할 수 있습니다. 그것은 전적으로 헤아릴 수 없는 어휘입니다. 그것은 높습니다. 저는 그 어휘에 도달할 수 없습니다. 그것은 깊습니다. 저는 그 깊이를 잴 수 없습니다.

다 이루었다.

우리 주님이 그 어휘를 말씀하신 어조를 저는 절반 정도만 짐작할 수 있습니다. 그 어휘에는 거룩한 찬미, 안도감, 고통의 벽 안에 오랫동안 갇혀 있던 마음의 분출의 어감이 있습니다. 그것은 승리자의 외침이었습니다. 그 말씀은 큰 소리로 말해졌습니다.

그 말 안에는 고통에 대한 아무것도 없었습니다. 그 말 안에는 울부짖음이 없었습니다. 그것은 엄청난 수고를 완수하였고, 죽음이 임박한 분의 외침이었습니다. 그리고 그분의 "아버지 내 영혼을 아버지 손에 부탁하나이다"(눅 23:46)라는 죽기 직전의 기도 이전에, 그분은 그 한 마디 "다 이루었다" 속에 그분의 생명의 마지막 찬송을 외치셨습니다.

성령 하나님께서 즉시로 그토록 작으나 위대한 이 본문을 바르게 다룰 수 있도록 돕길 원합니다. 내가 그 본문을 여러분과 함께 들여다보기 원하는 네 가지 방법이 있습니다.

첫째, 저는 우리 주님의 이 유언의 말씀을 그분의 명예로 말하려고 합니다.
둘째, 저는 그 본문을 교회의 위로로 사용하려고 합니다.
셋째, 저는 그 주제를 모든 신자의 기쁨이라는 주제로 다룰 것입니다.
넷째, 저는 우리 주님의 말씀이 어떻게 우리 자신의 각성으로 이끄는지를 보여주려고 합니다.

1. 저는 그리스도의 이 유언이 그분께 영광이 된다고 말하고자 애쓸 것입니다. 그 점부터 시작합시다

예수께서는 "다 이루었다"라고 말씀하셨습니다.

모든 것을 다 이루신 그분께 영광을 돌립시다.

여러분과 저는 우리는 자신이 완수한 것이 얼마나 적은가를 회상할 때 그분께 영광을 돌리는 것이 마땅합니다.

우리는 많은 것을 시작합니다. 그리고 때때로 우리는 잘 시작합니다. 우리는 그 경주에서 이겨야 하는 챔피언처럼 달리기 시작합니다. 그러나 곧 우리는 속도를 늦춥니다. 그리고 우리는 경주로에서 탈진하여 쓰러집니다.

시작된 경주는 결코 완수되지 않습니다. 사실상, 저는 우리가 결코 어느 것도 완벽하게 완수하지 못하는 것에 대해 염려합니다. 여러분은 우리가 곤란한 일에 대해 "그래요 사람이 어떤 일을 시작하지만, 거기에 끝이라는 것은 없어요"라고 말하는 것을 알고 있습니다.

아닙니다.

여러분은 "끝"을 염두에 두고 시작해야 합니다.

그리고 여러분이 마침내 구세주께서 조건 없이 "다 이루었다"라고 말씀하신 것처럼, 여러분도 마침내 기꺼이 말할 수 있도록, "끝까지" 계속 매진하십시오.

첫째, 다 이루신 것은 무엇이었습니까?

그분의 일생의 사역과 우리를 위하신 대속적 희생 제사였습니다. 그분은 우리 영혼들과 하나님의 공의 사이를 중재하셨고, 그분은 우리를 대신하여 순복하여 고난 받기 위하여 우리의 자리에 대신 서셨습니다. 그분은 이 사역을 삶의 이른 시점, 심지어 그분이 어린 아이였을 때에 시작하셨습니다. 그분은 33년 동안 거룩한 순종을 견지하셨습니다. 그 순종은 그분으로 수많은 고통과 신음이라는 대가를 치루게 하였습니다.

지금은 그분의 생명을 내놓아야할 순간입니다. 그리고 그분이 아버지께 대한 순종의 사역과 우리를 위한 대속의 사역을 마무리하기 위해 자신의 생명을 포기해야 할 때, 그분은 말씀하십니다.

다 이루었다.

그것은 숙고하기에 놀라운 사역이었습니다. 단지 무한한 사랑만이 그러한 계획을 고안할 수 있었을 것입니다. 그것은 그토록 오래 실행해야하는 놀라운 사역이었습니다. 단지 한계없는 인내만이 그 사역을 감당할 수 있었을 것입니다. 그리고 그 사역이 그분 자신을 드리는 일과 그분의 지상적 생명의 포기를 요구하는 이상, 단지 신적인 구세주, 하나님 중의 하나님만이 자신의 호흡을 굴복시킴으로써 그 사역을 완수하실 수 있었을 것임에 틀림없습니다.

그 사역이 얼마나 놀랍습니까!

하지만 그 사역은 완수되었고, 여러분과 내가 결코 완수하지 못한 채 빈 둥대는 사소한 일들이 많이 있음에도 그분은 그 일을 완수하였습니다. 우리는 그분께 조그만 명예와 영광을 드리려고 예수님을 위해 어떤 일을 시작했습니다. 그러나 우리는 그것을 결코 끝내지 못했습니다. 우리는 그리스도께 영광을 돌리려는 생각을 갖고 있었습니다. 그러나 여러분 중 몇몇은 아예 그런 의도조차 없었습니다.

오, 정말 그렇지 않습니까?

하지만 그 시도는 헛되이 끝나버렸습니다. 그러나 그분의 마음과 영혼, 육체와 영혼의 대가를 치루고, 모든 것, 심지어 십자가상에서 그분의 목숨까지도 바치게 한 그리스도의 사역에 대해 그분은 "다 이루었다"고 말씀하실 수 있었습니다.

둘째, 누구에게 우리의 구세주는 "다 이루었다"고 말씀하신 걸까요? 그분은 말씀을 연관이 있는 모든 이들에게 하신 것입니다. 내게는 그분이 주로 그 말씀을 그분의 아버지께 말씀하신 것으로 보입니다. 왜냐하면 명백히 낮은 어조로 직후에 그분은 "아버지여, 당신의 손에 내 영혼을 의탁하나이다"라고 말씀하신 까닭입니다.

사랑하는 이들이여!

여러분에게 "내가 내 일을 끝마쳤다"라고 말하는 것은 별개의 사안입니다. 만일 내가 죽어간다면, 여러분은 내가 나의 일을 마쳤다고 말할 수 있습니다. 그러나 구세주는 하나님께, 화염같은 눈을 가지신 분이자, 모든 마음들을 읽으시고 찾으시는 하나님의 존전 앞에서 그것을 말씀드리는 것이며, 그리고 면전에서 두려운 아버지를 바라보면서 주님이, 자신의 머리를 숙이며, "아버지 다 이루었습니다. 내가 아버지께서 내게 주신 일을 다 마쳤습니다"라고 말씀하시는 것입니다.

오, 그분 외에 누가 감히 그러한 선언을 하실 수 있겠습니까?

우리는 우리가 최선을 다한 일에 대해서도 천 개 이상의 과오를 찾아낼 수 있습니다. 그리고 우리가 누워서 죽어갈 때에도, 우리는 우리의 부족했던 점들과 지나쳤던 점들을 여전히 한탄해야할 것입니다. 그러나 우리를 대신하여 대속하신 분으로 서셨던 그분께 아무런 불완전함이 없었습니다. 그리고 그분이 아버지께 자신의 모든 사역에 대해 "다 이루었습니다"라고 말하실 수 있었습니다.

그러므로 오늘 그분께 영광을 돌립시다.

오, 오늘밤 여러분의 마음으로 만유의 위대하신 심판주 앞에서도, 여러분의 보증이시오 여러분의 대속주(Substitute)가 그분의 모든 사역을 완수하셨음을 선언하실 수 있으심에 대해 그분께 영광을 돌립시다.

이제 여러분이 예수께서 무엇을 다 이루셨는가와 그분이 누구에게 다 이루었다고 말씀하셨는가를 기억한 이상, 또한 일분 혹은 이분 동안 진정 그분이 어떻게 다 이루셨는가를 생각해보십시오.

그리스도의 일생의 처음부터 끝까지 생략된 장도 없고, 사역의 단 일 막도 연출되지 않은 장면도 없습니다. 그분이 흐릿하게 행동하셨거나 부주의한 방식으로 실행한 행동도 없습니다. "다 이루었다"라는 사실상 그분의 어린 시절만큼이나 그분의 죽음에 대해서도 언급하는 것입니다. 그분이 인간의 형태로 이곳에 오셔서 하나님께 대하여 이루셔야 했던 전체 사역은 그 사역의 모든 개별적 막과 분량이 모두 완수되었습니다.

저는 일종의 서랍장 제작자의 일을 예로 들까 합니다.

겉은 그럴 듯합니다. 내가 뚜껑을 열었을 때, 저는 장인의 솜씨에 만족합니다. 그러나 적합하게 마무리되지 않은 경첩이 있습니다. 내가 그 서랍장을 집어 그 장의 바닥을 보게 된다면, 저는 꼼꼼히 작업되지 않은 부분 혹은 이도대로 잘 조립되지 않고 적절히 광택을 내지 않은 부속을 발견하게 될 것입니다.

그러나 여러분이 우리 주님의 사역을 바르고 철저하게 검사한다면, 여러분이 베들레헴에서 시작하여, 골고다까지 나아가고, 세심하게 모든 부분들, 곧 개인적일 뿐 아니라 공적인 영역, 침묵할 때뿐 아니라 발성하는 부분 등을 살펴볼 때, 여러분은 그 모든 것이 완벽하고 완전하게 마쳐졌음을 발견하게 될 것입니다. 우리는 모든 사역 가운데 그와 같은 사역은 없었다고 말할 수 있습니다. 다양한 차원의 완벽함들이 함께 하나의 절대적 완전을 형성하기 위하여 결합되었습니다.

그러므로 우리 거룩하신 주님의 이름을 드높입시다.

그분께 영광을 돌립시다.

그분께 영광을 돌립시다.

이는 그분이 자신의 사역을 잘 완수하셨기 때문입니다.

성도 여러분!

와서 그분의 영예에 대해 많은 것을 말하고 여러분의 마음속에 그분의 아버지께서 그분에게 행하도록 맡기신 사명을 그토록 철저하게 그리고 그토록 완벽하게 수행하신 그분께 대한 찬송을 노래하도록 합시다.

우리는 먼저 우리 주님의 말씀을 사용하여 그분께 영광을 돌립시다.

그 주제에 대해서는 많은 것들이 말해질 수 있는데요.

그러나 지금은 시간이 그것을 허락지 않습니다.

2. 우리는 그 본문을 교회의 위로로 사용할 것입니다

저는 십자가상의 우리의 주님의 말씀들이 그렇게 사용되도록 의도되었다는 생각을 부인할 수 없는데요. 그 말씀들은 그분의 교회에게 그리고 이 교회를 향하여 주어진 것입니다. 저는 그분이 죽어 가시면서, 자신이 대신하여 죽으신 대상인 그분의 백성들에 대하여 한 말씀도 남기지 않고 떠나셨다는 사실을 믿을 수 없습니다.

"아버지, 저들을 용서하옵소서. 저들은 자신들이 무엇을 행하는지를 알지 못합니다"는 성도들을 위한 것이 아니라 죄인들을 위한 말씀이었습니다.

"내가 목마르다"는 자신을 위한 말씀이었고요.

그리고 "나의 하나님, 나의 하나님, 어찌하여 나를 버리셨나이까"라는 그 쓰라린 외침도 마찬가지입니다.

"여자여, 보소서 아들이니이다"는 마리아를 향하신 말씀이었습니다. "오늘 네가 나와 함께 낙원에 있으리라"는 속죄한 강도를 향한 말씀이었습니다.

"당신의 손에 내 영혼을 맡기나이다"는 아버지를 향하신 말씀이었습니다.

예수님은 죽음에 순간에, 그분의 교회를 위해 무엇인가를 말씀하셨어야 했습니다. 그리고 확실히 이 말씀은 교회를 향한 유언입니다. 그분은 교회에게 "다 이루었다"고 절망으로 무디어지고 둔탁해진 교회의 귀에 대해 외치셨습니다.

> 다 이루었다. 오 나의 구속받은 이들이여, 나의 신부요, 나의 지극히 사랑하는 이들이여!
> 저는 내 생명을 이들을 위해 다 내려놓았다.
> 다 이루었다, 모든 사명이 완수되었다!
>
> 사랑으로 대속하는 사역이 완수되었다.
> 싸움을 다 싸웠고 승리가 쟁취되었다.

그리스도는 교회를 사랑하셨고, 자신을 교회를 위해 주셨습니다(엡 5:25). 요한은 계시록에서 구세주의 사역을 이미 완수하신 것으로 간주하면서 노래합니다.

> 우리를 사랑하사 그의 피로 우리 죄에서 우리를 해방하시고 그의 아버지 하나님을 위하여 우리를 나라와 제사장으로 삼으신 그에게 영광과 능력이 세세토록 있기를 원하노라 아멘(계 1:5-6).

이 진리는 하나님의 백성들에 대한 위로로 가득 차 있습니다.
그리고 우선 그리스도에 관한 한, 그분이 더 이상 수치를 낭하시지 않게 된 사실을 생각할 때 여러분은 크게 위로가 되지 않습니까?

첫째, 그분의 고난과 수치는 끝이 났습니다.
저는 종종 와트(Dr. Watt) 박사의 운율을 따라 거룩한 기쁨과 즐거움으로 노래합니다.

> 더 이상 피에 얼룩진 창은 없습니다.
> 더 이상 십자가와 못 박음은 없습니다.
> 지옥 자체가 그분의 이름으로 흔들린 까닭입니다.
> 그리고 모든 하늘들이 그분을 찬양합니다.
> 그곳에서 그분의 완전한 영광이 빛을 발합니다.
> 창조된 적이 없는 광선으로
> 그리고 그분의 성도들과 천사들의 눈이 찬송합니다.
> 영원토록.

저는 또한 우리 찬송가에 있는 또 하나의 표현을 좋아합니다.

이제 보증인(Surety)과 죄인들이 모두 함께 자유롭게 되었습니다.

그리스도께서 죄인들을 위하여 보증이 되셨기 때문에 그들이 자유롭게 되었을 뿐 아니라 그분 자신이 그분이 보증이 되시는 까닭에 지셔야 했던 모든 의무와 결말에 대해서 영원토록 자유롭게 되셨습니다. 사람이 다시는 그분의 얼굴에 침을 뱉지 않을 것입니다. 로마 군인들이 결코 다시는 그분을 매질하지 않을 것입니다.

유다야, 너는 어디에 있느냐?
자신의 위대한 백보좌(white throne)에 앉아계신 그리스도를 보아라.
그분은 한 때 슬픔에 찬 인간이셨으나, 지금은 영광스러운 왕이시다.
이제 유다야, 와서 입맞춤으로 그분을 배신하라.
무엇이라고, 네가 감히 그 일을 하지 않겠다고?
빌라도여 와서, 짐짓 무죄인 것처럼 가장하면서 너의 손을 씻으라.
그리고 그분의 피에 대해서 네가 무죄하다고 말하라.
너희 서기관들과 바리새인들이여 그분을 비난하라.
그리고 무덤에서 막 일어난, 오 너희 유대인 군중들과 이방인 떼거리들이여.
"그를 없애시오 그를 십자가에 못 박으시오" 외치라.

그러나 보십시오!
그들이 그분에게서 달아나고 있습니다. 그들은 산들과 바위들에게 울부짖고 있습니다.

>우리 위에 떨어져 보좌에 앉으신 이의 얼굴에서와 그 어린 양의 진노에
>서 우리를 가리라(계 6:16).

하지만 그것은 그 어떤 사람의 얼굴보다 더 망가졌던 얼굴입니다. 그 얼굴은 그들이 과거 경멸했고 배척했던 분의 얼굴입니다.

그들이 이제는 그분을 멸시할 수 없고, 그들이 그분을 지금은 학대할 수 없음을 생각할 때 기쁘지 않습니까?

그것은 과거의 일입니다.
그 고통과 수치로 고통스럽게 했던 시간.

그리고 그 일에 대해 예수님은 말씀하십니다.

다 이루었다.

둘째, 우리는 그리스도의 고통과 고난이 끝났을 뿐 아니라, 그분의 아버지의 뜻과 말씀이 완벽히 성취되었다는 것을 생각할 때, 우리는 추가적인 위로와 기쁨을 얻게 됩니다.

행해져야 했던 어떤 일들이 기록되었고, 이 일들은 완수되었습니다. 아버지께서 요구하셨던 것은 무엇이든지 다 행해졌습니다.

다 이루었다.

나의 아버지는 "내 아들의 죽음으로 나는 너를 구원할 수 없다. 나는 그의 사역에 만족하지 않기 때문이다"라고 결코 나에게 말씀하지 않으실 것입니다.

오, 아닙니다. 사랑하는 이들이여!

하나님은 그리스도를 매우 기뻐하시며 그분 안에 있는 우리를 기뻐하십니다!

영원한 마음 안에서 예정된 것 중에서 일점일획이라도 행해지지 않은 것은 없습니다. 그리스도께서 그것을 전부 다 행하셨습니다. 그분의 눈, 종종 우리를 위해 우셨던 그 눈이 그 옛 문헌을 읽으실 때, 그리스도는 "저는 내 아버지께서 행하도록 내게 주신 일을 다 마쳤다. 그러므로 위로받으라, 나의 백성들이여. 나의 아버지께서 나를 기뻐하시고, 내 안에 있는 너희를 기뻐하시기 때문이다!"라고 말씀하실 수 있습니다.

저는 기도할 때, 때때로 위대한 아버지께 다음과 같이 말씀드리기를 좋아합니다.

아버지, 당신의 아들을 보십시오. 그분이 정말 사랑스럽지 않습니까?
그분 안에는 이루 말할 수 없는 아름다움이 있지 않습니까?
당신은 그분을 기뻐하지 않으십니까?
당신이 저를 바라보신다면, 그리고 저에게 싫증나신다면, 그것은 당연한 일일 것입니다. 이제 당신의 사랑하는 아들을 바라보심으로 기분을 새롭게 하시고, 그분을 기뻐하십시오.
그분을 보시고 그 다음에 죄인들을 보십시오.
예수의 상처를 통하여 나를 보십시오.

셋째, 그리스도께서 "다 이루었다"고 말씀하실 수 있게 한, 그리스도의 그분의 백성들을 위한 사역에 대한 아버지의 완전한 만족이 항상 그분의 교회를 향하신 견고한 위로의 근거입니다.

사랑하는 친구들이여!

다시 한 번 이 "다 이루었다"는 말씀으로부터 위로를 얻으십시오.

왜냐하면 그리스도의 교회에 대한 대속 사역이 완성되었기 때문입니다. 교회의 온전한 해방을 위해 지불되어야할 단 일 원의 돈도 남아있지 않습니다. 그리스도의 유업에는 조금의 대출금도 남아있지 않습니다. 그분이 피로 사신 이들은 영원토록 마지막 한 푼까지 지불되었기에, 모든 채무로부터 면제되었습니다.

우리를 적대시하는 법령의 기록들이 있었습니다. 그러나 그리스도께서 그것을 제거하셨고, 그 법령의 요구를 그분의 십자가에 못 박았습니다. "다 이루었다"는 영원히 끝내신 것입니다. 감당할 수 없는 모든 빚이, 지옥의 가장 낮은 곳까지 우리를 잠기게 했었을 그 빚이 면제되었습니다. 그리고 그리스도를 믿는 이들은 하나님의 보좌 앞에서조차도 담대하게 나타날 수 있습니다.

다 이루었다!

이 영광스러운 진리 안에는 어떤 위로가 있습니까?

하나님의 어린 양이여! 당신의 죽음이 주셨습니다.

용서, 평화, 그리고 하늘의 소망을

"다 이루었다" 높이 올리게 하소서. 감사와 찬양의 노래를!

넷째, 그리고 저는 우리가 하나님의 교회에게 예수께서 "다 이루었다"고 말씀하실 때, 교회의 궁극적 승리가 보장되었다고 말할 수 있다고 생각합니다.

그 한 마디로 그분은 그분이 옛 용의 머리를 짓이겼다고 선언하신 것입니다. 그분의 죽음으로, 예수님은 흑암의 무리들을 완패시키셨고, 지옥의 일어나고 있는 희망을 분쇄시키셨습니다.

우리는 아직 싸워야할 매서운 전투를 앞두고 있습니다. 그 어느 누구도 다가오는 수년 내에 무엇이 하나님의 교회를 기다리고 있을지 말할 수 없습니다. 우리가 예언을 시도하는 것은 헛된 일일 것입니다. 그러나 우리가 일찍이 알았던 것보다 더 매서운 시간과 더 어두운 시대가 될 것처럼 보입니다.

그러나 그것이 무슨 대수입니까?

우리 주님이 대적을 패배시키셨습니다. 그리고 우리는 이미 정복당한 원수와 싸우게 될 것입니다. 옛 뱀은 분쇄되었습니다. 그의 머리는 짓이겨졌고, 우리는 이제 그를 짓밟습니다. 우리는 우리를 격려하는 이 분명한 약속의 말씀을 갖고 있습니다.

> 평강의 하나님께서 속히 사탄을 너희 발 아래에서 상하게 하시리라
> (롬 16:20).

확실히 "다 이루었다"는 승리의 나팔소리처럼 들립니다.

어린 양의 피를 통한 그 승리를 선포할 믿음을 가집시다.

그리고 하나의 강력한 군대로서, 여기에 있는 모두 그리스도인들, 하나님의 전체 교회가 이 부활하시고 영원히 사시는 이 유언, "다 이루었다"로

부터 위로를 얻게 합시다.

그분의 교회는 교회를 위한 그분의 사역이 온전히 완수되었음을 온전히 만족해하며 안식할 수 있습니다.

3. 이제 저는 이 표현 "다 이루었다"를 모든 신자들의 믿음에 적용하기 원합니다

우리 주님이 "다 이루었다"고 말씀하실 때, 그분 안에 있는 모든 신자들로 기쁘게 할 어떤 것이 존재하였습니다.

그 말씀은 무엇을 의미했을까요?

여러분과 저는 나사렛 예수를 믿습니다. 우리가 그분이 하나님이 보내신 메시아이심을 믿습니다.

첫째, 이제, 여러분이 구약성경을 참조한다면, 여러분은 메시아의 흔적들이 매우 많고, 매우 복잡하다는 것을 발견하게 될 것이고, 만일 여러분이 그 다음에 그리스도의 삶과 죽음을 참조한다면, 여러분은 그분 안에서 선명하게 공개된 메시아의 모든 표식을 보게 될 것입니다.

그분이 "다 이루었다"고 말씀하실 때까지, 그리고 그분이 실제로 죽으실 때까지, 성취되지 않은 어떤 예언이 있을 것이라는 의심이 있었습니다.

그러나 그분이 십자가에 달리신 이상, 그분이 메시아시다는 모든 표식, 모든 징표, 그리고 모든 증거가 성취되었고, 그분은 "다 이루었다"라고 말씀하십니다. 그리스도의 삶과 죽음 그리고 구약성경의 유형이 손과 장갑

마냥 서로 잘 맞아떨어집니다.

어떤 사람이 한 사람의 일생을 허구적 방식으로 기술하고, 그 다음에 다른 책에서 개인적이고 희생적인 일련의 유형을 따라 서술하고, 그 사람의 성격을 모든 유형에 어울리게 하는 것은 매우 불가능해보입니다. 그가 두 책 모두를 펴내도록 허가받을지라도, 그는 그 일을 행할 수 없을 것입니다. 그가 자물쇠와 열쇠 모두를 만들도록 허락받을지라도, 그는 그 일을 행할 수 없을 것입니다.

그러나 여기에 우리는 미리 만들어진 열쇠를 갖고 있습니다. 에덴동산의 예언으로부터 내려와 예언자들 중 마지막인 말라기까지 구약성경의 모든 책들 안에는, 그리스도에 대한 어떤 표식과 표지들이 있었습니다. 이 모든 표지와 표식들은 매우 독특하여 그것들이 한 사람 안에서 모두 어울릴 수 있는 것처럼 보이지 않았습니다.

그러나 그것들은 한 분 안에서, 그 모든 표식과 표지 하나 하나가 어떤 세밀한 부분을 다루든지 혹은 어떤 현저한 성격을 드러내든지 상관없이, 그분 안에서 모두 어우러집니다. 주 예수 그리스도께서 그분의 삶을 끝내실 때, 그분은 "다 이루었다. 내 생명이 첫 예언부터 심지어 마지막 예언까지 말해진 모든 것과 일치하였다"라고 말씀하실 수 있었습니다.

이제, 그 사실이 여러분의 믿음을 크게 격려하게 될 것입니다.

여러분은 교묘하게 고안된 꾸며낸 이야기를 따라가고 있는 것이 아닙니다. 그러나 여러분은 하나님의 메시이이심에 틀림없는 분을 따라가고 있습니다. 그분은 정확히 그분에 대하여 제시되었던 모든 예언과 모든 유형에 꼭 맞아떨어지기 때문입니다.

다 이루었다.

둘째, 하나님의 법이 요구할 수 있었던 모든 영예가 돌려졌다는 다른 관점에서 모든 신자들로 위로받게 합시다.

여러분과 저는 율법을 어겨왔습니다. 그리고 인류의 모든 족속 역시도 율법을 어겨왔지요.

우리는 하나님을 그분의 보좌에서 밀쳐내려고 애를 써왔습니다. 우리는 그분의 법에 수치를 안겨주었습니다. 우리는 그분의 계명을 의지적으로 그리고 사악하게 위반해왔습니다. 그러나 자신이 하나님이시면서, 율법을 부여하신 분이 오셨는데, 그분은 인간의 본성을 취하셔서 그 본성 안에서 그분은 율법을 완벽하게 준수하셨습니다.

그리고 율법이 인간에 의해 위반된 분량만큼, 그분은 인간의 본성 안에서 모든 인간의 범죄로 말미암아 선고된 형벌을 감당하셨습니다. 인류와 연결된 성부 하나님(Godhead)께서 고통 받는 모든 인류에게 최고의 덕목을 제공하셨습니다. 그리고 그리스도께서 삶과 죽음 안에서 율법을 확장시키셨고, 율법을 명예롭게 하셨습니다.

그리고 오늘날 하나님의 율법은 인간이 그 법을 깨뜨리기 이전보다 훨씬 더 위대한 영예의 자리까지 올려졌습니다. 하나님의 아들의 죽음, 주 예수 그리스도의 희생은 하나님의 통치의 위대한 도덕적 원리의 정당성을 입증했고, 그분의 보좌로 인류의 천사들의 눈앞에서 영원토록 두드러지게 하였습니다.

사람들이 지옥에 가득 찰지라도, 그것은 하나님께서 그분 자신의 아들을 살려두시지 않고, 그분을 우리 모두를 위하여 구원하시고, 우리를 하나님께 이끌기 위해 불의한 자를 위하여 의로운 자를 죽게 만드신 것보다 하나님의 공의의 정당성을 입증하는 것은 아니었을 것입니다.

이제 모든 신자들로 그리스도의 죽음으로 말미암아 하나님의 법이 풍성하게 예우된 그 위대한 사실로 기뻐하게 합시다.

여러분은 하나님의 거룩함을 공격하지 않고 구원받을 수 있습니다. 여러분은 하나님의 법령인 성경 위에 그 어떤 얼룩을 드리우지 않고도 구원받습니다. 그 법은 준수되었고, 긍휼이 또한 승리했습니다.

셋째, 그리고 사랑하는 이여! 여기에는 필연적으로 또 하나의 위로적 진리가 포함됩니다. 그리스도께서 "다 이루었다"라고 말씀하시는 것은 당연합니다. 양심이 필요로 하는 모든 위로가 이제 주어졌기 때문입니다. 여러분의 양심이 불안해하고 번민에 빠질 때, 그 양심이 하나님께서 완벽히 영광스럽게 되었고, 그분의 율법이 정당하다고 입증된 것을 알았다면, 일은 매우 쉬워집니다. 사람들은 항상 속죄에 대하여 어떤 새로운 이론을 시작합니다. 그리고 최근에 어떤 이가 속죄는 단지 사람의 양심에 편안함을 주기 위해 의도된 것이라고 말했습니다.

나의 형제들이여!

그것은 아닙니다.

그것만을 위해 의도된 어떤 것으로 양심이 편안해질 수는 없습니다. 양심은 단지 하나님께서 만족해하실 때만이 만족할 수 있습니다. 율법이 어떻게 정당하다고 입증되었는지를 내가 보기까지는, 내 번민에 빠진 양심은 결코 안식을 찾을 수 없습니다.

사랑하는 이여, 당신의 눈이 울어서 충혈됩니까?

나무 위에 달리신 그분을 바라보십시오.

당신의 마음이 절망으로 무겁습니까?

나무 위에 달리신 분에게 시선을 돌리십시오.

그리고 그분을 믿으십시오.

그분을 당신의 영혼을 대속하는, 당신 대신에 고난받는 양으로 취하십시오.

당신이 그분의 삶을 살 수 있도록 당신의 죽음을 죽으신, 당신이 그분 안에서 하나님의 의가 되게 하기 위해서 당신의 죄를 대신 지신 당신의 대표자로 그분을 받아들이십시오.

이것이 양심이 일으킬 수 있는 모든 두려움에 대한 세상에 있는 최상의 결정타입니다.

모든 신자들로 이것을 알게 하십시오.

넷째, 다시 한 번 모든 신자가 그리스도께서 "다 이루었다"라고 말씀하실 때, 모든 구속받은 자들의 영원한 구원에 대한 모든 보장이 주어졌다는 것을 기억할 때 모든 신자들에게 기쁨이 있습니다.

나에게는 그리스도께서 우리를 위하여 사역을 마치셨다면, 그분이 우리 안에서 그 사역을 마무리하실 것처럼 보입니다. 그분이 우리 영혼의 구속을 위해서 피로써 지고의 수고를 감당하셨다면, 그리고 그 수고가 완수되었다면, 우리의 본성을 새롭게 하고 우리를 온전함에 이르기까지 변화시키는 위대하지만 작은 수고 역시도 완수될 것입니다.

우리가 죄인이었을 때, 그리스도께서 우리를 위하여 돌아가실 만큼 우리를 사랑하셨다면, 그리고 그분이 우리를 대속하셨고 이미 그분과 우리를 화목케 하셔서 우리고 그분의 친구들과 제자들이 되게 하셨다면, 그분은 우리가 하늘의 황금 등잔 가운데 서도록 그리고 더러운 것은 어떤 것도 들어갈 수 없는 나라에서 그분을 찬양하도록 우리를 적합하게 만들기 위해서 필요한 사역을 마치게 하지 않으실까요?

그분의 선함이 시작하신 사역

그분의 강한 팔이 성취하실.

그분의 약속은 예이고 아멘입니다.

그리고 결코 아직 상실되지 않았습니다.

그분을 그분의 목표를 버리게 하거나

혹은 그분의 사랑으로부터 나의 영혼을 끊어낼 수 있는

미래의 일들이나, 현재의 일도

땅 아래 있는 것이나 땅위에 있는 어떤 것들도,

존재하지 않습니다.

내 형제들이여!

저는 그것을 믿습니다. "다 이루었다"라고 말씀하신 그분은 결코 행해지지 않은 그 어떤 것도 남겨놓지 않을 것입니다. 그분에 대해서 "이 사람은 시작하였으나, 끝낼 수 없었다"라고 결코 말해질 수 없습니다. 그분이 나를 그분의 피로 사셨고, 나를 그분의 은혜로 부르셨으며, 내가 그분의 약속과 능력 위에 머물고 있다면, 저는 그분이 계신 곳에 그분과 함께 있을 것이며, 그분이 확실히 주요 그리스도이시고 내가 그분을 믿는 만큼, 저는 그분의 영광을 볼 것입니다.

하나님의 모든 자녀에게 이 진리가 가져오는 위로가 얼마나 큽니까!

여기에 있는 여러분 가운데 어느 누가 스스로 의(righteousness)가 되기 위해 어떤 것을 시도하려는 사람이 있습니까?

예수님께서 "다 이루었다"라고 말씀하시는 때에, 감히 여러분이 그와 같은 일을 어떻게 시도할 수 있습니까?

여러분은 자신의 의를 위해 이것저것 잡동사니와 무화과 이파리(무화과 나무 이파리로 수치를 가린 아담과 하와 마냥 잘못된 것을 가리는 의미인 듯-역주) 같은, 더러운 누더기들을 끌어 모으려고 하고 있습니까?

예수님은 "다 이루었다"라고 말씀하십니다.

왜 여러분은 그분이 완수하신 일에다가 여러분 자신의 어떤 것을 더하길 원합니까?

여러분은 여러분이 구원받기에 적합하지 않다고 말하고 있는 것입니까?

무엇이라고요?

그리스도의 사역을 보충하기 위해서 여러분 자신의 적절한 어떤 것을 가져옵니까?

오! 여러분은 말합니다.

> 저는 조만간 내가 좀더 괜찮은 사람이 된 후에 그리스도께 나아가길 원합니다.

무엇! 무엇! 무엇! 무엇이라고요?

여러분은 스스로를 개선시키려 하고, 그 다음에 그 일의 나머지를 행할 이는 그리스도입니까?

여러분은 우리 고향마을의 철길을 떠오르게 합니다. 여러분은 종종 기차역이 마을로부터 반 마일 혹은 1 마일 정도 떨어져있는 것을 압니다. 그리하여 여러분은 여러분을 그곳에 데려다 줄 마을버스 없이는 그 역에 도착할 수 없습니다.

그러나 나의 주님 예수 그리스도는 맨소울 도시(town of Mansoul-존 번연의 『거룩한 전쟁』이라는 책에서 인간 영혼을 묘사한 도시-역주)에 곧바로 오십니다. 그분의 철로는 여러분의 발 가까이 깔려 있습니다. 그리고 그곳에는 열차의 문이 활짝 열려 있습니다.

올라타십시오.

여러분은 다리를 건너지 않았고, 지하도로를 통과하지도 않았습니다. 열차가 여러분의 바로 앞에 서 있습니다. 이 왕의 철로는 죄 가운데 있던 영혼들을 줄곧 지옥의 어두운 문으로부터 하늘의 커다란 진주문까지 옮기고 있습니다. 그곳에서 그들은 영원토록 완전한 의 가운데 거할 것입니다.

여러분 스스로를 그리스도 위에 얹어 나르십시오.

그분을 여러분이 필요로 하는 모든 것이 되게 하십시오.

왜냐하면 그분은 구원의 모든 사역에 대해 "다 이루었다"라고 말씀하신 까닭입니다.

저는 어떤 스코틀랜드 출신 여인의 말을 회상합니다. 그녀는 교회의 회중모임의 입회 신청을 했습니다. 매우 무식하다고 간주되었고, 하나님에 대해 아는 것이 거의 없었기 때문에, 그녀의 입회는 장로들에 의해 늦추어졌습니다. 목사 또한 그녀를 보고는 적어도 한 동안 그녀가 기다려야 한다고 생각했습니다.

저는 그녀의 대답을 여러분에게 전달하기 위해서 스코틀랜드 말을 하고 싶습니다. 그러나 저는 내가 그 일을 시도하다가 실수할까봐 두렵습니다. 스코틀랜드어는 그 언어를 말할 수 있는 사람에게는 의심할 바 없이 좋은 언어입니다. 그녀는 이런 방식으로 말하였습니다.

내가 말입니다. 선상님, 내가 말입니다. 저는 한 가저는 알 수 있시오("내가 한 가지는 분명히 압니다"를 사투리로 표현한 것임-역주). 린트벨(lintbell)이 태양을 향해 열리는 것처럼, 내 마음도 예수 이름을 향해 열려 있습니다.

여러분은 아마 태양이 사라졌을 때, 아마꽃(flax flower)이 스스로 꽃망울을 닫아버리는 것을 본 적이 있을 것입니다. 그리고 그렇다면 여러분은 태양이 돌아올 때면, 그 꽃이 즉시로 꽃망울을 여는 것을 알고 있을 것입니다. "그래서" 그 가난한 여인은 말했습니다.

"저는 한 가지는 알수 있시오. 그 꽃이 하늘을 향해 열리는 것처럼, 내 마음이 예수의 이름을 향해 열립니다."

친구들이 이것을 아십니까?

여러분은 그 "한 가저"를 압니까?

따라서 저는 여러분이 많이 알저 못한다는 것을 개의치 않습니다. 그 한 가지가 여러분에 의해 알려지고, 그것이 진정 그럴 수 있다면, 여러분은 스스로에 대한 평가에서 결코 완전할 수 없습니다.

그러나 여러분은 구원받은 영혼입니다.

어떤 사람이 내게 말했습니다. 그녀가 교회에 등록하기 위해 왔을 때, 그리고 내가 그녀에게 그녀가 온전한 지를 물었을 때,

"온전이요?

오, 선생님, 결코 아닙니다. 할 수만 있다면 나도 완전하고 싶어요."

저는 대답했습니다

"아, 예! 불완전하다는 것이 당신을 기쁘게 하지 않나요?

그렇지 않아요?"

그녀는 대답했습니다.

"정말 그렇지요."

저는 말했습니다.

정말 그렇다면, 그것은 당신의 마음이 완전하고 당신이 완전한 것을 사랑함을 보여줍니다. 당신은 완전함을 갈구합니다. 당신 안에는 어떤 것이 있군요. 당신 안에 있는 "내"가 죄를 짓지 않고 거룩한 것을 추구하는군요. 하지만 당신은 행하지 말아야할 것을 행하고, 그것을 행함으로 괴로워하고 있군요. 당신과 마찬가지로 사도가 "그것을 행하는 이는 더 이상 내가, 참 내가 아닙니다. 내 안에 거하는 것은 죄입니다"라고 말할 때, 그 사도는 당신과 마찬가지입니다.

주께서 오늘밤 여러분 중 많은 이들에게 "나"를 두시길 기원합니다. 그 "나"는 죄를 미워할 "나," 죄로부터 완벽히 자유로워지는 일을 하늘에서 발견할 "나," 전능하신 이 안에 있는 것 자체를 기뻐할 "나," 그리스도의 미소 안에서 빛나게 될 "나," 악이 머리를 내밀 때마다 모든 악을 내려칠 "나"입니다. 그리하여 여러분은 우리가 종종 노래하는 토플레디(Toplady, 1740-1778년에 살았던 유명한 찬송가 작사가—역주)의 친숙한 기도를 노래하게 될 것입니다.

> 당신의 찢겨진 쪽에서 흘러내리는
> 물과 피로 하여금
> 죄에 대하여 이중의 치료로
> 죄의 죄책감과 권세로부터
> 나를 정하게 하소서.

4. 저는 우리가 이 본문 "다 이루었다"를 우리 자신의 각성(arousement)을 위하여 사용할 것을 말하면서 설교를 마치려 합니다

언젠가 어떤 사람이 악하게 "그래요, 그리스도가 그 일을 끝냈다면, 이제 내가 할 일은 아무것도없고 팔장을 끼고 잠이나 자러 가면 되겠군요"라고 말했습니다.

그것은 그리스도인들이 할 말이 아니라, 마귀의 변입니다.

입이 그렇게 말할 수 있는 것은 그 마음 속에 은혜가 없는 것입니다. 오히려, 진정한 하나님의 자녀는 "그리스도께서 나를 위하여 그분의 사역을 완수하셨어요? 그렇다면 내가 그분을 위하여 무슨 일을 할 수 있는지 말해주세요"라고 말합니다.

다소의 사울에 대하여 두 가지 질문을 기억하십시오.

그가 쓰러진 다음에 제기한 첫 번째 질문은 "주여 당신은 누구십니까?"였습니다. 그리고 다음 질문은 "주여, 당신은 내가 무엇을 하길 원하십니까?"였습니다.

그리스도께서 당신을 위하여 당신이 행할 수 없는 그 사역을 완수하셨다면, 이제 가서 당신 행하도록 특권을 가졌고 허영된 그분을 위한 사역을 끝내십시오.

다음의 일을 시도하십시오.

> 멸망해가는 자들을 구원하고,
> 죽어가는 자들을 돌보며,
> 죄와 무덤 속에 있는 그들을 불쌍히 여겨 건져내십시오.
> 잘못을 저지른 자를 위하여 울고

타락한 자들을 일으켜 세우며
그들에게 위대한 구원자이신 예수님에 대해 말해주십시오.

그리스도의 이 말씀, "다 이루었다"에서 얻은 나의 추론은 이것입니다. 그분이 나를 위하여 그분의 일을 완수하셨습니까? 그렇다면 저는 그분을 위하여 일해야 합니다.

첫째, 저는 나 역시도 나의 일을 끝낼 때까지 인내해야 합니다.

나 자신을 위해서가 아닙니다. 그 일을 모두 끝났고, 저는 구원받았기 때문입니다. 이제 나의 모든 힘을 다하여 그분을 위하여 저는 일을 끝내야 합니다. 그리고 낙담이 발생하고, 고난이 생길지라도, 약함과 탈진의 느낌이 올지라도, 그 일을 포기하지 않아야 합니다.

그분이 "다 이루었다"라고 말할 수 있을 때까지, 그분이 강력히 밀고 나갔던 만큼, 나 역시도 "저는 당신이 내게 하라고 하신 그 일을 다 끝냈습니다"라고 말할 수 있을 때까지 밀어붙일 것입니다.

여러분은 고기를 잡으러 나선 사람들이 어떻게 고기를 찾아 살피는지를 압니다. 저는 토요일에 낚시 하러 케스톤 호수(Keston Ponds)에 나가고, 줄곧 일요일, 월요일, 화요일, 수요일에는 낚시를 멈추었던 사람에 대해 들었습니다. 그곳에는 낚시하던 또 한 사람이 있었고, 또 다른 사람은 그 호수에 단 이틀만 머물렀습니다.

그는 "나는 여기에 이틀 있었는데, 단지 입질을 단 한 번 받았을 뿐이네"라고 했습니다. 다른 한 사람이 말했습니다.

"그것 때문이었군! 나는 지난 토요일부터 여기에 줄곧 있었는데, 아직 한 번도 입질을 받지 못했네. 그래도 낚시를 계속할 생각이네."

다른 사람이 대답했습니다.

"하지만 나는 그 어떤 것이라도 잡지 않고서는 낚시를 계속 할 수 없어."

첫 번째 남자가 말했습니다.

"오, 나는 내가 고기를 잡아 여기서 멈출 수 있을 때까지 그만 둘 만큼 고기를 잡고 싶어."

저는 그 친구가 궁극적으로 거기에 잡을 만한 고기가 한 마리라도 있었다면 고기를 잡았을 것이라고 생각합니다. 그는 틀림없는 낚시꾼이기 때문입니다.

우리도 그리스도를 위하여 영혼들을 거두어들여야 한다고 느끼며 그들이 얻을 때까지 인내할 그런 사람들을 갖게 되길 바랍니다.

형제자매들이여!

그런 열정이 우리에게 있어야 합니다. 우리는 사람들로 그들에게 구원받을 어떤 길이라도 있다면, 그들로 지옥에 내려가게 해서는 안 됩니다.

둘째, 다음의 추론은 그리스도께서 그분의 일을 완수하셨기에 우리도 우리의 일을 끝낼 수 있다는 것입니다.

여러분은 여러분의 사역 안에 수많은 "끝마침"을 둘 수 있습니다. 그리고 여러분은 종결까지 참아낼 수 있고, 하나님의 은혜로 그 일을 완수할 수 있습니다. 그리고 그 은혜가 여러분을 기다리고 있습니다. 그 은혜가 여러분에게 약속되어 있습니다.

그 일을 찾으십시오.

그 일을 발견하십시오.

그 일을 붙잡으십시오.

어떤 사람들이 행했던 것처럼, 아, 지금 내 앞에 서 있는 어떤 사람들처럼 행동하지 마십시오.

그들은 과거에 하나님을 섬겼었습니다. 그리고 그들은 하나님에게서 달아났습니다. 그들은 다시 돌아왔습니다. 하나님은 그들을 축복하시고, 그들이 보다 유용한 사람이 되도록 도와주십니다.

그러나 미래의 열정적인 섬김이 그들의 보다 이른 시기의 경력 안에 있는 그 안타까운 틈을 결코 보충하지 못합니다. 시작부터 끝까지 계속하여 유지하고, 또 유지하여 그 일을 붙드는 것이 최상입니다. 주님은 끝까지, 우리가 진정으로 우리의 인생의 사역에 대해, "다 이루었다"라고 말할 수 있을 때까지, 인내하도록 우리를 도우십니다.

셋째, 한 가지 주요사항을 여러분에게 말해야할 것 같습니다. 우리의 사역이 우리가 죽을 때까지 완수될 것이라고 생각지 맙시다.

어떤 사람이 말합니다.

"음, 저는 내 일에 대해 "다 이루었다"라고 막 말하려고 합니다."

"여러분은요?

여러분은요?"

저는 존 뉴톤(John Newton)이 잎사귀 시절(in the blade)의 은혜, 이삭 시점의 은혜, 껍질을 벗기지 않은 통 옥수수 안에 있는 은혜에 관한 책을 썼을 때, 매우 말 많은 어떤 사람이 그에게 와서, "뉴톤 씨, 지는 당신의 귀중한 책을 읽고 있습니다. 그것은 엄청난 작업입니다. 그리고 내가 "껍질을 벗기지 않은 통 옥수수"라는 부분에 왔을 때, 저는 당신이 나에 대해서 얼마나 훌륭하게 묘사했는지를 생각했습니다"라고 말했던 것을 기억합니다.

뉴톤은 "오, 당신은 그 책을 바르게 읽을뻔했는데 그렇지 못했군요. 왜냐하면 머리를 숙이는 것이 껍질을 벗기지 않은 통 옥수수의 표식들 중의 하나이거든요"라고 대답했습니다.

그렇습니다.

어떤 사람이 부주의하고 교만한 마음으로 자신의 일에 대해 "다 이루었다"고 말할 때, 저는 "형제여, 그 일을 일찍이 시작한 적이 있던가요?"라고 묻는 경향이 있습니다. 그리스도를 위한 당신의 일이 마쳐졌더라도, 저는 당신이 그 일이 어떻게 진행되어야 했는가를 깨닫지 못했다고 생각할 것입니다.

우리의 육신 안에 호흡이 있는 한, 그리스도를 섬기도록 합시다.

우리가 생각할 수 있는 한, 우리가 말할 수 있는 한, 우리가 일할 수 있는 한, 그분을 섬기도록 합시다.

우리의 마지막 호흡까지도 그분을 섬기도록 합시다.

그리고 가능하다면 우리가 죽어 사라질 때 그분을 영화롭게 할 사역을 시작합시다.

우리가 공동묘지의 작은 언덕 아래서 잠자고 있을 때 움이 틀 씨앗들을 뿌립시다.

아, 사랑하는 이들이여!

우리는 결코 우리가 우리의 고개를 숙일 때까지, 그리고 죽게 될 때까지 그리스도를 위한 우리의 사역을 결코 끝마칠 수 없을 것입니다.

여기에 계신 분들 중에 가장 나이 많은 분도 주인을 위해 할 일이 여전히 남아있습니다.

어느 날 어떤 사람이 내게 말했습니다.

"저는 왜 나이 많은 별 볼일 없는 아무개씨가 살아있는지 모르겠습니다. 그녀는 그녀의 친구들에게 큰 부담이 되고 있어요."

저는 대답했습니다.

"아, 그녀는 그녀의 주인을 위해 아직 할 일이 남아 있습니다. 그녀는 그분을 위해 말할 한 마디가 있지요."

자매들이여, 여러분의 일을 살피십시오.

그리고 그 일을 완수하십시오.

그리고 형제들이여, 아직 완수하지 못한 여러분의 일생의 사역 가운데 무엇이 남아 있는지를 보십시오.

끝을 보십시오.

작은 모든 모서리들도 잘 마감하십시오.

우리가 고려해야할 저와 여러분 앞에 있는 날이 얼마나 길지 누가 알겠습니까?

어떤 이들은 매우 급작스럽게 세상을 떠납니다. 그들은 명백히 전날에 매우 건강한 상태였습니다. 그리고 그들은 다음날 세상을 떠납니다. 저는 내 뒤에 반쯤 완수한 일을 남겨놓길 원하지 않습니다.

주 예수 그리스도께서는 "다 이루었다"라고 말씀하셨고 여러분의 마음은 "주여, 저 역시도 다 이루겠습니다. 저의 일과 당신의 일을 섞지 말아주세요. 왜냐하면 당신은 당신의 일을 마치셨고, 저는 내 일을 마쳐야하기 때문입니다"라고 말해야 합니다.

이제 주께서 우리에게 그분의 식탁에 임재하시는 즐거움을 주시길 기원합니다. 내가 할 수 있는 것보다 빵과 포도주가 여러분에게 훨씬 더 잘 말해주길 기원합니다. 하늘의 모든 상속자가 오늘밤 그리스도를 보고 그분의 완수된 사역을 기뻐하길 기원합니다.

그분의 거룩한 이름을 위하여, 아멘!

Sermons on Cries from the Cross

제7장
다 이루었다!

> 예수께서 신 포도주를 받으신 후에 이르시되 다 이루었다 하시고 머리를 숙이니 영혼이 떠나가시니라(요 19:30).

나의 형제들이여!

저는 여러분으로 하여금 마지막 죽음의 고통 가운데 계셨던 구세주의 마음의 독특한 선명성, 능력, 그리고 민첩성을 신중하게 주목하게 하려고 합니다.

고통과 신음이 마지막 시간대를 따라다닐 때, 그것들은 종종 마음을 혼란시키는 결과를 초래하여 죽어가는 사람으로 하여금 자신의 생각을 모으거나 그 생각들을 모아, 그 생각을 다른 사람들이 이해할 수 있게끔 말로 전달하는 것을 불가능하게 만듭니다.

어떤 경우에도 우리는 막 숨을 거두려 하고 있는 사람에게서 놀라운 기억을 발휘하거나 깊은 주제에 대한 심오한 판단을 기대할 수 없습니다. 그러나 구속주의 마지막 행동은, 비록 그분의 고통이 모든 극심한 통증을 초월하는 것일지라도, 그분의 지혜와 신중함으로 가득 찼습니다.

그분이 얼마나 선명하게 모든 유형의 의미를 인지하고 계셨는지를 살펴보십시오.

주께서 죽음으로 감겨지는 눈으로 천사들의 눈들이 그토록 살펴보길 원했던 하나님의 상징들을 읽어내실 수 있음이 얼마나 분명합니까?

그분은, 자신의 육체 안에서 온전히 성취된, 현인들을 당황하게 했고 선견자들을 놀라게 했던, 비밀들을 보셨습니다. 우리는 그분이 그늘진 과거와 햇빛이 비치는 현재를 묶는 연결고리를 붙잡으신 그 능력과 이해력을 파악하는데 실패해서는 안 됩니다.

우리는 일련의 연결된 생각을 통해 모든 의식들과 희생 제사들을 꿰뚫은 그 지성의 탁월성을 잊어서는 안 됩니다. 그 사건은 모든 예언들을 하나의 위대한 계시로 간주하며, 모든 약속들을 한 사람에 대한 예고로 여기고, 그 전부에 대해 "다 이루었다 내 안에서 다 성취되었다"라고 말하는 것입니다.

그분의 생각의 민첩성은 모든 예언들을 가로지르며, 영원한 언약을 관통하였고, 이어 영원한 영광을 고대하게 하였습니다.

나아가 그분이 다수의 대적들에 의해 조롱당하실 때, 그리고 손과 발이 십자가에 못 박히셨을 때 이 모든 것이 일어났다는 것이 얼마나 놀라운가요!

손으로 그 구름을 만지셨던 그 알프스산을 능가히는, 고통이라는 알프스산의 정상까지 오르신 주님은 분명 어떤 마음의 힘을 가진 것임에 틀림없지 않습니까?

십자가에 매달려 계실 동안, 영감된 성경을 다시 살필 수 있는 어떤 독특한 정신적 상태에 계셨음에 틀림없지 않습니까!

"다 이루었다"라는 이 표현이 어떤 위대한 가치가 있는 것으로 비쳐지지 않을 수 있습니다.

하지만 저는 그 표현의 가치는 그 표현으로부터 이끌어내질 수 있는 추론에 있다고 생각합니다.

우리는 때때로 "어떻게 그리스도가 그토록 짧은 시간 안에 그 고통, 즉 지옥의 영원한 고통에 상응하는 고난을 견딜 수 있었을까?"라고 묻는 것을 듣습니다.

우리 대답은 "우리는 한 순간조차도 하나님의 아들이 무엇을 행할 수 있는가를 판단할 수 없다"라는 것입니다. 하물며 그분이 그분의 일생과 죽음 안에서 무엇을 하셨을 것이고 무엇으로 고난 받으셨는가는 더욱 판단할 수 없습니다.

익사 직전의 사람의 마음은 독특하게 활동적이라는 것은 물에 빠져들 때 구조되었던 사람들에 의해 종종 확증되었습니다. 한 동안 물 속에 있은 후에, 마침내 고통스럽게 회복되었던 한 사람이 그의 인생의 전체 역사가 그가 물속에 빠져들고 있는 동안 그의 마음속에 떠오르는 것 같았고, 어떤 사람이 당신은 물속에 얼마나 있었소라고 묻는다면, 그는 물속에 매우 짧은 시간 동안 있었음에도 20년 동안 물속에 있었에 있었다고 대답해야 했었을 것이라고 말했습니다.

"브라크"를 타고 여행하는 마호메트의 격정의 로맨스는 적절한 사례입니다. 마호메트가 확신해 차서 한 말은 다음과 같습니다. 천사가 나타나 마호메트를 저 유명한 "예루살렘으로의 여행길"로 인도했을 때, 그는 일곱하늘을 통과했습니다. 그곳에서 온갖 놀라운 광경을 목격했습니다. 그러나 그 순간은 너무 짧았습니다. 너무 짧았던 탓에, 그 여행이 시작한 순간 천사의 날개에 묻은 물방울이 튀기도 전에 그 여행은 끝이 나고 말았습니다. 그 간질병을 사칭하는 사기꾼의 오래 지속된 꿈은 진정 단 몇 초만 진행되었을 수 있습니다.

사람의 지성은, 하나님이 원하신다면, 그것이 어떤 상태에 있을 때, 즉시로 수세기 동안의 사유를 경험할 수 있으며, 우리가 알거나 느끼려면 수년의 시간이 걸릴 것으로 여겨질 일을 한 순간에 파악할 수 있습니다.

그러므로 우리는 십자가상에 계셨던 구세주의 지성의 독특한 명료성과 신속성으로 인해, 그분이 수 세기 동안 내재되었을 수 있는 고통 뿐 아니라, 영원한 징벌 안에 내포되었을 상응하는 고통을 두세 시간 동안에 모두 견디셨던 것은 매우 가능한 일이었다고 생각합니다.

어찌 되었든 그 일이 불가능하다고 말하는 것은 적절치 않습니다. 신성이 인간 안에 비쳐지면, 인간은 고난을 견딜 거대한 힘을 갖게 되며, 이는 그리스도의 발이 바다 위를 걸을 수 있을 정도로 놀라웠던 것처럼, 이제 그분의 육신은 "알 수 없는 고통"의 심해 속에서도 그것을 능히 견딜 수 있을 만큼 강력하게 됩니다.

저는 기도합니다.

자신 스스로의 무지한 이성의 유한한 시선으로 그리스도의 고난을 측정하려는 어리석은 시도를 하지 않도록 우리가 기도합시다.

하나님께서 예수께서 거기서 겪으신 것을 우리의 모든 고통에 상응하는 것으로 받아주셨기에, 그 고통은 작을리 없으며, 그분이 감당하신 그 고통에 대해 하트(Hart)가 다음과 같이 말할 때, 바로 그것이있음을 알고 믿도록 합시다. 그는 이렇게 말합니다.

> 그분은 성육하신 하나님이 지실 수 있었던 모든 것을 지셨고,
> 충분한 힘으로, 그러나 호리도 남김없이 지셨습니다.

저는 나의 설교가 그 말씀을 보다 온전히 묘사할 것임을 의심치 않습니다.

즉시 그 말씀으로 나아갑시다.

첫째, 본문을 듣고 그 말씀을 이해토록 합시다.
둘째, 그 말씀을 듣고 그 말씀에 놀랍시다.
셋째, 그 말씀을 듣고 그 말씀을 선포합시다.

1. 본문을 듣고 그 말씀을 이해토록 합시다

하나님의 아들이 인간이 되셨습니다. 그분은 완벽한 덕의 삶을 사셨고 온전한 자기부인의 삶을 사셨습니다. 온 일생을 통해 그는 멸시를 받아 사람들에게 버림받았으며 간고를 많이 겪었으며 질고를 아셨습니다.

그분의 대적들은 군대처럼 다수였습니다. 그분의 친구들은 소수였고, 그 소수도 믿음이 없는 자들이었습니다. 그분은 마침내 그분을 증오하는 이들의 손에 넘겨지셨습니다. 그분은 기도하시는 현장에서 체포되셨습니다. 그분은 영적인 재판정과 세속적 재판정 모두 앞에서 규탄되었습니다.

그분은 조롱 속에 옷이 입혀졌고, 수치 가운데 옷이 벗겨졌습니다. 그분은 경멸 가운데 보좌 위에 앉혀졌고, 잔혹하게 기둥에 매어졌습니다. 그분은 무죄하다고 선언되었지만 그분의 박해자들로부터 그분을 보호해야 했던 재판관에 의해 죽음에 넘겨졌습니다.

그분은 선지자들을 죽인, 그리고 이제 그 선지자들의 주인이신 예수님의 피로 붉게 물들일 예루살렘 거리들을 끌려 다니셨습니다. 그리고 십자가라는 잔인한 나무 위에 못 박혀 고정되었습니다.

태양이 그분을 뜨겁게 달구었습니다. 그분의 잔혹한 상처들은 점점 고열을 만들어내었습니다. 하나님께서 그분을 버리셨습니다. "나의 하나님, 나의 하나님, 어찌하여 나를 버리셨나이까?"는 세상의 응축된 비통함을 포함합니다.

그분이 유한한 인간으로서 그곳에 매달려 죄와 사탄과 싸우고 계시는 동안, 그분의 심장은 찢어졌으며, 그분의 갈비뼈들은 으스러졌습니다. 하늘이 그분을 버렸습니다. 태양이 흑암 속에 숨겨졌기 때문입니다. 땅이 그분을 버렸습니다. 그분의 제자들이 그분을 버리고 달아났기 때문입니다.

그분은 사면을 바라보셨으나, 거기에는 도와줄 이가 아무도 없었습니다. 그분은 시선을 돌려 주위를 살폈으나, 거기에는 그분의 고통을 함께 할 이가 아무도 없었습니다. 계속하여 그분은 자신의 아버지의 뜻이 온전히 이루시기 위해 잔의 마지막 찌끼까지 마시기로 결심하셨습니다.

마침내 그분은 "다 이루었다"고 외치셨습니다. 그리고 그분은 숨을 거두셨습니다.

들으십시오. 그리스도인들이여!

오늘 울리는 이 승리의 외침을 들으십시오.

그 외침은 비록 1,800년 전의 것이라도 온전히 신선함과 힘을 가지고 있습니다.

거룩한 말씀(Sacred Word)으로부터 그것을 들으십시오.

그리고 하나님의 성령께서 여러분의 귀를 여셔서 여러분이 배운 바를 듣게 되고 여러분이 들은 바를 이해하게 되길 기원합니다.

1) 이 "다 이루었다" 안에서 구세주가 의도하신 바가 무엇입니까?

그분은 무엇보다도 모든 모형들(types), 약속들, 그리고 예언들이 이제 그분 안에서 완전히 성취되었음을 의미하였습니다. 원문에 익숙한 사람들은 그 어휘들 "다 이루었다"가 세 구절 안에 두 번 나타남을 발견하게 될 것입니다. 28절에서, 우리는 헬라어로 그 어휘를 만납니다. 그 어휘는 우리 역본에서는 "성취되었다"로 번역됩니다. 그러나 이렇게 기록되어 있습니다.

> 그 후에 예수께서 모든 일이 이미 이루어진 줄 아시고 성경을 응하게 하려 하사 이르시되 내가 목마르다 하시니(요 19:28).

그리고 그 후에 그분은 말씀하셨습니다.

> 다 이루었다.

이는 우리로 하여금 그분의 의미하신 바를 더욱 선명하게 보게 하십니다. 즉 그분이 "다 이루었다"라고 모든 성경이 이제 성취되었다고 말씀하실 때, 율법서로부터 예언서에 이르기까지 처음부터 마지막 책까지의 전체 책이 그분 안에서 성취되었음을 말입니다. 에덴동산 입구에 떨어졌던 첫 번째 에메랄드로부터 말라기의 마지막 사파이어까지 진정한 대제사장의 가슴 판에 새겨지지 않은 단 하나의 약속의 보석이 없었습니다. 아닙니다.

붉은 암소로부터 멧비둘기에 이르기까지, 우슬초로부터 솔로몬의 성전

자체에 이르기까지 그분 안에서 성취되지 않은 단 하나의 모형도 없었습니다. 그리고 그발 강가에서 말해졌거나 혹은 요단강 기슭에서 말해졌든 그 어떤 예언도, 현자들이 바벨론 안에서 받았든, 혹은 사마리아, 혹은 유대 땅에서 받았든, 그 현자들의 어떤 꿈도 이제 그리스도 예수 안에서 온전히 실현되지 않은 것은 없습니다.

형제들이여!

그토록 이질적인 수많은 약속들, 예언들, 그리고 모형들이 한 사람 안에서 모두 성취되었다는 것은 얼마나 놀라운 일입니까!

한 순간이라도 그리스도를 제거해보십시오.

저는 살아있는 어떤 현자에게 구약성경을 주면서 그에게 다음과 같이 말하고 싶습니다.

> 이 책을 받으십시오. 여기에서 문제가 하나 있습니다. 집에 가서 당신의 상상력을 동원하여 정확히 여기에 예시된 모든 성격에 맞아떨어지는 이상적인 한 인물을 구성해보십시오.
>
> 기억하십시오.
>
> 그는 모세와 같은 선지자이어야 하며, 여호수아와 같은 승리의 투사이어야 합니다. 그는 아론이자 멜기세댁임에 틀림없습니다. 그분은 다윗이자 솔로몬이고, 노아이자 요나, 유다이자 요셉이어야 합니다. 아닙니다. 그는 살해당한 어린 양이고, 죽임을 당하지 않은 희생양이어야 하며, 피에 적셔진 멧비둘기이어야 하고, 그 새를 죽인 제사장이어야 할뿐 아니라, 그는 제단이어야 하고 장막이어야 하며, 속죄소이어야 하고 진설병이어야 합니다.

아닙니다.

이 현자를 더욱 당황스럽게 하기 위해, 그에게 명백히 상충되는 예언들, 결코 한 사람 안에서 어울릴 수 없을 것이라고 사람들이 생각할 그 예언들을 상기시킬 것입니다.

그 예언들은 다음과 같습니다.

> 모든 왕이 그의 앞에 부복하며 모든 민족이 다 그를 섬기리로다
> (시 72:11).

> 하지만 그는 멸시를 받아 사람들에게 버림받았으며 간고를 많이 겪었으며 질고를 아는 자라(사 53:3).

그분은 동정녀 마리아에게서 태어난 인간으로 시작하셨습니다.

> 보라 처녀가 잉태하여 아들을 낳을 것이요(사 7:14).

그는 점이나 흠이 없는 분이셔야 했습니다. 그러나 그분은 주께서 우리 모두의 죄악을 감당하도록 하게 하신 분이었습니다. 그분은 다윗의 자손으로 영광스러우신 분임에 틀림없지만, 마른 땅에서 나온 뿌리(사 53:2)여야 했습니다.

이제, 저는 담대히 말합니다.

모든 시대를 통틀어 가장 위대한 지성들이 그들 스스로 이 문제를 풀고, 그 모형들과 예언들을 풀 열쇠를 고안하도록 제안할지라도, 그들은 그 일을 행할 수 없을 것입니다.

여러분, 지혜로운 이들이여!

여러분은 이 상형문자(성경을 의미함-편집자주)를 주목하고 있습니다. 어떤 사람이 하나의 열쇠를 제안합니다. 그러면 그 열쇠는 그 형상의 둘 혹은 셋을 열 것입니다. 그러나 여러분은 더 이상 열 수 없습니다. 그러면 여러분은 당혹스러울 것입니다.

이어서 다른 학식있는 사람이 또 하나의 실마리를 제안합니다. 하지만 그 제안은 가장 필요로 하는 곳에서는 거의 실패합니다. 그리고 또 하나의 실마리, 또 하나의 실마리가 비슷한 반복 과정을 거치겠지요.

그리하여 옛적에 광야에 있던 모세에 의하여 추적된 이 놀라운 상형문자는 어떤 이가 와서 "그리스도 성육신하신 하나님의 아들의 십자가"를 선포하기 전까지는, 설명되지 않은 채 남겨져 있을 것임에 틀림없습니다. 그 후에 달리는 사람이 읽을 수 있고 어린아이가 이해할 수 있을 만큼 모든 것이 분명해질 것입니다.

거룩하신 구세주여!

당신 안에서 우리가 성취된 모든 것을 봅니다. 그것들은 옛적에 하나님께서 선지자들을 통해 말씀하신 것들입니다. 당신 안에서 우리는 구체적으로 실행된 모든 것을 봅니다. 그것들은 하나님께서 희생 제사의 희미한 연기 속에서 우리에게 설명하신 것들이었습니다.

당신의 이름이 영예롭습니다!

다 이루었다!

모든 것이 당신 안에서 요약됩니다.

2) 그러나 그 말씀은 보다 풍성한 의미를 갖고 있습니다

모든 모형들, 예언들, 그리고 약속들이 예수 그리스도 안에서 마무리되었을 뿐 아니라, 유대법의 전형적인 희생 제사들 역시 이제 폐지되었고 설명되었습니다. 그 희생 제사들이 종결되었습니다. 그분 안에서 끝났습니다.

여러분은 잠시 지상에서 완수된 일을 살펴보고 있는 하늘의 성도들을 상상해보시겠습니까?

홍수 오래 전에 존재했던 아벨과 그의 친구들이 천상에 영광 가운데 앉아있습니다.

그들은 하나님께서 하늘에서 별을 하나씩 하나씩 불을 밝히시는 것을 보고 있습니다. 약속 그리고 또 다른 약속들이 지상의 두터운 어두움 위로 불을 비춥니다. 그들은 아브라함이 오는 것을 봅니다. 그들은 그들이 하나님께서 아브라함에게 그리스도를 이삭의 인격 안에서 계시하시는 그 놀라운 일을 내려다봅니다.

그 신비를 살피고자 천사들이 행하고 있는 것처럼, 그들은 응시합니다. 노아, 아브라함, 이삭, 그리고 요셉 시대로부터, 그들은 인류가 범죄하였다는 사실을 인정하는 제단에서 희생 제사의 연기로 오르는 것을 봅니다. 그리고 그 보좌 앞에 있는 영들이 말합니다.

"주여, 언제 희생 제사들이 끝마쳐집니까?

언제 피가 더 이상 흩뿌려지지 않습니까?"

하지만 피의 희생 제사는 더 증가될 것입니다. 그 희생 제사는 이제 그 목적을 위하여 임명된 사람들에 의하여 실행됩니다. 아론과 대제사장들, 그리고 레위인들이 매일 아침 그리고 매일 저녁 특별한 경우들에는 큰 제사가 드려지는 동안 어린양을 바칩니다. 수송아지는 신음하고, 숫양은 피

를 흘리며, 비둘기들의 목은 비틀어집니다. 그리고 줄곧 성도들은 부르짖고 있습니다.

"오 주여, 얼마나 오래 걸릴까요?

언제 희생 제사가 끝나겠습니까?"

해년마다 대제사장들은 휘장 안으로 들어가고 속죄소에 피를 흩뿌립니다.

내년에도 유사한 일을 하는 그를 보게 되겠지요.

그리고 그 다음 해에도 또 다시, 그 일을 보게 될 것입니다. 다윗은 수백 마리의 동물이 희생된 제사를 드렸고, 솔로몬은 수만 마리를 죽였습니다. 히스기야는 많은 기름(oil)을 드렸고, 요시야는 기른 짐승의 엄청난 양의 기름(fat)을 바쳤습니다. 그리고 어떤 의인의 영이 질문합니다.

> 그것이 결코 끝나지 않나요?
> 희생 제사가 결코 끝나지 않나요?
> 죄의 기억이 항상 있어야만 합니까?
> 마지막 대제사장이 곧 오시지 안습니까?
> 전체가 끝마쳐졌기 때문에, 아론의 계보가 곧 그 수고를 벗게 되지 않을까요?

아직은 아닙니다.

아직은 아닙니다. 의로운 영혼들이여!

바벨론 포로기 후에도 희생 제물을 잡는 자들이 여전히 남아 있기 때문입니다.

그러나 그분이 오십니다.

이제 이전보다 더 집중하여 바라보십시오.

이제 제사장의 계보를 닫으실 그분이 오십니다.

오, 그분이 서 계십니다.

그분은 아마로 된 에봇을 입지 않으셨고, 울리는 종을 달지 않으셨으며, 그분의 복갑(breastplate)에 번쩍이는 보석을 차지도 않으셨습니다. 그분은 자신의 육신에 그분의 십자가, 그분의 제단, 희생제물인 그분의 몸과 영혼, 제사장 자신으로 배치시키셨습니다.

아! 아!

그분은 사람들의 시선으로부터 자신을 가리운 두꺼운 흑암의 휘장 안에서 자신의 영혼을 성부께 바치셨습니다.

자신의 피를 드림으로써, 그분은 휘장 안으로 들어가셨고, 그곳에서 자신의 피를 뿌렸습니다.

그리고 이제 흑암의 중심에서 다시 나타나셨습니다. 그리고 깜짝 놀란 지상을 내려다보시면서, 또한 기대에 찬 하늘도 올려다보십니다.

그리고 외치시지요.

다 이루었다! 다 이루었다!

여러분이 그토록 오랫동안 바라보았던 것이 온전히 성취되었고 영원히 완전해졌습니다.

3) 구세주가 이 순간에 그분의 **완전한 순종이 마쳐졌음**을 의미하였다는 것을 우리는 의심치 않습니다

사람이 구원받기 위해서는 하나님의 법이 준수되어야 할 필요가 있었습니다. 이는 그 어떤 사람도 의에 있어 완벽하지 않고서는 하나님의 얼굴을 볼 수 없는 까닭입니다. 그리스도께서 자신의 백성들을 위하여 하나님의 법을 지키시고, 그 모든 법령을 순종하시고, 모든 규례가 손상되지 않도록 보존하는 일을 맡으셨습니다.

일생의 전반기를 통해 그분은 자신의 아버지와 어머니를 공경함으로 사적으로 순종하셨습니다.

그리로 이어진 3년 동안 그분은 공적으로 하나님께 순종하셨습니다. 그분이 자신의 모든 삶을 하나님의 법에 전적으로 순종하신 것을 여러분이 알게 된다면, 그래서 자신의 모든 섬김으로 모든 삶을 드리신 분을 여러분이 알게 된다면, 그때 여러분은 그리스도 안에 계신 하나님을 볼 수 있을 것입니다.

> 나의 존귀한 구속자 그리고 나의 주님,
> 저는 당신의 말씀 안에 있는 나의 의무를 읽습니다.
> 그러나 당신의 삶 안에서 그 법이 나타나며,
> 살아 있는 인격들 안에서 밖으로 드러납니다.

죽음에까지 이르는 온전한 순종 외에는 인생의 온전한 덕목을 완수할 아무것도 필요로 하지 않았습니다. 하나님을 섬기려는 사람은 그가 살아 있는 자신의 마음과 힘을 전부 기꺼이 바쳐야 할 뿐 아니라, 하나님의 영

광이 된다면, 생명까지 내려놓을 준비를 해야 합니다.

  우리의 온전한 대리자께서는 죽어 가시면서 마지막 말씀의 한 획을 그으셨는데, 그 마지막 말씀은 추가적 부채(debt)로부터의 면제를 주장하시는 것이었습니다.

  "다 이루었다"라고 말씀하셨기 때문입니다.

그렇습니다.
하나님의 영광스러운 어린 양께서 다 이루셨습니다!
당신은 우리들처럼 모든 면에서 유혹을 받으셨습니다. 하지만 당신은 죄가 없으셨습니다!
다 이루어졌습니다.
사탄의 화살통에 있는 마지막 화살이 당신을 향해 쏘아졌고, 마지막 신성모독적인 암시(insinuation)이자 마지막 사악한 유혹이 그 분노를 당신에게 쏟아놓았습니다.
이 세상 왕자는 머리부터 발끝까지 당신을 안팎으로 살폈습니다.
그러나 그는 당신 안에서 아무것도 찾아내지 못했습니다. 이제 당신의 시련은 끝이 났습니다. 당신은 아버지께서 당신에게 행하도록 명하신 그 사역을 마치셨고, 지옥 자체가 당신을 과오로 정죄할 수 없도록 끝을 내셨습니다.
그리고 이제 당신의 온전한 순종을 보고서, 당신은 말씀하십니다.
다 이루었다!
그리고 당신의 백성인 우리는 그렇게 된 것을 가장 기뻐하면서 믿습니다.

형제자매들이여!

이것은 만약 아담이 타락하지 않았다면, 여러분과 제가 말했었을 수 있는 그 외침을 넘어선 것입니다. 우리가 오늘 에덴동산에 있을지라도, 결코 다 이루어진 의로 자랑할 수는 없을 것입니다.

그 어떤 피조물도 그 순종을 완전하게 마무리 지을 수는 없기때문입니다. 어떤 피조물도 살아 있는 동안은 순종의 의무가 있습니다. 하지만 어떤 자주적인 행위자(free agent)도 지상에 존재하는 한, 그는 순종의 서약을 위반한 위험 속에 있는 것입니다. 아담이 첫날부터 오늘까지 낙원에 완벽한 순종으로 있었을지라도, 내일은 즉시 타락할 수도 있습니다. 이것이 인간의 실존입니다.

그러나 창조를 끝내신 창조주 그리스도께서는 속량까지도 완벽하게 완수하셨습니다.

그러므로 하나님께서는 그에게 더 이상 요구하실 것이 없습니다. 율법은 자신이 요구하는 모든 것을 받았기 때문입니다. 완벽히 채워진 최대한의 공의가 또 다른 한 시간의 순종을 요구할 수는 없습니다. 다 채워졌기 때문입니다.

다 끝났습니다.

다 완성되었습니다.

베틀의 마지막 북(shuttle)이 던져졌고, 의복이 위에서부터 아랫 끝단까지 전부 다 완성되었습니다. 이제 하나님은 더 이상 요구하지 않으십니다. 그분이 우리를 덮으신 완벽한 의가 다 마무리지어졌기 때문입니다.

그분이 돌아가시면서 내뱉으신 외침이 의도하신 바가 이것이라는 점을 우리 모두 기뻐합시다.

4) 그러나 다음으로 구세주는 그분이 하나님의 공의를 만족케 하심이 충족되었음을 의도하셨습니다

그 채무는 이제 최후의 한 푼까지 모두 변제되었습니다. 배상(atonement)과 속죄(propitiation)는 나무 위에 매달리신 예수의 몸 안에서 드려진 그 제사로 한 번에 그리고 영원히 이루어졌습니다.

잔이 있었습니다. 지옥이 그 안에 있었습니다. 구세주께서 그 잔을 마셨습니다. 한 모금 후 쉬었다가 마신 것이 아닌, 훌쩍 마신 후 멈춘 것이 아닌, 그분은 그분의 백성을 위하여 조금의 찌꺼기도 남지 않을 때까지 잔을 완전히 비우셨습니다.

율법의 커다란 열 갈래 채찍이 그분의 등에서 닳아 없어졌습니다. 예수께서 죽은 자를 대신하여 맞으셔야 했던 그 채찍질은 이제 조금도 남아있지 않습니다. 하나님의 공의의 연이은 포격은 모든 탄약을 다 소진하였습니다. 하나님의 자녀들을 향해 쏠 포탄은 더 이상 없습니다.

> 오 공의여!
> 너의 검을 칼집에 꽂으라!
> 오 율법이여!
> 너의 천둥을 멈추어라!
> 이제 자신들의 죄악으로 인해 고통 받기로 정해진 선택된 죄인들의 모든 비통함, 고통, 그리고 고뇌는 더 이상 남아 있지 않다.

그리스도께서 그분의 사랑하는 자들을 위하여 모든 것을 견디셨고, "다 이루었다"라고 말씀하셨기 때문입니다.

제7장 다 이루었다! 241

형제들이여!

그것은 지옥에서 저주받은 자들이 말할 수 있는 것 이상의 외침입니다. 여러분과 제가 하나님의 공의를 만족시키도록 해야 했다면, 우리는 결코 "다 이루었다"라고 말할 수 없었을 것입니다.

하지만 그리스도께서는 영원한 모든 고통이 갚을 수 없는 채무를 갚으셨습니다.

잃어버린 영혼들이여!

여러분이 아무리 오랜 시간 동안 고난받을지라도, 하나님의 공의는 결코 만족되지 않습니다. 그분의 율법은 충분히 존중되지 않습니다. 그리고 시간이 없어질 때, 그리고 채무가 완벽하게 갚아지지 않은 채 영원이 그리고 영원히 지속되면서, 결국 죄에 대한 징벌이 용서받지 않은 죄인들의 머리 위에 떨어질 것이 분명합니다.

그러나 그리스도께서 그 지옥 웅덩이의 모든 화염이 영원히 마무리지을 수 없는 것을 완벽히 이루셨습니다. 그분은 율법이 존중되게 하셨고, 율법을 명예롭게 하셨습니다. 그리고 이제 십자가에서 그분은 외치십니다.

다 이루었다!

5) 그분이 "다 이루었다"라고 말씀하실 때, 그것은 진짜로 사탄, 죄, 그리고 죽음의 권세를 궤멸시키신 것입니다

투사(champion)께서는 우리 영혼의 구속을 위해 모든 우리의 대적들과 싸우시기 위해 전장에 들어서셨습니다.

첫째, 그분은 끔찍하고도 끔찍한 죄를 만나셨습니다.

그리고 거의 전능한 죄는 그분을 십자가에 못 박았습니다.

하지만 그리스도께서도 함께 죄를 그 나무에 못 박으셨습니다. 그곳에서 죄와 죄의 파괴자 모두가 함께 매달렸습니다. 죄가 그리스도를 파괴하였고, 그 파괴를 통해 그리스도는 죄를 파멸시키셨습니다.

둘째, 대적, 사탄이 왔습니다.

그는 그리스도를 그리고 그를 따르는 모든 무리를 함께 공격하였습니다. 그는 먼저 우주의 모든 구석과 구역에서 자신의 수종자들을 호출하여 말했습니다.

깨어나라, 일어나라, 그렇지 않다면 영원히 쓰러져 있을지니!
여기에 내 머리를 짓이기기로 맹세했던 우리의 큰 대적이 있다.
이제 우리 함께 그의 발꿈치에 상해를 입히자.

그리고 그들은 자신들의 지옥의 화살들을 그분의 심장을 향해 쏘았습니다. 그들은 끓는 가마를 그분의 머리를 향해 부었습니다. 그들은 그분의 혈관에 독을 남김없이 주입했습니다. 그들은 그분의 얼굴에 비아냥거리는 말들을 쏟아 부었습니다. 그들은 그분의 귀에 사악한 공포를 "쉬"하면서 불어넣었습니다.

그분은 홀로 서 계셨습니다. 유다 지파의 사자가 지옥의 모든 개들에 의해 쫓기셨습니다.

하지만 우리의 챔피언은 결코 움츠려들지 않았습니다. 오히려 그분의 거룩한 무기들을 사용하시며, 그리고 하나님이 공급하시는 모든 권세로 좌우에 있는 모든 대적들을 치셨습니다.

무리들이 몰려와서 그분을 향하여 연이어 일제히 사격을 가했습니다. 그것들은 흉내내어 소리만 내는 천둥이 아니었고, 지옥의 문들이 흔들리는 것 같은 우레였습니다.

하지만 정복자께서는 차분히 전진해 나가셨으며, 그들의 대열을 무너뜨리셨고, 그분의 원수들을 산산이 흩으셨습니다. 칼을 부수시고, 창을 마디마디 잘라버리셨습니다. 그리고 그분은 그들의 전차들을 불태워버리셨습니다.

그렇게 싸우시면서, 그분은 "하나님의 이름으로 나는 너희를 궤멸시킬 것이다"라고 외치십니다. 한 걸음 한 걸음 나아가다가 마침내 그분은 지옥의 투사를 만나셨고, 이제 우리의 다윗이 골리앗과 싸우셨습니다. 그 싸움은 오래 지속되지 않았습니다.

그들 모두를 감싸고 있던 흑암은 완전히 자욱했었습니다. 하지만 하나님의 아들이자 마리아의 아들이신 그분은 그 원수를 어떻게 강타할지를 다 아셨기에, 그분은 그의 갑옷을 벗겨버리고, 사탄의 불타는 불화살의 불을 꺼버리시며, 그의 머리가 완전히 바스러질 때까지, 하나님의 진노로 그를 강타하셨습니다.

그리고 그는 외치셨습니다.

다 이루었다.

그리고 피 흘리며 울부짖는 그 마귀를 지옥으로 던져버리셨습니다. 우리는 영원한 구세주에 의하여 계속 쫓기고 있는 그를 상상할 수 있습니다. 그분은 선포하십니다.

반역자여!
나의 번개가 너를 찾아내 너를 관통할 것이다.
지옥의 가장 깊은 곳 아래 있을지라도,
피난처인 무덤을 찾고 찾는 너 마귀여.

그분의 천둥번개가 마귀를 압도하였고, 그분의 양손으로 그를 붙잡아 그의 주위에 커다란 사슬로 두르셨습니다. 천사들이 높은 곳에서 왕의 수레를 가져와서 그 수레의 바퀴에 포로가 된 마귀를 묶었습니다.

그 준마들이 영원한 언덕으로 오르도록 채찍질하라!

구원받아 전해진 영들이 그분을 만나려고 그분 앞으로 나아옵니다.

죽음과 지옥을 자신의 뒤에 끌고 계시면서, 사로잡힌 대적들을 끌고 가시는 정복자를 찬송합시다.

문들아 너희 머리를 들지어다 영원한 문들아 들릴지어다 영광의 왕이 들어가시리로다(시 24:7).

그러나 잠시만요!

그분은 들어가시기 전에, 그분으로 뒤에 끌고 오던 자신의 짐들을 제거하십니다.

보십시오!

그분이 마귀를 그를 무한한 밤을 관통하여 지옥의 구덩이로 던져버리십니다. 그는 깨어졌고, 상처 입었으며 그의 모든 힘은 파괴되었고, 그의 왕관은 벗겨졌으며, 영원토록 지옥의 구덩이 안에서 으르렁거리며 있을 것입니다.

그리하여 구세주께서 "다 이루었다"고 외치셨을 때, 그분은 죄와 사탄을 패퇴시키신 것입니다.

셋째, 그분은 죽음에 대해서도 동일하게 패퇴시키셨습니다.
크리스마스 에반스(Christmas Evans)가 기술하였듯이, 죽음은 그분을 대적하였습니다. 죽음은 그의 맹렬한 불화살을 쏘았고, 그 불화살의 끝을 십자가에 고정하므로, 그는 구세주를 정확히 맞추었습니다.

하지만 그는 더 이상 화살을 쏠 수 없었습니다. 그는 더 이상 아무것도 할 수 없었습니다.

그리스도께서 그를 무장해제시켰기 때문입니다.

죽음이 더이상 무엇을 할 수 있었겠습니까?

그리고 그리스도께서는 그분의 포로들 중 얼마를 자유롭게 하셨습니다. 왜냐하면 성도들 중 많은 이들이 부활하였고 많은 사람들의 눈에 띄었습니다. 그 때 주님은 죽음에게 말씀하셨습니다.

> 사탄아, 내가 너에게서 너의 열쇠들을 취한다. 너는 내 성도들이 잠자고 있는 침대들의 간수가 되는 한 동안 잠시 살 것이다. 그러나 너는 내게 너의 열쇠를 주어야 한다.

그리고 보십시오.

오늘 구세주는 그분의 허리띠에 매달린 죽음의 열쇠를 갖고 서 계십니다. 그리고 그분은 마지막 시간이 올 때까지 기다리십니다. 그리고 천사장의 나팔이 희년의 은 나팔들처럼 울리게 될 때, 그 때에 그분은 말씀하실 것입니다.

나의 포로된 자들로 자유롭게 하노라!

그 때에는 모든 무덤들이 열리게 될 것입니다. 그리고 모든 성도들의 몸이 영원한 영광 속에 다시 살아나게 될 것입니다.

다 이루었다.
죽어가시는 구세주의 외침을 들으라!

2. 우리가 듣고 놀랍시다. "다 이루었다"는 이 말씀으로 어떤 강력한 일이 발생하였고 보장되었는지를 인지하도록 합시다

첫째, 그분은 그 언약을 보존하셨습니다.
그 언약은 이전에 서명되었고 인봉되었습니다. 만유 안에서 그 언약은 잘 관리되었고, 그리스도께서 "다 이루었다"라고 말씀하실 때, 그 언약은 이중으로 보증되었습니다.
그리스도의 심장의 피가 거룩한 두루마리에 흩뿌려졌을 때, 그 언약은 이제는 결코 뒤집어질 수 없고, 그 규례들 중 어느 것도 위반될 수 없으며, 그 약정들 중 어느 것도 실현되지 않을 수 없게 되었습니다.
여러분은 그 언약이 이와 같이 진행되었음을 알고 있습니다.
그리스도께서 영혼의 고통을 맛보게 될 것이었고, 그분의 모든 백성들은 새로운 마음과 바른 영을 갖게 될 것이었으며, 죄 씻김을 받을 것이었고, 그분을 통하여 생명 안으로 들어가게 될 것이었습니다.
이렇게 하나님 쪽에서 언약을 맺으셨습니다.

그리스도 쪽의 언약은 이렇습니다.

> 아버지, 저는 당신의 뜻을 행하겠습니다. 저는 마지막 일점일획까지 속전을 지불하겠습니다. 저는 아버지께 온전한 순종과 온전한 만족을 드리겠습니다.

만일 이와 같은 그 언약의 두 번째 부분이 결코 성취되지 않았다면, 첫 번째 부분은 무효였을 것입니다.

하지만 예수께서 "다 이루었다"라고 말씀하실 때, 예수님 쪽에서 행하지 않으신 것은 아무것도 없었습니다.

이제 그 언약의 나머지는 모두 한쪽이 행해야 합니다. 그것은 하나님 쪽입니다.

하나님이 말씀하십니다.

> 새 영을 너희 속에 두고 새 마음을 너희에게 주되(겔 36:26).
> 맑은 물을 너희에게 뿌려서 너희로 정결하게 하되(겔 36:25).
> 내가 너희를 모든 죄악에서 정결하게 하여(겔 36:33).
> 저는 너희가 알지 못하는 길로 너희를 인도할 것이며
> 저는 확실히 그들로 들어가게 할 것이다.

그 언약은 그 날에 비준받았습니다.

둘째, 그리스도께서 "다 이루었다"라고 말씀하실 때에, 그분의 아버지는 영화롭게 되셨으며, 하나님의 공의가 온전히 드러났습니다.

아버지는 항상 그분의 백성을 사랑하셨습니다.

물론 그리스도께서 아버지 하나님으로 그 백성들을 사랑하게 만드시려고 죽으셨다고 생각지 마십시오.

하나님은 그들을 항상 세상의 기초가 놓이기 전부터 사랑하셨습니다. 그러나 "다 이루었다"라는 말씀이 아버지의 길 안에 있던 장벽들을 제거한 것입니다. 사랑의 하나님으로서 그분은 불쌍한 죄인들을 복 주려 하셨을 것이고, 이제 공의의 하나님으로서 그분은 불쌍한 죄인들을 복 주실 수 있으십니다.

그날부터 아버지는 죄인들을 그분의 가슴으로 맞아주시는 일을 크게 기뻐하십니다. 왜냐하면 그리스도께서 "다 이루었다"라고 말씀하셨을 때, 아버지 자신이 영화롭게 되셨기 때문입니다.

셋째, 그 때에 그분의 머리 위에 모든 영광스러운 관이 내려왔습니다.

그 때에 아버지께서는 그리스도를 영예롭게 하셨습니다.

그 영예는 그분이 이전에는 가지 못한 것이었습니다. 그분은 하나님으로서 영예를 가지셨으나, 사람으로서는 그분은 멸시받았고 배척받으셨습니다.

하지만 이제 하나님과 인간으로서의 그리스도는 영광과 위엄의 관을 쓰시고 그분의 아버지의 보좌에 영원히 앉혀지셨습니다.

넷째, 그 때에 역시 "다 이루었다"는 말씀에 의하여 성령께서 우리를 위하여 주어지셨습니다.

> 이것은 그분의 죽음의 공로에 의한 것입니다.
> 나무에 달리셨던 그분
> 성령이 우리와 같이 마른 뼈들 위에
> 숨을 불어넣기 위해 내려 보내지셨습니다.

그 때 그리스도께서 미리 약속하셨던 성령이 그분이 사람들의 마음속에 거하게끔 오실 수 있도록 그리고 사람들이 위에 계신 그분과 거할 수 있도록 하는 새롭고 생기있는 방식을 인지하셨습니다.

다섯째, 그날에, 그리스도께서 "다 이루었다"라고 말씀하셨을 때, 그 말씀들은 하늘에 영향을 미쳤습니다.

그때에 감람석 벽들이 더욱 굳건해졌습니다. 그 때에 진주문을 가진 도성의 벽옥 빛이 일곱 날들의 빛처럼 더욱 강하게 비쳐졌습니다.

그 이전에는 성도들이, 말하자면 외상 격의 신용대출(on credit)로 구원받았었습니다. 그때에도 그들은 하늘에 들어갔고, 하나님은 그분의 아들 예수를 신뢰하셨습니다.

하지만 그리스도께서 그분의 사역을 완수하지 않으셨다면, 확실히 그들은 자신들의 빛나는 천체를 떠났어야 했음에 틀림없고, 그들 자신의 죄악으로 말미암아 스스로의 인격 안에서 고난받았어야 했을 것임에 틀림없습니다.

잠깐이라도 저의 상상력이 허용된다면, 저는 그리스도께서 그분의 사역을 완수하지 않았더라면, 곧 비틀거리고 말 하늘을 보여줄 수 있습니다. 하늘의 돌들이 풀어질 것이고, 하늘의 성채는 비록 엄청나고 장관일지라도, 지진의 격렬한 진동 아래서 지상의 도성들이 휘청거리듯이 하늘의 성채들이 무너질 것입니다.

  그러나 그리스도께서 "다 이루었다"라고 말씀하셨고, 맹세, 언약, 그리고 피가 구속받은 자들이 거하는 장소를 견고하게 하였고, 그들의 거처를 안전하게 만들었으며, 영원히 그들 자신의 소유가 되게 하였고, 그들의 발이 바위 위에 미동도 없이 견고하게 서게 하였습니다.

  아닙니다!

  그 이상이지요.

  여섯째, "다 이루었다"라는 말씀은 지옥의 음울한 동굴들과 깊음 안에 효과를 발휘했습니다.

  그 때 사탄은 자신의 쇠창살(iron bands)을 분노 가운데 물어뜯으면서 으르렁거렸습니다.

> 나는 내가 제압했다고 생각했던 바로 그 인간에게 패하였다. 이제 내 희망은 망가졌고, 선택받은 이는 결코 내 감옥에 들어올 수 없게 되었구나. 피로 산 이는 결코 내 거처에서 발견될 수 없겠구나!

  그 날에 지옥에 떨어진 영혼들이 슬퍼하였습니다. 그들은 "다 끝장났다"라고 말했기 때문입니다.

  만일 대속 제물(Substitute)이 되신 그리스도 자신조차 그분의 모든 징벌을 끝내기 전까지는 자유로워지는 것이 허용될 수 없었다면, 우리는 더더욱 결코 자유로워질 수 없었을 것입니다.

  그것은 그들의 이중적인 종말의 전조였습니다.

① 불의의 종말이었습니다
그들은 이렇게 말했습니다.

아, 유감스럽도다!
구세주가 피할 길을 허락지 않은 정의가 우리에게 자유를 허락지 않을
것이다. 정의는 그분과 함께 종결되었다. 따라서 정의는 결코 우리를
향해서는 끝내지 않을 것이기 때문이다.

② 흑암의 종말이었습니다.
그날에 땅도 자신이 결코 전에 몰랐던 한 줄기 햇빛이 땅에게 비쳐지는 것을 보았습니다. 그 때 땅의 언덕 꼭대기는 태양이 떠오르면서 반짝이기 시작했습니다.

그리고 땅의 골짜기들이 여전히 흑암으로 뒤덮였을지라도, 그리고 사람들이 이곳저곳으로 방황하고, 밤과 같은 정오에 손으로 더듬으려 찾아다닐지라도, 그 태양은 떠올라 하늘의 경사를 계속하여 오르고 있었으며, 결코 고착되지 않고, 조만간 태양의 빛줄기들이 두터운 안개와 구름 속을 관통하게 되어, 모든 눈이 그분을 보게 되며 모든 마음들이 그분의 빛으로 즐거워하게 될 것었습니다.

그리고 결국 불의와 흑암은 끝났으며, 하나님의 정의가 빛이 성취된 것입니다.

그러므로 결론적으로 "다 이루었다"라는 말씀은 하늘을 공고히 하였고, 지옥을 흔들었으며, 땅을 위로하였고, 아버지를 기쁘게 하였고, 아들을 영화롭게 하였습니다. 그 말씀은 성령을 내려 보내주셨으며, 모두 선택받은 후손들에게 영원한 약속을 공고히 해주셨습니다.

3. 이제 저는 매우 간결하게 마지막 요점에 다다랐습니다. "다 이루었다." 그 말씀을 공표합시다

하나님의 자녀들이여!
믿음으로 그리스도를 여러분의 전부로 받아들인 이들이여!
여러분의 삶의 모든 날 동안 "다 이루었다"를 말하십시오.
그 말씀을 스스로에게 고통을 가하고, 순종과 고행을 통해서 만족을 준다고 생각하는 이들에게 가서 말하십시오.
욘더 힌두(Yonder Hindu)는 지금 막 대못들 위로 자신을 던지려 하고 있습니다.
멈추세요. 불쌍한 인간!
무엇을 위하여 당신은 피 흘리려고 합니까?
다 이루어지지 않았습니까?
욘더 파키르(Yonder Fakir)는 못들이 육신을 관통할 때까지 그의 손을 바로 세우고 있습니다.
스스로에게 금욕과 자기부정으로 고통을 가하면서요.
멈추십시오.
멈추십시오.
비참한 인간들이여,
이 모든 고통을 멈추시오.
"다 이루어졌기 때문입니다."
땅의 모든 곳에는 육체와 정신의 비참함이 죄에 대한 속죄가 될 수 있다고 생각하는 이들이 있습니다. 그들에게 달려가, 그들의 광기 가운데 있는 그들과 머물면서 그들에게 말하십시오.

"무엇을 위하여 당신들은 이 일을 행합니까?"

하나님께서 요구하신 모든 고통은 그리스도께서 감당하셨습니다. 율법이 요구하는 육체 안에 있는 고통을 통한 모든 만족은 그리스도께서 이미 견뎌내셨습니다.

다 이루었다!

여러분 자신이 이것을 행한다면, 여러분은 로마의 미개한 신봉자들과 같으며, 여러분이 사람들에게 등을 보이면서 희생 제물을 높이 들고, 수많은 겉치레의 희생 제사를 매일 집행할 때, 그들은 "살아있는 자들과 죽은 자들을 위한 속죄 없는 희생제사"를 말할 뿐입니다.

외치십시오.

멈추세요. 거짓 제사장이여, 멈추세요. "다 이루어졌기 때문입니다."
멈추세요. 거짓 예배자들이여. 절하기를 멈추세요.
"다 이루어졌기 때문입니다."

하나님은 그리스도께서 십자가 위에서 단 번에 그리고 영원히 드리신 희생 제사 외에 그 어떤 다른 제사를 요구하지도 받으시지도 않으십니다. 여러분은 가십시오!

그리고 자신을 프로테스탄트라고 부르지만 사실은 가톨릭교도(the Papist)인 그 옆에 서십시오!

자신들의 은사로, 자신들의 금으로, 자신들이 기도로, 자신들의 서약으로, 자신들의 교회 출석으로, 스스로를 하나님께 적합한 사람이 되게 하겠다고 생각하고 있는 여러분의 어리석은 동료들 옆에 서십시오.

그리고 그들에게 말하십시오.

> 멈추세요!
> "다 이루어졌습니다."
> 하나님은 여러분에게서 이것을 필요로 하지 않습니다.
> 그분은 충분히 받으셨습니다.
> 왜 여러분은 여러분의 누더기를 그리스도의 의라는 훌륭한 천에 얽어매려고 합니까?
> 왜 여러분은 그리스도께서 하나님의 보물창고에 들이신 고귀한 속전에 여러분의 가짜 돈을 더하려고 합니까?
> 여러분의 수고! 여러분의 행동! 여러분의 퍼포먼스를 멈추세요.
> "다 이루어졌기 때문입니다."
> 그리스도께서 그 모든 것을 다 행하셨습니다.

이 한 가지 본문으로 사방팔방에서 바티칸을 향해 일격을 가하기 충분합니다.

바위 아래 놓인 화약의 도화선 같은 단지 이것만을 로마 가톨릭 아래에 놓으십시오.

그 화약이 그것을 공중으로 날려버릴 것입니다. 이는 모든 인간의 의(righteousness)를 거부하는 청천벽력입니다.

단지 이것으로 좌우 날선 검처럼 나아가십시오.

그러면 여러분의 선행들과 여러분의 훌륭한 퍼포먼스는 곧 내쳐질 것입니다.

다 이루었다.

왜 다 이루어진 것을 개선하려 합니까?
왜 완성된 것에 더하려고 합니까?
성경은 완성된 책입니다.
거기에다가 무엇을 더하는 사람은 그의 이름을 생명책에서 지워지게 할 것이며 거룩한 성에서 쫓겨나게 할 것입니다. 그리스도의 속죄는 완성되었습니다. 그리고 그 속죄에 더하는 그는 동일한 파멸을 예상해야 합니다.
그리고 여러분이 모든 나라와 모든 족속에 속한 사람들에게 말하려고 할 때, 모든 불쌍한 절망한 영혼들에게 이것을 말하십시오.
여러분은 그들에게 나아가면, 그들이 무릎을 꿇고 "오 하나님, 나의 죄악 때문에 내가 무엇을 배상할 수 있겠습니까!"라고 외치는 소리를 듣게 될 것입니다.
바로 그때 그들에게 말하십시오.
"다 이루어졌습니다."
배상은 이미 이루어졌습니다.
그들이 말할 것입니다.
"오 하나님, 당신이 벌레 같은 나를 받아주실 수 있도록 내가 어떻게 의를 얻을 수 있겠습니까?"
그때 그들에게 말하십시오.
"다 이루어졌습니다."
그들의 의는 이미 갖추어졌습니다. 그들은 "다 이루어졌다면," 거기에다가 더하는 일에 대하여 수고스럽게 일할 필요가 없습니다.

가서 "저는 죄에서 벗어날 수 없어. 저는 그 처벌에서 구원받을 수 없어"라고 말하는 죽음 때문이 아니라, 천벌 때문에 자포자기한 불쌍한 절망한 불행한 이들에게 말하십시오.

그에게 말하십시오.

"죄인이여! 구원의 길은 단 번에 그리고 영원히 마무리되었습니다."

그리고 여러분이 의심과 두려움 가운데 있는 자칭(professed) 그리스도인들을 만나게 된다면, 그들에게 말하십시오.

"다 이루어졌습니다."

왜 우리에게는 진정 회심하였으나 "다 이루어진 것"을 모르는 수백 수천의 사람이 있습니까?

그들은 결코 자신들이 오늘 전적으로 안전하다는 것을 모릅니다. 그들은 "다 이루어졌다"라는 것을 모릅니다. 그들은 오늘 자신들이 믿음이 있다고 생각하지만, 아마도 그들은 내일은 믿지 않는 사람이 될 수도 있습니다. 그들은 "다 이루어졌다"는 것을 모릅니다. 그들은 하나님이 구원하시는 역사가 완성되었다는 것을 잊은 채, 여전히 자신들이 어떤 것을 행하면서, 하나님께서 그들을 받아주시길 기대합니다.

하나님은 단지 오분 전에 그리스도를 믿었던 죄인을 받아주시는 것과 동일한 분량으로, 그분을 80년 동안 알고 사랑한 성도를 받아주실 것입니다. 왜냐하면 그분은 그들이 무엇을 행하거나 느끼는지 여부로 사람들을 받아주시는 것이 아니라, 단지 그리고 유일하게 그리스도께서 행하셨고, 그 일이 완성되었기 때문에 사람들을 받아주시는 것입니다.

오 불쌍한 이들이여!

여러분 가운데 얼마는 다소간 구세주를 사랑합니다. 그러나 맹목적으로 사랑합니다. 여러분은 스스로 이렇게 행할때라야, 구세주에 대한 사랑을 성취했으며, 그러므로 여러분은 구원받았다고 확신할 수 있다고 생각합니다.

오! 여러분은 오늘 그것을 확신할 수 있습니다.

여러분이 그리스도를 믿는다면 여러분은 구원받습니다.

여러분은 이렇게 말할 것입니다.

"그러나 저는 불충분함(imperfections)을 느낍니다."

이것은 오해입니다!

하나님은 여러분의 불완전함을 생각하지 않으십니다. 대신에 그분은 여러분의 불충분함을 그리스도의 의로 덮으십니다. 하나님은 여러분의 불충분함을 제거하기 위해 오시지, 그것들을 여러분의 책임으로 두기 위해서 오시는 것이 아닙니다.

그러면 여러분은 이렇게 말할 것입니다.

"알겠습니다. 그러나 저는 그 완전한 존재가 될 수 없습니다."

여러분이 그 존재가 될 수 없다 할지라도 그것이 무슨 대수입니까?

하나님은 여러분을 여러분 자신 안에 있는 존재로서가 아니라, 그리스도 안에 있는 존재로 바라보십니다.

불쌍한 영혼이여!

나와 함께 갑시다.

그러면 폭풍우가 몰려와도, 여러분과 저는 이 아침에 함께 이길 수 있게 될 것입니다.

우리는 두려워하지 않는 까닭이지요.

번개가 치는 섬광이 얼마나 예리합니까!

그러나 우리는 떨지 않습니다.

천둥의 큰 울림이 얼마나 엄청납니까!

그래도 우리는 놀라지 않습니다.
왜일까요?
우리가 피해야할 이유가 우리 안에 있습니까?
없습니다.
우리는 십자가 아래 서 있습니다. 그 고귀한 십자가가 모든 폭풍우 속에서도 당당한 피뢰침처럼, 번개로 인한 모든 죽음을 받아내고, 폭풍우의 모든 분노를 받아냅니다.
우리는 안전합니다.
오! 천둥치는 율법이여!
너의 포효가 엄청나게 클 수 있다.
그리고 복수하는 정의여!
너의 섬광이 가공할 수 있다.
우리는 고요히 세상의 모든 소요를 기쁨으로 지켜볼 수 있습니다. 우리는 십자가 아래서 안전하기 때문입니다.
다시 나와 함께 갑시다.
왕의 연회가 펼쳐져 있습니다. 왕 자신이 식탁에 앉아 계십니다.
그리고 천사들이 시중들고 있지요.
함께 들어갑시다.
그리고 들어가서 앉고 먹고 마십시다.
그러나 우리가 감히 어떻게 이 일을 할 수 있을까요?
우리의 의는 더러운 누더기입니다.
우리가 감히 어떻게 여기 올 수 있었을까요?
오, 더러운 누더기는 더 이상 우리의 것이 아니기 때문입니다.
우리는 우리 자신의 의를 단념했습니다. 우리는 우리의 더러운 누더기를 포기한 것입니다.

그리고 이제 우리는 오늘 구세주가 제공하는 왕의 의복을 입습니다. 그 의복은 머리부터 발끝까지 어떤 얼룩이나 구김, 혹은 그 어떤 것도 없이 하얀 광채가 납니다. 우리는 맑은 태양빛 아래 서 있습니다.

우리는 때가 묻었지만 아름답습니다.

우리 안에는 혐오스러운 것이 있지만, 그분 안에서 영광스럽습니다.

아담 안에서는 정죄 받았지만, 하나님이 지극히 사랑하시는 분 안에서 수용되었습니다. 우리는 하나님의 천사들과 함께 있고, 영광스러운 존재들과 말하는 것을 두려워하지도 부끄러워하지도 않습니다.

아닙니다.

하나님과 직접 말하고 그분을 우리의 친구로 부르는 일에 대해 놀라지도 않습니다.

이제 마지막으로 이것을 죄인들에게 공표합니다.

저는 당신이 이 아침에 어디에 있는지 알지 못합니다. 그러나 하나님을 당신을 찾아내실 것입니다.

여러분이 오늘 죄가 당신에게 혐오스럽다고 느끼면서, "다 이루었다!"라고 말씀하신 그분을 믿는다면, 술주정뱅이, 욕쟁이, 도둑을 살아온 당신, 최악의 불한당으로 살아온 당신, 도랑으로 뛰어들어 스스로를 진창에서 구르게 하는 당신을 하나님은 찾아내실 것입니다. 그리고 당신을 위해 구원의 손을 내미실 것입니다.

내 손으로 여러분의 손을 잡게 하십시오.

우리 모두 같이 가서 말합시다.

"선하신 주님, 두 사람의 불쌍한 벌거벗은 영혼들이 여기 있습니다. 우리는 스스로를 옷 입힐 수 없습니다."

그러면 그분은 우리에게 의복을 주실 것입니다.

"다 이루셨기 때문입니다."

"그러나 주님, 그 의복이 그러한 죄인들을 입히기에 충분히 길며, 그러한 범죄자들을 입히기에 충분히 넓습니까?"

그분은 말씀하십니다.

"그렇다. 다 이루었다."

"그러나 주님, 우리는 씻길 필요가 있습니다. 우리 것과 같은 끔찍한 더러운 오물을 제거할 수 있는 어떤 것이 있습니까?"

그분은 말씀하십니다.

"있다. 여기 피로 목욕하라."

"그러나 거기에다가 우리의 눈물을 더해야 하지 않을까요?"

그분은 말씀하십니다.

"아니다. 다 이루었다. 그걸로 충분하다."

"그리고 이제, 주님 당신은 우리를 씻겨주셨고, 당신은 우리에게 옷을 입혀주셨으며, 하지만 우리는 여전히 다시는 죄를 짓지 않도록 하기 위해서 내면적으로 완전히 깨끗해져야하지 않을까요? 이것이 행해질 수 있는 길이 있을까요?"

그분이 말씀하십니다.

"있다. 그리스도의 상처로부터 흘러나오는 물로 하는 목욕이 있다."

"그리고 주님, 나의 죄악 뿐 아니라 죄책감을 씻어내기에 충분한 어떤 것이 있습니까?"

그분은 말씀하십니다.

"물론이지. 다 이루었다! 그리스도 예수가 너의 성화(sanctification) 뿐 아니라 속량(redemption)이 되셨다."

하나님의 자녀들이여!

이 아침에 그리스도의 다 이루신 의를 가지겠습니까?

그리고 그 이전에 여러분이 기뻐했던 그 어떤 것보다 그리스도의 그 의 안에서 더욱 기뻐하시겠습니까?

그리고 오! 가여운 죄인이여

그리스도를 갖겠습니까?

안 갖겠습니까?

어떤 사람이 말합니다.

"아, 저는 충분히 원하지만, 저는 자격이 없습니다."

하나님은 그 어떤 자격도 원하지 않으십니다. 그분이 요구하시는 모든 것은 당신의 의지입니다.

당신은 그분이 그 상황에 대해 어떻게 쓰셨는지를 알지 않습니까?

"누구든지 원하는 사람은 오게 하라!"

그분이 당신에게 의지를 주신다면, 여러분은 이 아침에 그리스도의 완수하신 사역을 믿을 수 있게 됩니다.

당신은 말합니다.

"아! 그러나 당신은 나를 억지로 하게 할 수는 없어요."

그러나 저는 할 수 있습니다. 왜냐하면 "오호라 너희 모든 목마른 자들아"(사 55:1)라고 말하기 때문입니다.

여러분은 그리스도를 목말라하고 있습니까?

여러분은 그분에 의해 구원받기를 원하십니까?

"모든 목마른 자들아!"

저기 있는 젊은 여성 뿐아니라, 구세주를 오래토록 멸시해온 저기 있는 머리가 희끗한 나이든 반항자 뿐 아니라, 이 아래에 있는 회중도, 그리고 이 회랑의 이중의 단 위에 있는 여러분을 포함하는 "너희 모든 목마른 자들아 물로 나아오라 돈 없는 자도 오라."

오 내가 여러분을 오게끔 "강요"할 수 있다면!

위대하신 하나님, 저 죄인에게 구원받도록 의지를 주십시오.

당신이 그의 뜻을 변화시키지 않으신다면, 그는 저주받으려 할 것이고 나오려고 하지도 않을 것이기 때문입니다.

빛과 생명, 그리고 은총의 근원이신 영원한 성령이시여!

오셔서 낯선 자들을 회복시켜주십시오.

"다 이루었다."

죄인들이여, 하나님을 위하여 행할 일은 아무것도 없습니다.

"다 이루었다."

당신이 행할 일은 아무것도 없습니다.

"다 이루었다."

그리스도께서 피 흘리실 필요가 없습니다.

"다 이루었다."

여러분은 울 필요가 없습니다.

"다 이루었다."

성령 하나님께서 여러분의 무가치 때문에 지체하실 이유가 없고, 여러분도 여러분의 무능력함 때문에 지체할 필요가 없습니다.

"다 이루었다."

우리로 넘어지게 하는 모든 것들이 길 밖으로 굴러갔습니다.

모든 문이 열렸습니다. 놋쇠 빗장이 깨졌습니다. 철문이 산산조각났습니다.

"다 이루었다."

오시오. 환영합니다!

오시오. 환영합니다!

식탁이 차려졌습니다. 살찐 가축이 도축되었고, 소고기가 준비되었습니다.

보시오.

여기 심부름꾼이 있습니다.

고속도로로부터 오시오.

울타리로부터 오시오.

런던의 도둑들의 소굴에서 오시오.

오시오.

악인들 중의 가장 악한 자여 오시오.

오늘 여러분 스스로를 미워하는 이들이여 오시오.

예수께서 여러분에게 오도록 명하십니다.

오, 왜 머뭇거립니까?

오, 하나님의 영께서 예수님 때문에 많은 사람들을 반복하여 초대하시고 그 초대가 법적으로 구속력 있는 부름이 되게 하십시오. 아멘!

Sermons on Cries from the Cross

제8장
십자가상의 그리스도의 마지막 말씀들

> 예수께서 큰 소리로 불러 이르시되 아버지 내 영혼을 아버지 손에 부탁하나이다 하고 이 말씀을 하신 후 숨지시니라(눅 23:46).

내가 나의 영을 주의 손에 부탁하나이다 진리의 하나님 여호와여 나를 속량하셨나이다(시 31:5).

그들이 돌로 스데반을 치니 스데반이 부르짖어 이르되 주 예수여 내 영혼을 받으시옵소서 하고(행 7:59).

사랑하는 친구들이여!

오늘 아침, 저는 우리 주 예수께서 그분의 어머니와 요셉에게 "예수께서 이르시되 어찌하여 나를 찾으셨나이까 내가 내 아버지 집에 있어야 될 줄을 알지 못하셨나이까 하시니"라고 말씀하신 그분의 첫 번째로 기록된 말씀(눅 2:49)에 대하여 말했습니다.

이제 거룩한 성령의 도움으로 우리는 우리 주님이 돌아가시기 전에 하신 마지막 말씀들을 살펴보려고 합니다. 그리고 우리는 그 말씀들을 동일한 표현들이 사용된 두 개의 다른 본문들과 함께 고찰할 것입니다.

"내가 나의 영을 주의 손에 부탁하나이다"라는 말씀을 우리 구세주께서 그분의 죽음 전에 발하신 마지막 말씀으로 판단한다면, 그 말씀은 어떤 이들이 실제적으로 그분의 마지막 말씀으로 생각해오고 있는 "다 이루었다"라는 다른 말씀과 짝을 이루어야 합니다.

하지만 저는 그렇게 생각하지 않습니다.

그러나 어찌 되었든 이 말씀들은 각각 매우 신속히 뒤따르는 말들임에 틀림없습니다. 그리고 우리는 그 말씀들을 혼합할 수 있습니다. 그러면 우리는 그 말씀들이 오늘 아침에 우리가 설명하였던 그분의 첫 번째 말씀들과 얼마나 유사한지를 알게 될 것입니다. "다 이루었다"라는 외침이 있습니다. 여러분은 그 말씀을 우리의 흠정역 성경(Authorized version)과 연결하여 읽을 수 있습니다.

어찌하여 나를 찾으셨나이까? 내가 아버지의 임무 가까이에 있어야 할 줄을 모르셨습니까?

그 임무(business)가 완수되었습니다. 그분은 전 일생이 그 임무로 채워졌습니다. 그리고 그분의 삶의 종점에 다다랐을 때, 그분이 행하지 않은 채 남은 일은 아무것도 없었습니다. 그래서 그분은 아버지께 말하실 수 있었습니다.

아버지께서 내게 하라고 주신 일을 내가 이루었습니다(요 17:4).

그 때에 여러분이 십자가상에 계신 우리 주님의 다른 말씀, "내가 나의 영을 주의 손에 부탁하나이다"를 고려한다면, 오늘 아침의 본문, "내가 아버지의 임무 가까이에 있어야 할 줄을 모르셨습니까?"에 대한 다른 읽기와 얼마나 잘 어울리는지를 보게 될 것입니다.

예수님은 아버지 손에 자신을 의탁하고 계신데, 이는 그분이 항상 거기, 즉 아버지와 함께 머무는 아버지의 집에 머물기를 원하셨기 때문입니다. 그리고 이제 그분은 거룩한 신뢰로서, 자신의 영혼을 아버지의 손에 맡기고 계십니다.

그리하여 그분은 아버지와 함께 있기 위해 떠나실 것이고, 아버지의 집에 머물게 되실 것이며, 영원토록 더 이상은 아버지의 집을 떠나지 않게 되실 것입니다.

그리스도의 삶은, 알파와 오메가가 동일한 알파벳 글자들인 것처럼, 시종일관 동일합니다. 여러분은 그분에게서 처음에는 한 가지, 그 다음에는 다른 한 가지, 나중에는 세 번째 것을 찾아내는 것이 아닙니다. 그분은 "예수 그리스도이시고, 어제도 오늘도 영원히 동일하신 분이십니다."

그리스도께서 말씀하시며 행하신 모든 일에는 놀라운 유사성이 있습니다. 인간 저술가들의 글 밑에는 그들의 이름을 기재해야 하지만, 예수님의 말씀들 중 그 어느 것 밑에도 "예수"라는 이름을 기록할 필요가 전혀 없습니다. 그분이 말씀하신 그 어떤 문장에도 오류가 없기 때문입니다.

그리스도에 의해 행해졌다고 기록된 어떤 것이 있다면, 믿음을 가진 어린 아이도 그것이 참인지 아닌지 판단할 수 있습니다. 세상에 내놓아진 그러한 끔찍한 거짓 복음들은 거의 영향력을 발휘할 수 없으며, 만일 있다손 치더라도 오직 악한 영향력만 미칠 뿐입니다.

진정한 영적 분별력을 가진 사람이라면, 누구든 그 복음들이 참이라고 속아 넘어가지 않을 것이기 때문입니다.

잠시 동안은 진짜인 것처럼 통용될 가짜 돈을 주조하는 것이 가능합니다. 그러나 예수 그리스도의 말씀과 행하셨던 것의 모조품을 만들어내는 것은 불가능합니다. 그리스도에 대한 모든 것은 그분 자신과 마찬가지입니다. 그리스도에 대한 모든 것에는 오해될 수 없는 그리스도 같음(Christlikeness)이 있습니다.

예를 들면, 이 아침에 내가 거룩하신 아기 예수에 대하여 설교했을 때, 저는 여러분이 그분과 같은 다른 아기가 일찍이 존재하지는 않았을 것이라고 느꼈을 것임에 틀림없다고 확신합니다.

그리고 그분의 죽음도 그의 출생, 어린 시절, 그리고 일생만큼이나 독특하셨습니다. 그분이 죽으셨던 것처럼 죽었던 이는 결코 없었고, 전적으로 그분이 행하셨던 것처럼 살았던 이도 결코 없었습니다. 우리 주 예수 그리스도는 홀로 서 계십니다.

우리들 중 몇몇이 그분을 닮으려고 합니다만, 우리는 그분의 걸음을 따르기에 얼마나 연약합니까!

하나님이신 그리스도는 여전히 홀로 서 계십니다. 그분과 견줄 가능한 경쟁자는 없습니다.

저는 이미 저는 설교를 위해 세 개의 본문을 다룰 것이라고 여러분에게 넌지시 말한 바 있습니다. 그러나 내가 그 본문 세 개 모두를 설교했을 때, 여러분은 그 본문들이 마치 제가 그 본문들 중 하나만으로도 나머지 두 구절들을 충분히 설명한 것처럼 매우 닮아 있음을 알게 될 것입니다.

1. 저는 우선 여러분에게 우리 구세주의 죽음 직전에 발하신 말씀을 고려하도록 초대합니다.

아버지 내 영혼을 아버지 손에 의탁하나이다.

첫째, 여기에서 그리스도께서 하나님이 주가 되시는 분위기 안에서(in the atmosphere of the Lord of God) 어떻게 사셨고 돌아가셨는지를 주목하십시오.

그리스도는 원래적으로 웅장한 사고를 하시는 분이었고, 그분은 항상 우리에게 그분 자신의 말씀을 주시곤 했습니다. 그분은 결코 적절한 언어가 부족한 적이 없으셨는데, 그 이유는 이렇습니다.

그 사람이 말하는 것처럼 말한 사람은 이때까지 없었기 때문입니다
(요 7:46-역자역).

하지만 여러분은 얼마나 계속적으로 그분이 성경을 인용하셨던가를 알아차렸을 것임에 틀림없습니다. 그분의 표현들의 대다수는 구약성경 안에서 추적 가능합니다. 그 표현들이 정확하게 인용되지 않은 곳에서조차도, 그분의 말씀들은 성경의 양식과 형태를 취합니다. 여러분은 성경이 그분이 가지신 한 가지 책이었음을 볼 수 있습니다.

그분은 명백히 성경의 첫 페이지부터 마지막 페이지까지 성경에 친숙하셨습니다. 그리고 성경의 글자에만 친숙한 것이 아니라, 성경의 가장 내밀한 의미가 가장 깊은 정신까지도 친숙하셨습니다. 따라서 죽어가시면서도, 그분이 당신의 유언으로 다윗의 시편에서 한 단락을 사용하는 것

은 매우 자연스러운 것으로 보입니다.

그분은 돌아가시는 시점에도, 고요한 생각의 능력을 넘어 내몰리지 않으셨습니다. 그분은 의식을 잃은 것이 아니었습니다. 그분은 약함 때문에 돌아가신 것이 아닙니다. 그분은 돌아가시는 그 시점에도 강인하셨습니다.

그분이 "내가 목마르다" 말씀하신 것은 사실입니다. 그러나 약간 목을 축이신 후에, 그분은 단지 강한 사람만이 낼 수 있는 큰 소리로 외치셨습니다.

"다 이루었다."

그리고 이제 그분이 죽음의 침묵 속에 고개를 떨구시기 전에, 그분은 마지막 말씀을 발하십니다.

아버지 내 영혼을 아버지 손에 의탁하나이다.

저는 다시 말합니다.

우리의 주님은 돌아가시는 순간의 선포로서 원래적 선언을 하신 것일 수 있습니다. 그분의 마음은 선명했고, 고요하였으며, 평온하였습니다. 사실상, 그분은 완벽히 행복하셨는데, 그분은 "다 이루었다"라고 말씀하셨기 때문입니다. 그리하여 그분의 고난은 끝이 났고, 그분은 승리의 달콤한 맛을 즐기기 시작하신 것입니다.

하지만 그분에게 가능했었을 모든 마음의 선명함과 지성의 신선함, 그리고 말씀의 유려함으로, 새로운 문장을 고안해내지 않고, 그분은 시편에게 다기기 그 성경으로부터 이 표현을 취하셨습니다.

나의 영을 주의 손에 부탁하나이다.

성육신하신 말씀이 영감된 말씀을 곱씹으시면서 사셨다는 이 위대한 진리가 우리에게 주는 이 교훈이 어떠한지요!

말씀은 그분에게 양식이었습니다.

그것은 우리에게도 마찬가지입니다.

그리고 형제자매 여러분!

이처럼 그리스도께서 하나님의 말씀을 드시면서 사셨다면, 여러분과 저는 동일하게 행해야 하지 않을까요?

어떤 면에서는 그분은 우리만큼이나 이 성경을 필요로 하지 않으셨습니다. 하나님의 성령께서 무한히 그분 위에 머무셨습니다. 하지만 그분은 성경을 사랑하셨고, 성경을 의지하셨으며, 성경을 연구하시고, 계속적으로 성경의 표현들을 사용하셨습니다.

오, 여러분과 내가 하나님의 말씀의 정수에 들어갈 수 있고 하나님의 말씀이 우리 안에 들어올 수 있다면 얼마나 좋을까요!

누에가 이파리를 점점 먹어들어가, 결국 그 이파리를 다 먹어치우는 것으로 보았던 것처럼, 우리도 주님의 말씀에 대해서도 우리가 해야 할 일이 바로 그것입니다. 즉 이파리의 표피만을 기어가는 것이 아니라, 우리가 그 말씀을 우리의 가장 깊은 곳으로 취하여 들어갈 때까지 그 말씀 안으로 먹어 들어가야 합니다.

말씀을 곁눈질하거나 잠재적 표현들과 역사적 사실만을 회상하는 것은 게으르다고 할 수밖에 없습니다. 그러나 마침내 여러분이 성경의 언어로 말하게 되고 여러분의 언어 스타일이 성경적 모델을 통해 형성되며, 더욱 더 여러분의 정신이 주님의 말씀으로 풍미를 더할 때까지, 성정수를 먹어

들어가는 것은 축복된 일입니다.

저는 내가 의미하는 것의 예증으로 존 번연을 인용하려고 합니다.

그의 작품 중 어느 것이라도 읽어보십시오.

그러면 여러분은 거의 성경 자체를 읽는 것 같은 느낌을 갖게 될 것입니다. 그는 내가 판단할 때 성경들 중에 가장 완벽한 성경이라고 여겨지는 흠정역을 연구했습니다. 그의 천로역정을 읽어보면, 비록 그 책이 매력있는 시로 가득 차 있을지라도, 우리로 하여금 "왜, 이 사람이 살아있는 성경일까!"라고 느끼지 않은 채, 책을 읽도록 놔두지를 않습니다.

번연의 몸을 어디든 찔러보십시오.

그의 피는 성경적(Bibline)이어서, 성경의 정수가 그에게서 흘러나옵니다. 그는 성경의 한 본문을 인용하지 않고서는 말할 수 없습니다. 그 자신의 영혼이 하나님의 말씀으로 충만하기 때문입니다.

사랑하는 이들이여!

저는 그의 사례를 여러분에게 추천합니다.

저는 더욱이 주 예수님의 사례를 추천합니다. 하나님의 성령께서 여러분 안에 계신다면, 그분은 여러분으로 하나님의 말씀을 사랑하게 하실 것입니다.

혹 여러분 가운데 어느 누군가 하나님의 성령께서 여러분으로 성경이 필요 없다고 생각하게끔 이끄신다고 생각한다면, 여러분은 전적으로 하나님의 성령이 아닌 다른 영의 영향 아래 있는 것입니다.

저는 성령은 여러분이 성경을 양식으로 삼고 그 후에 성경을 다른 사람에게 밝히 말하게 할 수 있도록, 여러분에게 이 하나님의 기록의 모든 페이지를 사랑하게 하신 것을 믿습니다.

저는 죽음의 순간에도 우리의 거룩한 주님이 성령의 지배하에 그분의 마지막 말씀을 성경에서 인용하셨음을 계속 기억함이 충분히 의미있다고 생각합니다.

둘째, 우리 주님은 죽음의 순간에 개인적인 하나님을 인식하였던 것을 주목하십시오.

아버지여 내 영혼을 아버지 손에 부탁하나이다.

어떤 사람들에게는 하나님은 알려지지 않은 신입니다. 그리하여 그들은 말합니다.
"하나님은 존재해."
그러나 그들은 그 이상의 진리에는 가까이 가지 못합니다.
다른 이는 말합니다.
"만유가 하나님이다"(All things are God).
다른 이들은 말합니다.
"우리는 신이 존재하는 것을 확신할 수 없다. 그리고 우리가 그를 믿는 척하는 것은 아무런 유익이 없다. 그리하여 어떤 미신에 의하여 영향을 받은 것일 수 있다."
어떤 이들은 말합니다.
"확실히, 하나님은 있지만, 그는 너무 멀리 있습니다. 그는 우리에게 가까이 오지 않고 우리는 그가 우리의 개인사에 개입한다고 상상할 수 없습니다."
아! 그러나 우리의 거룩하신 주 예수 그리스도는 그와 같은 비인격적이고, 범신론적이며, 공상적이며, 멀리 떨어져 있는 하나님을 믿지 않으셨습니다. 그분은 하나님께 말씀하셨습니다.

아버지여, 내 영혼을 아버지 손에 부탁하나이다.

내가 어떤 은행가에게 "은행장님, 내가 저의 돈을 당신 손에 맡깁니다"라고 말할 때, 내가 그 사람의 인격성을 인정하는 만큼, 우리 주님의 언어는 그분이 하나님의 인격성을 인식하셨다는 것을 보여줍니다. 저는 단지 인형에게나, 추상적인 어떤 존재나 아무것도 아닌 존재에게 그와 같이 말하지 않으리라는 것은 잘 알고 있습니다.

그러나 저는 살아있는 사람에게는 그처럼 말해야 합니다. 그리고 저는 그것을 살아있는 사람에게만 말해야 합니다.

사랑하는 이들이여!

사람들은 자신의 영혼을 손으로 만질 수 없는 아무것도 아닌 존재에게 맡기지 않습니다. 사람들은 죽을 때에 무한한 미지의 존재, 그 자신이 아무것도 아니거나 모든 것일 수 있는 만유의 애매한 아버지에게 체념조로 미소짓지 않습니다.

그럴 수는 없지요!

우리는 단지 우리가 아는 존재만을 신뢰합니다.

예수님은 아버지를 아셨고, 손을 가지신 실재적 인격으로 아셨습니다. 그리하여 죽으시면서, 떠나시는 자신의 영을 그분의 손에 의탁하신 것입니다. 저는 물질적으로 말하고 있는 것이 아닙니다. 저는 마치 하나님이 우리처럼 손을 가지신 것처럼 설명을 하고 있는 것입니다. 그러나 그분은 실제하는 존재로, 행동하는 권세를 가지신 분이십니다. 그분은 그분이 원하시는 방식대로 사람들을 대하실 수 있고, 그들의 영혼을 소유하여 그들을 영원히 보호하길 원하십니다. 예수님은 그것을 믿었던 분처럼 말씀하십니다.

그리고 저는 삶에 있어서나 죽을 때에도 여러분과 내가 동일한 방식으로 하나님을 대할 수 있기를 기도합니다.

우리는 매우 지나치게 종교에 있어 허구적입니다. 그리고 허구적 종교는 단지 죽어가는 시간에 허구적 위로를 제공할 뿐입니다.

여러분, 견고한 사실에게로 나아오십시오.

당신이 당신 자신에게 참인 것처럼 하나님은 당신에게 참이십니까?

이제 나아오십시오.

여러분은 그분께 "사람이 자기의 친구와 이야기함 같이"(출 33:11) 말합니까?

당신은 당신이 마음의 파트너를 신뢰하고 의지하듯이, 하나님을 신뢰하고 그분을 의지할 수 있습니까?

당신의 사람이 실재하는 분이 아니라면, 당신의 종교는 실재가 아닙니다. 당신의 하나님이 상상속의 존재라면, 당신의 소망은 한낱 꿈에 불과합니다. 그리고 당신이 그 꿈에서 깨어나게 될 때 당신에게는 비통함만이 임하게 될 것입니다.

그것은 그리스도께서 신뢰하신 방식이 아니었습니다. 그분은 말씀하셨습니다.

아버지 당신의 손에 내 영혼을 맡기나이다.

셋째, 훨씬 더 나은 요점이 있습니다. 예수 그리스도께서 여기에 하나님의 아버지 되심을 어떻게 소개하는지를 보십시오.

그리스도께서 인용하신 시편은 "아버지"라고 말하지 않았습니다. 다윗은 마음으로는 그렇게 생각했을지라도, 그 용어를 사용하는 데까지 나아가지는 않았습니다.

그러나 그리스도는 "아버지"라고 말했습니다.

오, 얼마나 기분 좋은 이름인가요!

오늘 아침 "내가 내 아버지의 집에 있어야 한다는 것을 모르셨습니까?"는 우리 사고의 보석이었습니다.

오 그렇습니다!

거룩한 소년(the Holy Child)은 그가 특히 그리고 특별한 의미에서 가장 높으신 분의 아들임을 알았고, 그리하여 "아버지"라고 말했습니다. 그리고 돌아가시면서 그분의 숨이 멈춰가는 심장은 하나님이 자신의 아버지 되신다는 생각에 고무되고 위로받았습니다.

그들이 그분을 죽게 만든 것은 하나님을 자신의 아버지라고 말했기 때문이었습니다. 하지만 그분은 자신이 죽어가는 순간조차도 여전히 그 생각을 붙들었습니다. 그리고 "아버지, 당신의 손에 내 영혼을 맡기나이다"라고 말씀하셨습니다.

내 형제들이여!

우리가 하나님의 사녀들이라는 것을 의식하면서 죽는다는 것은 얼마나 축복된 일입니까!

우리 영혼 안에서 살아있을 때나 죽을 때나 양자의 영으로 말미암아 우리가 "아빠, 아버지"라고 부르는 것은 얼마나 달콤합니까?

그럴 경우에는 "죽는 것이 죽는 것이 아닙니다."

"다 이루었다"라는 구세주의 말씀을 인용하면서, 그분의 아버지이자 우리 아버지를 의지할 때, "떨리는 입술"이 없이, 죽음의 입구 속으로 들어갈 수 있습니다.

우리 입술은 우리가 가진 힘으로 확신있게 노래할 수 있고, 우리의 높아지고 커지는 음악을 침묵시키려는 죽음과 무덤에 도전할 수 있습니다.

오 나의 아버지, 나의 아버지!

제가 당신의 손 안에 있다면, 저는 두려움 없이 죽을 수 있습니다!

넷째, 그러나 모든 생각 가운데 으뜸일 수 있는 또 하나의 생각이 존재합니다. 이 단락으로부터, 우리는 우리의 거룩한 주께서 그분이 죽으실 시간이 다가올 때, 그분의 영혼을 그분의 아버지께 기쁨으로 의탁하셨던 것을 알게 됩니다.

아버지의 아버지 손에 내 영혼을 맡기나이다.

우리들 가운데 어느 누구도 엄격한 예의를 차리면서 이 어휘들을 사용할 수 없습니다. 우리가 죽게 될 때, 우리는 아마도 그 말들을 읊조리게 되겠지요. 그러면 하나님은 그 말들을 받아주실 것입니다.

이 말들은 폴리캅, 그리고 성 버나드, 그리고 루터, 멜랑히톤, 그리고 프라그의 제롬(Jerome of Prague), 그리고 존 후스(John Huss), 그리고 이루 셀 수 없는 성도들이 바로 죽음의 순간에 되뇌었던 말이었습니다.

당신의 손에 내 영혼을 맡기나이다.

그 단락에 대한 구약성경의 묘사 혹은 그 단락에 대한 우리 주님의 표현은 하나의 라틴 기도문으로 변하였고, 거의 주문처럼 가톨릭교도들 가운데 공통되게 사용되어 왔습니다. 가톨릭교도들은 죽어갈 때 라틴어로 그 말씀을 반복합니다. 만일 그 말들을 그렇게 반복할 수 없다면, 신부가 그 특별한 양식의 마술적 힘을 부가하면서, 그들을 위하여 그 기도문을 반복하여 말해왔습니다.

하지만 우리들 중 어느 누구도 우리 구세주께서 그 말들을 말씀하셨던 것처럼, 그 말들을 온전하게 사용할 수는 없었습니다.

물론 우리는 우리 영혼을 하나님께 의탁하거나 위탁할 수 있습니다.

그러나 형제들이여!

주님께서 먼저 오시지 않는 한, 우리가 죽어야 함을 기억하십시오.

그리고 죽는다는 것은 우리가 주도할 수 있는 행동이 아닙니다. 우리는 그 과정에서 수동적일 수밖에 없는데, 우리의 생명을 유지하는 것은 더 이상 우리의 권세가 아니기 때문입니다. 만일 사람이 자신의 생명을 통제할 수 있다면, 그가 생명을 포기하는 것은 이상한 일일 수 있으며, 자살은 범죄이기 때문이고, 그 어떤 사람도 자살하도록 요구받을 수 없다고 생각합니다.

사실 그것은 어떤 의미에서는 어떤 사람이 죽음에 스스로를 굴복시킬 때 언제나 발생하는 일이긴 하지만, 하나님은 생명을 어떤 사람이 스스로 동세하도록 요구지 않으십니다.

그러나 우리의 거룩하신 주님에게는 그분의 백성들을 위한 대리적 희생 제물(Substitute)이 되시려고 자신을 드리는 것 외에는 그렇게 할 필요가 없었습니다. 십자가상에서의 마지막 순간에 조차도 그분은 죽으실 필요가 없었습니다.

제가 여러분에게 상기시키듯이, 약함이 그분으로 하여금 속삭이거나 작게 탄식하도록 강요했었을 때에도 그분은 큰 목소리로 외치셨기 때문입니다. 그분의 생명은 그분 안에서 강했습니다. 그분이 원하기만 하셨다면, 그분은 못을 뽑아버리실 수 있었고, 그분을 조롱하며 서 있던 군중들 가운데 내려서실 수 있었습니다. 그분은 자신의 자유의지로 죽으신 것입니다.

> 의인으로서 불의한 자를 대신하셨으니 이는 우리를 하나님 앞으로 인도하려 하심이라(벧전 3:18).

어떤 사람이 의롭게 자신의 목숨을 자신의 나라의 유익을 위하여 그리고 다른 이들의 안전을 위하여 포기할 수 있습니다. 종종 사람들이 이 일을 행할 기회가 있었으며, 그 일을 가치있게 행한 용감한 이들도 있었습니다.

그러나 그외 모든 사람들 역시 언젠가는 죽어야만 합니다. 그들은 단지 자연의 채무의 지불을 조금 앞서 착수한 것뿐입니다. 그러나 우리 주님의 경우에는, 그분은 그분이 선택하였다면, 계속 유지할 있었던 영혼을 아버지께 의탁하고 있는 것입니다.

> 이를 내게서 빼앗는 자가 있는 것이 아니라 내가 스스로 버리노라
> (요 10:18).

그분은 자신의 생명에 대하여 말씀하셨습니다. 그리고 여기에는 자신의 영혼을 아버지의 손에 의탁하는 즐거운 [적극적] 의사(willingness)가 있습니다.

사실 복음서 기자들 중 어느 누구도 우리 주님이 죽어가는 것으로 묘사하지 않는 것은 매우 놀라운 일입니다.

그분은 죽으셨으나, 그들은 모두 그분이 영혼을 포기하는 것, 곧 하나님께 그분의 영혼을 넘겨주는 것으로 말합니다.

여러분과 저는 수동적으로 죽습니다. 그러나 그분은 능동적으로 자신의 영혼을 그분의 아버지께 양도합니다. 그분의 경우에는, 죽음은 행동이었습니다. 그리고 그분은 그 행동을 우리를 죽음과 지옥에서 구속코자 하시는 영광스러운 동기로 행한 것이었습니다.

이런 의미에서, 그리스도는 그분의 죽음 안에 홀로 서셨습니다.

그러나 오, 사랑하는 형제자매 여러분!

우리는 자신의 영혼을 그분이 하신 것처럼 의탁할 수 없을지라도, 우리의 생명이 우리에게서 취해질 때, 우리의 생명을 완벽히 기꺼이 포기할 준비를 하도록 합시다.

우리의 생명을 지키고자 투쟁하지 말고 하나님께서 우리 영혼을 소유하시도록 즐겁게 내어드릴 수 있는, 그리하여 모든 것을 그분의 손에 양도해 드리는 정신과 마음 상태가 되시기를 기원합니다.

이 때 우리 영혼이 아버지의 손에서 매우 안전하게 될 것이며 부활의 날까지 육체의 생명의 싹(life-germ)이 그분의 보관 속에 안전하게 지켜질 것을 확신하게 될 것입니다.

그래서 나팔 소리가 울려 퍼실 때, 우리 인간의 삼위일체인 영과 혼과 몸이 매우 멀리 떨어진 땅에서 아름다우심 가운데 계신 왕을 볼 수 있도록 우리의 존재가 완전함 속에 재결합되기를 확신하게 되길 바랍니다.

하나님께서 우리를 죽음으로 부르실 때, 그것은 우리가 우리 주님처럼 우리의 입술 가운데 성경의 한 본문을 언급하면서 죽게 되며, 우리를 받아주시는 인격적인 하나님과 함께, 그리고 그 하나님을 우리의 아버지로 명확히 인식하고, 즐겁게 죽으면서 우리의 의지를 전적으로 영원히 복되신 분의 의지에 따르게 하고, 이분은 주님이시오 나의 아버지이시니, "이는 여호와이시니 선하신 대로 하실 것이니라 하니라"(삼상 3:18)라고 말한다면, 그 죽음은 달콤한 죽음의 길이 될 것입니다.

2. 나의 두 번째 본문은 시편 31편 5절에 있습니다. 그리고 그 본문은 명백히 우리 주님이 바로 그 때에 염두에 두셨던 단락입니다.

> 내가 나의 영을 주의 손에 부탁하나이다. 진리의 하나님 여호와여 나를 속량하셨나이다(시 31:5).

내게는 이 말씀들이 삶 속에서 사용될 말씀들로 보입니다. 왜냐하면 이 시편은 신자의 죽음보다는 그의 생명에 대한 것이기 때문입니다.

사랑하는 친구들이여!

예수께서 십자가상에서 읊조리신 그 말씀들을 여러분이 계속하여 사용할 수 있다는 것은 매우 독특한 일이 아닙니까?

여러분은 그 말씀들의 반향을 따라잡을 수 있고, 여러분이 죽게 될 때뿐 아니라, 오늘밤, 내일 아침, 그리고 여러분이 여기에 있는 한 계속, 우리 주인되신 분이 인용하신 그 본문을 반복할 수 있고, "내 영혼을 주의 손에 부탁하나이다"라고 말할 수 있습니다.

첫째, 우리 영혼들을 하나님께 즐겁게 의탁합시다.

그리고 그 영혼들이 그분의 손 안에서 안전하다는 것을 느낍시다.

우리 영혼은 우리 존재 중 가장 존귀한 부분입니다. 우리 육체는 단지 껍질에 불과합니다. 우리 영혼은 살아있는 중심부(kernel)입니다.

따라서 우리 영혼을 하나님이 보관하시도록 맡깁시다.

여러분 가운데 몇몇은 결코, 혹은 아직 그 일을 행하지 않았습니다. 그리하여 저는 여러분이 지금 그 일을 하도록 초대합니다. 그것은 영혼을 구원하는 믿음의 행위입니다.

또한 어떤 사람이 "저는 하나님께서 그분이 그리스도 예수 안에서 스스로 계시하신 것처럼 그분께 나를 의탁합니다. 저는 나 자신을 지킬 수 없습니다. 그리스도의 존귀하신 피로 그분은 나를 깨끗하게 하실 수 있습니다. 그리하여 저는 내 영혼을 취하여 위대하신 아버지의 손에 맡깁니다"라고 말할 때 행하는 행동입니다.

여러분이 그 일을 행하기 전까지는 여러분은 결코 진정 사는 것이 아닙니다. 온전한 복종의 행위 이전에 오는 모든 것은 죽음입니다. 그러나 여러분이 과거 그리스도를 믿었을 때, 여러분은 진정 살기 시작한 것입니다.

그리고 매일, 여러분 사는 한, 여러분이 이 과정을 반복하고 스스로를 하나님의 손에 아무것도 남김없이 즐겁게 드리도록 살피십시오.

숙 여러분 스스로를 하나님께 느리십시오.

건강하거나 병이 들었거나 여러분의 몸을 드리고, 오래 살게 되거나 일찍 세상을 떠날지라도 여러분의 혼과 영을 또한 하나님께 드리십시오.

행복하게 되거나 슬프게 될지라도, 그분이 기뻐하시는 바대로 드리십시오.

여러분의 전체 존재 자체를 그분께 드리고 그분께 말하십시오.

> 나의 아버지, 나로 부유하게 하거나 가난하게 하시며, 나로 보게 하거나 눈이 멀게 하시고, 나의 모든 감각들을 갖게 하시거나 그 감각들을 제거하시며, 나로 유명하게 하거나, 나로 잊혀지는 자가 되게 하소서. 저는 단지 나 자신을 당신께 드립니다. 당신의 손에 나의 영혼을 맡깁니다. 저는 더 이상 나의 선택권을 행사하지 않겠습니다. 그러나 당신은 나를 위하여 나의 유업을 선택하여 주십시오. 나의 시대는 당시의 손 안에 있습니다.

이제, 사랑하는 하나님의 자녀들이여!
여러분은 항상 이 일을 행하고 있습니까?
그 일을 일찍이 해본 적이 있습니까?
그리스도를 고백하며 따르는 이들 가운데 하나님의 뜻을 걷어차는 이들을 저는 안타깝게 생각합니다. 그리고 그들이 하나님께 "당신의 뜻이 이루어지이다"라고 말할 때조차도 그들은 자신들의 마음속에 "그리고 나의 뜻도!"라고 덧붙여서 하나님의 뜻을 망쳐버립니다.
그들은 "당신의 뜻이 내 뜻이 되게 하옵소서"라고 말하는 대신에, 다음과 같이 기도합니다.
"주여, 내 뜻이 당신의 뜻이 되게 하옵소서!"
우리 각자는 이 기도를 매일 드리도록 합시다.
"당신의 손 안에 내 영혼을 맡기나이다."
저는 아침에 있는 가족기도 시간에 저는 나 자신과 가족 모두를 하나님의 손에 두기를 좋아합니다. 그리고 저녁 가족기도 시간에는 단지 그분의 손을 바라보면서 내가 얼마나 안전한 하루를 살았는가를 살펴봅니다. 그 다음에 저는 그분께 "주여, 다시 밤에는 나를 가두어 주십시오. 밤새 나를 지켜주시옵소서. "당신의 손에 내 영혼을 맡기나이다""라고 말하는 것을 좋아합니다.

둘째, 사랑하는 친구들이여, 우리의 두 번째 본문에는 그 본문의 말미에 다음의 말들이 있는 것을 주목하십시오.

진리의 하나님 여호와여 나를 속량하셨나이다.

그것은 여러분 자신을 하나님께 전적으로 드리는 좋은 이유가 아닙니까? 그리스도께서 여러분을 속량하셨습니다. 따라서 여러분은 그분께 속해 있습니다. 내가 속량 받은 사람이라면, 그리고 내가 하나님께 나를 돌보시라고 요청한다면, 저는 단지 왕께서 그분께 속한 보석들 중 하나를 돌보시라고 요청하고 있는 것입니다. 그 보석은 그분이 심장에서 흐르는 피로 사신 것입니다.

그리고 저는 그분이 여기에서 그분께 주어진 타이틀 때문에 더더욱 그렇게 해주실 것이라고 특히 기대할 수 있습니다.

진리의 하나님 여호와여 나를 속량히셨니이디.

그분이 속량을 시작하셨지만 파멸로 끝을 내셨다면, 그분이 진리의 하나님이 되시겠습니까?

그분이 우리를 위하여 당신의 아들이 죽게 내어주셨지만 우리가 하늘로 들어가기 위해서 매일 필요로 하는 다른 긍휼들을 거두어들이신다면, 그분이 진리의 하나님이 되시겠습니까?

아닙니다!

그분의 아들이라는 선물은 하나님이 하나님의 백성들을 그들의 죄악에서 구원하실 것이고 그들을 영광 속에 집으로 데리고 오시겠다는 서약입니다. 그리고 그분은 그 일을 하실 것입니다.

따라서 매일 이 선언과 함께 그분께 나아가십시오.

"당신의 손에 내 영혼을 맡기나이다."

아닙니다.

단지 매일이 아니라, 하루 종일 나아가십시오.

말이 당신을 태우고 쏜살같이 달려갑니까?

여러분은 "아버지, 당신의 손에 내 영혼을 맡기나이다"라고 말하는 것보다 더 나은 일은 행할 수 없습니다. 그리고 말이 여러분을 태우고 쏜살같이 달리지 않을지라도, 동일한 말을 하는 것보다 더 나은 일을 할 수 없습니다.

열병(fever)이 있는 집에 가 보신 적이 있습니까?

내 말은 그곳에 가는 것이 여러분의 의무입니까?

그 때에 여러분은 "아버지, 당신의 손에 내 영혼을 맡기나이다"라고 말하면서 갈 수 있겠지요.

저는 여러분이 이 일을 여러분이 거리를 걷는 때나 혹은 여러분이 여러분의 집 안에 앉아있는 동안에도 매 순간 행하기를 권고합니다. 저의 유명한 전임자인 길(Dr. Gill) 박사는 많은 시간을 자신의 연구에 할애했습니다. 그리고 어느날 어떤 사람이 그에게 말했습니다.

"어찌 되었든 학구적인 사람은 일생에서 발생하는 대다수의 사고로부터는 안전합니다."

어느 날 아침 그 선한 사람이 잠시 자신에게 친숙했던 안락의자를 떠났을 때, 갑자기 강풍이 굴뚝을 넘어뜨렸고, 굴뚝은 지붕을 박살내며 하나님의 섭리가 그 때에 그로 하여금 그곳을 떠나게 하지 않으셨다면, 그가 앉아 있었을 바로 그 장소로 떨어졌습니다.

그리고 그는 말했습니다.

"저는 거리에서만큼이나 많이 [실내에서] 우리가 연구할 때에도 우리를 돌보시는 하나님의 섭리가 필요함을 보았습니다."

아버지여, 당신의 손에 내 영혼을 맡기나이다.

저는 종종 우리 친구들 가운데 어느 누군가가 사고를 당하거나 곤경에 처한다면, 그들이 보통 휴가를 떠났을 때임을 알아차렸습니다. 그것은 이상한 일인데, 그러나 저는 종종 그것을 언급했습니다.

그들은 건강을 위해 밖에 나갔으나 아파서 돌아옵니다. 그들은 사지가 모두 멀쩡한 채로 우리를 떠났으나, 절뚝거리면서 우리게 돌아옵니다.

그러므로 우리는 하나님께 시골에 가 있거나 바닷가에 나가 있는 친구들을 특별히 돌보시도록 기도해야 합니다. 그리고 우리는 우리가 어디에 가든지 스스로를 그분의 손에 의탁해야 합니다. 우리가 한센씨병을 치료하는 병원에 가야한다면, 우리는 확실히 하나님께 그 치명적 니병으로부터 우리를 보호해주시라고 기도해야 합니다.

그러나 우리는 가장 건강한 장소 혹은 우리 자신의 집에 머물 때에도 주님의 보호하심을 동등하게 간구해야 합니다.

다윗은 하나님께 말씀드립니다.

주의 손에 내 영혼을 맡기나이다.

셋째, 그러나 여러분에게 우리 주님이 삽입하신 그 어휘를 더하기를 요청합니다. "아버지."

다윗은 종종 우리를 위한 좋은 안내자가 됩니다. 하지만 다윗의 주님은 훨씬 더 좋으십니다. 그리고 우리가 그분을 따른다면, 우리는 다윗보다 더 낫게 말할 수 있을 것입니다.

그러므로 우리 각자는 말합시다.

아버지, 아버지, 당신의 손에 내 영혼을 맡기나이다.

그것은 매일 모든 것을 우리 하늘의 아버지의 손에 모든 것을 위탁하면서 살아가는 유쾌한 삶의 방식입니다. 왜냐하면 그분의 손은 그분의 자녀에게 친절을 베풀 수 밖에 없기 때문입니다.

"아버지, 저는 아버지의 천사들을 신뢰할 수 없을지 모릅니다. 그러나 저는 아버지는 신뢰할 수 있습니다."

그 시편 기자는 "섭리의 손에 내 영혼을 맡기나이다"라고 말하지 않습니다.

여러분은 사람들이 "섭리가 이것을 행했습니다," "섭리가 저것을 행했습니다," 그리고 "섭리가 다른 것도 행했습니다"라고 말함으로써 어떻게 하나님을 제거하려고 하는지 알아차립니까?

여러분이 그들에게 "섭리가 무엇입니까?" 묻는다면, 그들은 아마 "음, 섭리는 섭리이지요"라고 대답할 것입니다. 그것이 그들이 대답할 수 있는 전부일 것입니다.

자연법에 복종하고, 자연의 힘을 주목하는 등, 자연을 숭배하는 일에 대해 확신 있게 말하는 많은 사람들이 있습니다. 어떤 이가 그 달변의 강사에게 다가가서 그에게 말합니다.

"나에게 자연이 무엇인지 설명해주실 수 있습니까?"

그는 대답합니다.

"왜이지요? 음 자연은… 자연이 자연이지요, 뭐."

그게 다입니다.

그렇다면 자연은 무엇입니까?

그리고 그는 말합니다.

"음, 음, 자연은 자연이지요."

그리고 그것이 여러분이 그에게서 얻어낼 수 있는 전부입니다. 저는 자연을 믿습니다. 저는 섭리를 믿습니다. 그러나 저는 모든 것의 배후에 계신 하나님을 믿습니다. 저는 손이 없어 아무것도 할 수 없는 우상들이 아니라, 손을 가지신 하나님을 믿습니다. 저는 내가 믿는 하나님께 말씀드릴 수 있습니다.

아버지, 아버지의 손에 내 영혼을 맡기나이다.

저는 내가 나 자신을 그곳에 둘 수 있다는 사실을 기뻐합니다. 왜냐하면 저는 그분의 보호 속에 나를 맡김으로써 절대적으로 안전함을 느끼기 때문입니다.

따라서 사랑하는 이들이여!

그렇게 사십시오.

그러면 여러분은 안전하게 그리고 행복하게 살게 될 것입니다. 그리고 여러분은 여러분의 인생에서 소망을 갖게 될 것이며, 여러분이 죽게 될 때도 소망을 갖게 될 것입니다.

3. 나의 세 번째 본문은 우리를 오래 붙잡아두지 않을 것입니다. 그 본문은 우리를 위하여 구세주의 돌아가시면서 하신 말씀의 용도를 우리에게 설명해주려고 의도되었습니다

사도행전 7:59에 있는 스데반의 죽음에 대한 기사를 보십시오.
그러면 여러분은 그곳에서 하나님의 사람이 다윗을 인용하고 주 예수 그리스도를 인용하면서 자신의 마지막 순간으로 담대히 어디까지 갈 수 있는지를 보게 될 것입니다.

> 그들이 돌로 스데반을 치니 스데반이 부르짖어 이르되 주 예수여 내 영혼을 받으시옵소서 하고(행 7:59).

여기에 우리가 죽게 될 때 우리가 사용할 수 있는 한 본문이 있습니다.

주 예수여 내 영혼을 받으시옵소서.

저는 여러분에게 엄중하게 우리 영혼을 양도하는 것에 대해서는 거의 말할 수 없지만, 스데반과 함께 "주 예수여 내 영혼을 받으시옵소서"라고 말하면서, 그리스도께서 우리 영혼을 받아주시는 것에 대해 설명하고 있습니다.

이 기도가 의미하는 바는 무엇입니까?

저는 그 의미에 대해 급하게 두세 가지 생각을 전달해야 합니다. 그렇게 함으로써 저는 설교를 마무리할 것입니다.

첫째, 저는 이 기도가 우리가 스데반처럼 죽는다면, 우리는 불멸에 대한 확실성을 가지고 죽을 수 있다는 것을 의미한다고 생각합니다.

스데반을 기도하였습니다.

주 예수여 내 영혼을 받으시옵소서.

그는 "내 불쌍한 영혼이 죽어가고 있어 유감입니다"라고 말하지 않았습니다.

아닙니다.

영혼은 죽음 후에도 여전히 존재하는 어떤 것입니다. 영혼은 그리스도께 받으실 수 있는 어떤 것이어서, 스데반은 영혼을 받아주시라고 그분께 요청한 것입니다.

우리가 만일 고양이들과 개들과 같다면, 우리는 여러분과 저는 죽으러 위로 올라가지 않습니다. 우리는 그곳에 지상에서는 잠드나 하늘에서는 우리의 눈을 뜨는 불멸의 존재처럼 죽기 위해서 올라갑니다. 그 때 천사장의 나팔소리와 함께, 우리의 몸은 다시 우리의 영혼과 함께 기하기 위해서 부활할 것입니다. 우리는 이 사안에 대해 의심이 있을 수 없습니다.

저는 어떤 이교도가 한 그리스도인에게 말한 것을 여러분에게 얘기한 적이 있습니다.

당신들 그리스도인들 가운데 어떤 이들은 현세를 뒤따르는 또 하나의 상태가 있다고 믿기 때문에 죽어가는 일에 큰 두려움을 갖고 있습니다. 저는 조금도 두렵지 않습니다. 저는 내가 소멸될 것을 믿기 때문입니다. 그러므로 모든 죽음의 공포는 내게서 사라졌습니다.

그때 그리스도인이 말했습니다.

그렇습니다. 그리고 그 점에서 내게는 당신이 저기에서 풀을 뜯고 있는 황소에 다를 바가 없어 보입니다. 당신과 마찬가지로 저 소는 죽음의 공포에서 자유롭기 때문입니다.
부디 기도하십시오.
제가 질문을 하나 해도 될까요?
당신은 소망이 있습니까?"

"소망이라니요?
아니오, 저는 소망이 없습니다. 당연히 저는 소망을 갖지 않습니다."

그러자 그리스도이 이렇게 대답했습니다.

그리스도인들은 아무리 연약한 신자들에게 때때로 다가오는 두려움들에도 불구하고, 그들은 자신들이 포기하지 않을 것이고 포기할 수 없는 소망을 갖고 있습니다.
그리고 그 소망은, 우리의 영혼이, 우리가 예수 그리스도의 손의 맡긴 바로 그 영혼이 "영원토록 주님과 함께" 있을 것이라는 소망입니다.

둘째, 스데반이 죽었던 모습으로 죽을 수 있는 사람에게는, 그리스도께서 가까이 계신다는 확신이 있다는 것입니다.

그리스도는 그 사람이 그분께 말씀드릴 수 있을 만큼 가까이 계시며, 그리하여 그는 그분께 "주 예수여, 내 영혼을 받아주시옵소서"라고 말합니다.

스데반의 경우에, 주 예수는 그 순교자가 그분을 볼 수 있을 만큼 가까이 계셨는데, 왜냐하면 그가 "보라 하늘이 열리고 인자가 하나님 우편에 서신 것을 보노라"고 말했기 때문입니다.

수 많은 죽어가는 성도들이 유사하게 증언하고 있습니다. 우리가 그들이 죽기 전에 자신들이 진주문 안에 들어가 있는 것을 볼 수 있었다고 말하는 것을 듣는 일은 전혀 낯설지 않습니다. 그리고 그들은 우리에게 그러한 명백한 진실성을 가지고 그리고 황홀경 속에, 혹은 때때로 매우 침착하게 사무적인 톤으로 그들이 전혀 미혹되었거나 오류를 말하는 것이 아님을 우리가 확신하게끔 말해왔습니다.

그렇습니다. 사랑하는 이들이여!

여러분의 임종 자리에서 여러분의 자녀들을 부를 수 있기 전에, 예수님이 이미 거기에 계실 것이며, 여러분은 자신의 영혼을 그분의 손에 의탁할 수 있습니다.

셋째, 우리가 그분의 손 안에서 안전하다는 확실성이 있습니다.

우리가 안전하지 않은 어느 곳이든지, 우리가 우리의 영혼을 받아주시도록 그분께 요청한다면, 그리고 그분이 우리 영혼을 받아주신다면, 누가 우리를 해칠 수 있습니까?

누가 우리를 그분의 손에서 빼앗을 수 있습니까?

일어나라, 너희 죽음과 지옥이여!

앞으로 나아오라, 너희 모든 흑암의 권세들이여!

나의 영혼이 전능하신 구속자의 손에 있는데, 너희가 무엇을 할 수 있겠느냐?

우리는 그곳에서 안전함에 틀림없습니다.

넷째, 또 하나의 확실성이 있습니다. 즉 주님은 그분의 손 안으로 우리를 기꺼이 받아들이시기를 원하신다는 사실입니다.

이제 우리를 그분으로 손 안으로 맡기십시다.

그러면 우리는 그 일을 매일 반복하는 일을 부끄러워할 필요가 없습니다.

저는 자주 선한 한 노파에 대해 말씀드린 적이 있습니다. 그녀는 죽어가고 있었는데, 그녀에게 한 사람이 말했습니다.

"당신은 죽는 것이 두렵지 않습니까?"

"오, 두렵지 않습니다."

그녀는 대답했습니다.

"아무것도 두려워할 것이 없습니다. 저는 매일 아침 아침을 먹기 전에 죽음의 강에다 내 발을 담그고 있습니다. 저는 이제는 죽는 것이 두렵지 않습니다."

여러분은 그 존귀한 성도를 기억하실 것입니다. 그녀는 밤에 세상을 떠났으나, 잠이 들기 전에, 그녀가 아직 그것을 쓸 기운이 충분히 있다고 느끼면서 한 장의 종이에 기록하여 그녀의 침대 곁에 이 시구(詩句)를 남겼습니다.

예수님이 내 것이기 때문에, 저는 옷 벗기를 두려워하지 않을 것입니다.
대신에 저는 이 흙으로 만든 의복을 기쁘게 벗습니다.
주 안에서 죽는 것은 축복된 약속입니다.
예수님께서 죽음을 통하여 그 길을 영광으로 이끄셨기 때문입니다.

그녀가 그것을 말할 수 있었던 것은 잘한 일입니다.
우리는 주님께서 우리를 더 높은 곳으로 부르실 때면 언제든지 우리는 동일한 것을 말할 수 있는 까닭입니다!
사랑하는 친구들이여!
저는 그것이 우리에게 있는 의지의 문제인 것처럼, 우리 모두가 기꺼이 떠날 준비를 하기 원합니다.
하나님을 송축할지어다!
우리가 죽게 될 때, 그것은 우리의 선택으로 남겨진 것이 아니고, 우리의 의지로 남겨진 것이 아닙니다. 하나님께서 그 날을 정하셨고, 만 명이 넘는 악마들이 우리의 시간 전에 우리를 무덤으로 몰아넣을 수 없습니다. 우리는 하나님이 선언하실 때까지 죽지 않을 것입니다.

내 주위에 있는 역병들과 죽음들이 날아갑니다.
그분이 원하시기 전까지는 저는 죽을 수 없습니다.
사랑의 하나님이 적합하다고 보시기 전까지는
단 한 발의 화살도 날릴 수 없습니다.

그러나 우리는 마치 그것이 진정 선택의 문제인 것처럼 기꺼이 떠날 준비를 하는 것이 마땅해 보입니다. 현명하게, 조심스럽게, 냉정하게, 그것이 우리에게 남겨져 있다면, 우리가 떠나기를 선택하지 않는다면, 우리 중 어느 누구도 지혜로울 수 없음을 고려하십시오.

우리 주님의 오심과는 별도로, 내가 아는 가장 비참한 일은 우리가 죽지 않을 수 있다는 의심일 것입니다.

괴짜였던 나이든 롤란드 힐(Roland Hill)씨가 자신이 매우 늙어가고 있음을 깨달았을 때 무엇을 말하곤 했는지 아십니까?

그는 말했습니다.

"확실히 저기 위[천국]에 있는 저들이 나를 잊고 있음에 틀림없어."

그리고 이따금 몇몇 나이든 성도가 죽어갈 때면, 그는 말하곤 했습니다.

> 당신이 천국에 가거들랑, 존 베리지(John Berridge), 존 번연(John Bunyan), 그리고 존재해왔던 수많은 존들에게 오래지 않아 불쌍한 늙은 롤리(Rawly)를 그들이 볼 수 있기를 희망한다고 전해주세요.

집으로 도달하고, 하나님과 함께 있기를 바라는 그 바람 속에는 공통적인 생각이 있습니다. 그리스도와 함께 있는 것이 여기에 있는 것보다 훨씬 더 낫습니다.

진지함(sobriety) 자체가 우리로 하여금 죽음을 선택케 합니다.

그렇다면 죽음에게서 뒤돌아서지 말고, 전적으로 죽고 싶지 않아서 싸우고 노력하고 초조해하며 화를 내지 맙시다.

저는 죽음에 대해 말하는 것을 좋아하지 않는 신자들에 대해 듣게 될 때, 저는 그들에 대해 염려하지 않을 수 없습니다. 우리의 안식처와 친숙해지는 것은 매우 현명한 일입니다. 내가 최근에 우리의 사랑하는 형제 퍼킨스(Perkins)를 잠깐 동안 그곳에 누이려고 놀우드(Norwood)에 있는 공동묘지에 갔을 때, 저는 내가 무덤의 끝자락에 서 있고, 죽은 자들을 기억하는 숲 가운데를 걷는 것이 건강한 일임을 느꼈습니다. 왜냐하면 이곳이 나 역시도 가야할 곳이기 때문입니다.

살아있는 여러분!

와서 여러분이 잠깐 누워있어야 할 그 땅을 보십시오.

그리고 그 일이 일어나야 할 때 믿는 우리는 죽음을 환영토록 합시다.

그러나 여러분이 신자가 아니라면 어떻게 될까요?

아! 그것은 전적으로 또 다른 사안입니다.

여러분이 그리스도를 믿지 않았다면, 여러분은 여러분이 앉아 있는 그 자리에서 쉬는 것조차도 두려워하는 것이 마땅합니다. 저는 땅 자체가 "오 하나님, 저는 이 불쌍한 죄인을 더 이상 지탱할 수 없습니다. 내 입을 열어 그 자를 삼키게 하옵소서!"라고 말하지 않는 것을 이상하게 생각합니다. 모든 자연은 하나님을 미워하는 사람을 미워해야 합니다. 확실히 만물은 하나님을 향하여 살지 않는 사람의 일생을 보살피는 일을 혐오해야 합니다.

여러분이 주님을 찾고, 그리스도를 신뢰하며, 영원한 생명을 찾게 되길!

여러분이 그렇게 한다면, 하나님께 기뻐하시기에 삶으로 나아가든 죽음으로 나아가든 두려워하지 마십시오.

아멘!

Sermons on Cries from the Cross

제9장
십자가상에서의 우리 주님의 마지막 외침

> 예수께서 큰 소리로 불러 이르시되 아버지 내 영혼을 아버지 손에 부탁하나이다 하고 이 말씀을 하신 후 숨지시니라(눅 23:46).

이 말씀들은 우리 주 예수 그리스도가 돌아가시면서 하신 말씀들이었습니다.

아버지, 아버지의 손에 내 영혼을 맡기나이다.

내가 여러분에게 십자가상에서 그리스도께서 하신 말씀이 일곱 말씀이었음을 상기시키는 것이 도움이 될 것입니다. 한 단어의 타이틀로 그분의 외침들 혹은 말씀들 각각을 부름으로써, 우리는 주 예수 그리스도의 마지막 일곱 말씀을 말하게 됩니다. 여러분이 듣게끔 그 일곱 말씀들을 되풀이하여 말하고자 합니다.

첫번째 말씀은 그들이 그분을 십자가에 못 박을 때 하신 말씀입니다.

아버지여, 저들을 용서하옵소서. 그들은 자신들이 무슨 일을 하는지를 알지 못하는 까닭입니다.

누가가 그 말씀을 보존하였습니다.
그 후에 두 강도들 중 한 사람이 예수께 "주여, 당신이 당신의 나라에 임하실 때 나를 기억하옵소서"라고 말했을 때, 예수께서 그에게 말씀하셨습니다.

진실로 너에게 말하노니 오늘 네가 나와 함께 낙원에 있으리라.

이 말씀 또한 누가가 신중하게 보존하였습니다.
그 후에 우리 주님은 그분의 큰 고통 가운데서, 십자가 곁에 서서 그분을 이루 말할 수 없는 사랑과 비통함으로 자신을 올려보고 계신 그분의 어머니를 찢어지는 마음으로 보셨습니다. 그리고 어머니에게 말씀하셨습니다.

여자여 보소서 아들이니이다.

그리고 사랑하는 제자에게 말씀하셨습니다.
"보라 네 어머니라."
그리하여 주님은 자기 자신이 떠나셔야 했을 때, 어머니를 위한 집을 마련하셨습니다.

일곱 말씀들 중 네 번째 말씀이자 핵심 말씀은 "엘리 엘리 라마 사박다니"였습니다. 그 말씀은 다음과 같이 번역됩니다.

나의 하나님, 나의 하나님, 어찌하여 나를 버리셨나이까.

이는 그분의 슬픔의 절정이었고, 그분의 모든 고통의 구심점이었습니다.

과도한 고통의 정수를 표현하는 사람의 입술로 일찍이 말해졌던 어휘 중 가장 끔찍했던 그 어휘는 그 어휘 앞에 마치 세 개의 어휘들이 필요한 것처럼, 그리고 그 어휘 뒤에는 세 개의 어휘들이 필요한 것처럼 일종의 보디가드 마냥 잘 제시됩니다.

그 말씀은 자신의 하나님께 버림받은 한 선한 사람, 하나님의 아들, 하나님의 바로 그 아들에 대해 말합니다. 일곱 말씀 중 가장 핵심 어휘는 마태복음과 마가복음 안에서 발견됩니다. 그러나 누가복음과 요한복음에는 나타나지 않습니다.

다섯 번째 말씀은 요한에 의하여 보존되었습니다.
그것은 이렇습니다.

내가 목마르다.

가장 짧으며 주님의 모든 말씀들 중 육체적 관점에서는 가장 날카로운 말씀은 아닐지라도, 모든 말씀들 중에서는 아마도 가장 날카로운 말씀일 것입니다.

요한은 여섯번째 이 말씀도 십자가상에서의 예수 그리스도의 또 하나의 매우 존귀한 말씀을 소중이 간수하였습니다. 그것은 경이로운 말씀입니다.

다 이루었다.

이것은 그분의 일생의 사역을 모두 종합하는 말씀이었습니다.
"다 이루었다."
왜냐하면 그분은 아무것도 완수되지 않은 일을 남기지 않으셨고, 풀린 실의 한 올도 남기지 않으셨기 때문입니다. 속죄의 전체 직물이 머리로부터 아래까지 통으로 된 그분의 의복처럼 누벼졌습니다. 그리고 그 사역은 완수되었습니다.
그분은 "다 이루었다"라고 말씀하신 후에, 모든 말씀들 중 마지막 말씀을 하셨습니다.

아버지, 아버지 손에 내 영혼을 맡기나이다.

제가 오늘 밤에 이 말씀을 다룰 것이기에, 지금 당장은 설명하지 않겠습니다.
다양한 저술가들에 의해 이 십자가상의 일곱 말씀들에 대하여 상당히 많이 설교되어 왔습니다. 그리고 저 역시 많은 사람이 말한 것을 읽었기에, 저는 그들이 말한 것에 그 어떤 것도 더할 것이 없습니다. 왜냐하면 그들은 이 일곱 마지막 말씀들을 상세하게 말하기를 기뻐했기 때문입니다.

그리고 여기에 우리 구세주의 마지막 말씀들의 모든 글자에 대한 연구에 있어 고도의 집중력을 보인 로마 가톨릭학파로 불릴 만한 가장 오랜 시점의 저술가들이 있습니다. 그들은 심지어 개신교학파들에 의해서도 능가될 수 없는 수준이었습니다. 나아가 그들은 때때로 현대의 비평가들보다 훨씬 더 냉정하게 더 풍부하고 보다 희귀한 새로운 의미들을 만들어 내었습니다.

사실 현대 비평가들은 대체적으로 큰 복을 받아 두더지의 눈들(moles" eyes)을 갖고 있습니다. 그래서 그들은 보이는 것이 아무것도없는 곳에서 뭔가를 볼 수 있습니다. 하지만 볼 만한 가치가 있을 때는 전혀 볼 수 없습니다. 현대신학과 마찬가지로 현대 비평은 에덴동산에 갖다 두어도 꽃을 볼 수 없을 것입니다. 현대 비평은 무섭게 불어와 뜨겁게 달구는 열풍인 시로코(sirocco)와 같고, 물방울 혹은 기름 한 방울 없습니다.

그것은 이 고귀한 것들과는 정반대입니다. 그러므로 현대 비평가들은 스스로 하나님의 축복받지 못한 존재이며 사람들에게도 복이 되지 못함을 증명합니다.

많은 저술가들이 십자가상의 일곱 말씀들에 관하여, 그리고 그 말씀들로부터 일곱 의무들에 관한 교훈들을 도출해왔습니다.

예를 들면, 이렇습니다.

첫 번째 의무로써, 우리 주님이, "아버지, 저들을 용서하옵소서"라고 말씀하실 때, 사실상 그분은 우리에게 "너희 원수를 용서하라"고 말씀하신 것입니다.

심지어 그들이 악의적으로 여러분을 이용하고, 여러분에게 끔찍한 고통을 안겨줄 때에도, 그들을 용서할 준비를 하십시오.

단향나무(sandalwood)처럼 되십시오.

그 나무는 도끼가 자신을 쓰러뜨릴 때에 향기를 내뿜습니다.

항상 부드럽고, 친절하며, 사랑하십시오.

그리고 이것이 여러분의 기도가 되게 하십시오.

"아버지, 저들을 용서하옵소서."

두 번째 의무는 두 번째 외침에서 취할 수 있는데, 즉 속죄와 그리스도를 믿는 것에 대한 것입니다. 왜냐하면 그분은 죽어가는 강도에게 "오늘 네가 나와 함께 낙원에 있으리라"고 말씀하셨기 때문입니다."

여러분은 그 강도처럼 여러분의 죄에 대하여 고백해본 적이 있습니까?

여러분은 그 강도의 믿음과 그의 기도로 가득 찬 생각(prayfulness)을 가져본 적이 있습니까?

그렇다면 여러분은 그가 받아들여졌던 것처럼 받아들여질 것입니다. 그러므로 그 두 번째 외침으로부터 속죄와 믿음의 의무를 배우십시오.

우리 주님이 세 번째 외침에서 어머니께, "여자여, 보소서 아들이니이다"라고 말씀하실 때에, 그분은 우리에게 가족 간의 사랑에 대한 의무를 가르치셨습니다. 그 어떤 그리스도인도 자신의 어머니, 아버지, 혹은 하나님께서 우리에게 지키도록 명하신 관계성으로 그가 사랑해야할 그 어떤 사람을 향해서도 그 사랑이 부족해서는 안 됩니다.

오, 그분의 어머니를 향한 그리스도의 마지막 사랑에 의하여, 여기에 있는 어느 누구도 자신의 어머니를 망각함으로써 사람다움을 놓치지 말게 합시다!

그녀는 여러분을 낳았습니다.

어머니의 노년을 봉양하십시오.

그리고 마지막 순간까지 사랑을 다하여 어머니를 소중히 여기십시오.

예수 그리스도의 네 번째 외침은 우리에게 하나님을 붙들고 그분을 신뢰하는 의무를 가르치십니다.

나의 하나님, 나의 하나님.

보십시오.
그분이 두 손으로 어떻게 하나님을 붙드시는지를!

나의 하나님, 나의 하나님, 어찌하여 나를 버리셨나이까?

그분은 하나님께 버림받는 것을 견딜 수 없어 하셨습니다. 그분이 경험한 모든 고통은 그분의 하나님께 버림받는 고통에 비교하면, 매우 작은 고통에 불과하였습니다.

그러므로 하나님께 매달리고, 양손을 다 사용하여 견고히 붙드는 믿음으로 그분을 붙잡기를 배우십시오.

그러면 당신이 하나님이 당신을 버리셨다는 생각이 들 때에도, 그리스도를 따라 외치면서 다음과 같이 말하십시오.

무슨 까닭으로 나와 더불어 변론하시는지 내게 알게 하옵소서(욥 10:2),
저는 하나님이 함께 하시지 않는 것을 견딜 수 없기 때문입니다.

다섯 번째 외침인 "내가 목마르다"는 우리에게 하나님의 말씀의 성취에 대하여 높은 가치를 설정하도록 가르칩니다.

> 그 후에 예수께서 모든 일이 이미 이루어진 줄 아시고 성경을 응하게
> 하려 하사 이르시되 내가 목마르다 하시니(요 19:28).

당신의 모든 슬픔과 연약함 가운데서 있을지라도 하나님의 말씀을 보존하며, 계명에 복종하는 일에 주의합시오.

나아가 교리를 배우며, 그 약속을 기뻐하십시오.

당신의 주님께서 그분의 큰 고통 가운데서도, "내가 목마르다"라고 말씀하신 것처럼, 그분이 그렇게 말씀하신 것으로 기록되어 있기 때문에, 당신은 사소한 것에서조차도 주님의 말씀을 유념하십시오.

"다 이루었다"라는 여섯 번째 외침은 우리에게 온전한 순종을 가르치십니다.

철저히 하나님의 계명을 지키십시오.

그 어떤 계명도 빠뜨리지 마십시오.

여러분이 "다 이루었다"라고 말할 수 있을 때까지 계속 복종하십시오.

당신도 마찬가지로 일하십시오.

당신의 주인에게 복종하십시오.

그분의 뜻에 따라 고난받거나 섬기며, 당신이 주님과 함께, "다 이루어졌습니다. 저는 당신이 내게 명하신 그 일을 마쳤습니다"라고 말할 수 있을 때까지 쉬지 마십시오.

그리고 마지막 말씀인 "아버지, 내 영혼을 아버지 손에 맡기나이다"라는 우리에게 자기포기(resignation)에 대해 가르치십니다.

모든 것을 양도하십시오.

하나님의 명령에 따라 하나님께 여러분의 영혼까지도 양도하십시오.

조용히 서서 주님께 온전히 복종하십시오.

이것이 여러분의 처음부터 마지막까지의 표어가 되게 하십시오.

　　나의 아버지, 아버지 손에 내 영혼을 맡기나이다.

　저는 그리스도의 마지막 말씀들에 대한 이 연구가 여러분이 호기심을 갖게 할 것이라고 생각합니다.
　따라서 그 주제에 대해 조금 더 머물도록 허락해주십시오.
　십자가상의 그 일곱 외침들은 또한 우리에게 우리 주님의 속성과 직무에 관한 어떤 것을 가르치십니다. 그 말씀들은 유리구슬(agate)의 일곱 창문이며, 카벙클(carbuncle, 둥글게 자른 석류석-역주)의 문들로, 여러분은 그것을 통하여 여러분의 주님을 볼 수 있고, 그분께 가까이 갈 수 있습니다.

　첫째, 여러분은 먼저 중재자이신 그분을 봅니까?
　그 때에 주님은 외치셨지요.

　　아버지, 저들을 용서하옵소서. 저들은 자신이 무엇을 하는지 알지 못하니이다.

　둘째, 여러분은 그분을 왕으로 여깁니까?
　그러하다면 그분의 두 번째 말씀을 들으십시오.

　　진실로 내가 네게 이르노니, 오늘 네가 나와 함께 낙원에 있으리라.

　셋째, 여러분은 그분을 부드러운 보호자로 인식합니까?

마리아에게 하시는 그분의 말씀인 "여자여, 보소서 아들이니이다"와 요한에게 하시는 말씀인 "보라, 네 어머니시다"를 들으십시오.

넷째, 여러분은 그의 영혼의 고통이 가진 흑암의 심연을 들여다봅니까?
그분이 "나의 하나님, 나의 하나님, 어찌하여 나를 버리셨나이까?" 외치시는 것을 들으십시오.

다섯째, 여러분은 그분의 신체적 고통의 실재와 강도를 이해합니까?
그러하다면 그분이 "내가 목마르다" 말씀하시는 것을 들으십시오.
피가 흐르는 상처들의 열기로 인해 초래될 때, 갈증의 고통은 매우 강렬한 어떤 것이기 때문입니다. 많은 피를 흘린 전쟁터에 있는 사람들은 목마름으로 헐떡이면서 여러분에게 그것이 모든 고통 중에 최악의 고통이라고 말합니다. 예수님은 "내가 목마르다" 말씀하십니다.
육체 속에서 고난받는 그 분을 보십시오.
그리고 그분이 어떻게 고난받는 여러분과 공감하실 수 있는지를 이해하십시오.
그분은 십자가 위에서 그토록 고난받으셨기 때문입니다.

여섯째, 여러분은 여러분의 구원의 종결자로서의 그분을 봅니까?
그렇다면 그분의 외침, "콘숨마툼 에스트"(*Consummatum est*, 다 이루었다)를 들으십시오.
오, 영광스러운 어조여!

일곱째, 여기에서 여러분은 여러분의 믿음의 종결자를 보십니다.

그렇다면 그분의 고난이 얼마나 자발적이었는가를 한 번 더 바라보고 이해하도록 하십시오.

그분은 생명을 빼앗긴 사람으로서가 아니라, 자신의 영혼을 취하여 다른 성격의 보관자에게 양도하십니다.

아버지여, 아버지의 손에 내 영혼을 맡기나이다.

십자가상의 이 외침들로부터 배운 것이 많지 않습니까?
확실히 이 일곱 곡조들은 우리가 그 말씀들을 어떻게 듣는가를 알기만 한다면, 놀라운 음악적 음계가 되게 합니다. 다시 그 음계에 대해 말하고자 합니다.

첫째, 여러분은 사람들과의 그리스도의 교제를 봅니다.

아버지, 저들을 용서하옵소서.

그분은 죄인들의 곁에 서십니다. 그리고 그들을 위하여 변호해주려 하십니다.

그들은 자신들이 무엇을 하는지를 알지 못합니다.

둘째, 여기에 그분의 왕적 권세가 있습니다. 그분은 죽어가는 강도를 위해 하늘의 문을 여시고 그로 하여금 들어가게 하셨습니다.

오늘 네가 나와 함께 낙원에 있으리라.

셋째, 그분의 인간적 관계성을 보십시오.
그분은 우리에게 가족으로서 얼마나 가까이 계시는지요!

여자여, 보소서 아들이니이다!

그분이 어떻게 말씀하셨는지를 기억하십시오.

누구든지 하늘에 계신 내 아버지의 뜻대로 하는 자가 내 형제요 자매요 어머니이니라 하시더라(마 12:50).

그분은 뼈중의 뼈요 살 중의 살이십니다. 확실히 그분은 참 하나님(the very God of the very God)이신 것처럼, 그분은 참 인간(very man of very man)으로 자신을 유대인만의 특질이 아닌 이방인 모두를 아우르는 특질을 가진 인간이 되셨습니다. 그분 자신의 국적에 속하면서도, 모든 것을 초월하여, 그분은 사람들 가운데 사람이시고 인자이십니다.

넷째, 우리 죄를 취하신 그분을 보십시오.
여러분은 밀합니다.
"어떤 곡조입니까"
그 말씀들은 모두 그 효과를 가져옵니다. 그러나 이 말씀이 주로 효과를 발휘하지요.

나의 하나님, 나의 하나님, 어찌하여 나를 버리셨나이까?

그것은 그분이 우리의 죄악을 자신이 하나님께 버림받았던 십자가상에서 자신의 육체에 담으셨기 때문이었습니다.

하나님이 죄를 알지도 못하신 이를 우리를 대신하여 죄로 삼으셨습니다(고후 5:21).

그러므로 그 쓰라린 외침을 보십시오.

엘리 엘리 라마 사박다니.

다섯째, "내가 목마르다"를 말씀하시는 그분을 보십시오.
그분은 우리의 죄악뿐 아니라 우리의 연약함, 그리고 모든 신체적 본성의 고통을 지셨습니다.

여섯째, 여러분이 그분의 충만함 뿐 아니라 그분의 약함을 본다면, 여러분이 그분의 모든 충족뿐 아니라 그분의 슬픔을 본다면, 그분의 외침, "다 이루었다"를 들으십시오.
그 곡조 안에서는 얼마나 경이로운 충만함이 있는지요!
속량은 모두 성취되었습니다. 그것은 모두 완수되었습니다. 그것은 모두 완벽합니다. 아무것도 남지 않았고, 쓸개즙을 담은 잔의 쓰라린 단 한 방울도 남지 않았습니다. 예수께 그 잔을 말려버리셨습니다. 속전으로 단 일푼도 더해지지 않았습니다. 예수께서 전부를 다 지불하셨습니다.

"다 이루었다"는 외침 속에 있는 그분의 충만함을 보십시오.

일곱째, 그리고 그분이 우리를 자신과 어떻게 화해시키셨는지를 보려 한다면, 우리를 위하여 저주가 되셨고, 축복으로 그분의 아버지께 돌아가시며, 우리를 그분께 데려가시는 그분을 바라보십시오.

그분은 그 마지막 말씀, "아버지, 아버지의 손에 내 영혼을 맡기나이다"라는 말씀으로 우리 모두를 끌어가셨기 때문입니다.

이제 보증되시는 분(the Surety)과 죄인들 모두가 자유롭게 되었습니다.

그리스도는 아버지께로 돌아가십니다. "다 이루어졌기 때문입니다." 그리고 여러분과 저는 그분의 완전한 사역을 통하여 아버지께로 갑니다.

저는 단지 이 비파로 연주할 수 있는 곡들 중 두세 곡 정도를 연주했습니다. 하지만 그것은 놀라운 악기입니다. 그것이 열줄 비파는 아닐지라도, 어찌 되었든 그것은 일곱 줄을 가진 악기입니다.

그 어떤 시간도 영원도 그 줄들에서 나오는 모든 음악을 불러올 수 없습니다. 영생하시는 그리스도의 그 마지막 일곱 말씀들은 우리를 위하여 영원의 모든 세대 동안 영광 가운데 있는 선율을 만들어낼 것입니다.

저는 이제 "아버지, 아버지의 손에 내 영혼을 맡기나이다"라는 이 본문 자체에 잠시 관심을 기울여줄 것을 요청합니다.

여러분은 우리 주님을 보십니까?

그분은 죽어가고 있습니다. 그리고 아직은 그분의 얼굴은 사람들을 향해 있습니다. 인간을 향한 그분의 마지막 말씀은 "다 이루었다"라는 외침입니다.

들으십시오.

사람의 아들들인 여러분 모두여!

그분은 여러분에게 말씀하십니다.

다 이루었다.

여러분은 그분이 죽음의 시간에 여러분에게 하실 수 있는 "아듀"(Adieu)라는 작별 인사보다 더 나은 인사말을 선택할 수 있었을까요? 그분은 여러분에게 그분의 사역이 미완인 것을 두려워말며, 그 사역이 불완전한 것으로 드러나지 않도록 떨지 말라고 말씀하십니다. 그분은 여러분에게 말씀하십니다. 그리고 "다 이루었다"라는 유언과 함께 선언하십니다.

이제 그분은 여러분과의 일을 마무리 지으시고, 그분의 얼굴을 다른 쪽으로 돌리십니다. 그분의 사역이 마무리되었습니다. 그분의 헤라클레스의 수고보다 더한 수고가 완수되었고, 위대하신 승리자께서 그분의 아버지의 보좌로 돌아가고 있습니다.

그리고 말씀하시는데 여러분에게 말씀하시는 것이 아닙니다. 그분의 마지막 말씀은 그분의 아버지를 향합니다.

아버지, 아버지의 손에 내 영혼을 맡기나이다.

이 말씀들은 그분의 아버지께로 곧 집으로 돌아가는 첫 말씀이었습니다. 그것은 "다 이루었다"가 한동안 그분이 우리를 떠나시면서 하신 그분의 마지막 말씀이었던 것과 마찬가지입니다.

이 말씀들에 대해 생각해 보십시오.

그 말씀들은 여러분이 여러분의 아버지께로 돌아갈 때, 여러분의 첫 말씀도 될 수 있습니다.

그리하여 여러분이 죽음의 시간에 여러분의 하늘의 아버지께 이와 같이 말할 수 있기를!

그 말씀들은 로마 가톨릭 시대에는 매우 진부한 말이었습니다. 그러나 그 말씀들은 그렇게까지는 엉망이 된 것은 아니었습니다. 그 말들은 죽어가는 사람들에 의하여 라틴어로 말해지곤 했습니다.

인 마누스 투아스, 도미네, 코멘도 스피리툼 메움

(*In manus tuas, Domine, commendo spiritum meum*).

모든 죽어가는 사람들은 그 어휘들을 라틴어로 말하려고 노력하곤 했습니다. 그리고 그 사람이 그 시도를 하지 않았다면, 누군가 다른 사람이 그를 위하여 그 말들을 하려고 했습니다. 그 말들은 일종의 마술의 주문처럼 되었습니다. 그리고 그리하여 그 말들은 우리 귀에 라틴어로써의 그 아름다움(sweetness)을 상실하고 말았습니다.

그러나 영어로는 그 말들은 항상 죽어가는 성도를 위한 음악의 정수로서 항상 존재할 것입니다.

아버지, 아버지의 손에 내 영혼을 맡기나이다.

우리 주님이 사용하셨던 그 마지막 말씀들이 성경에서 인용되었다는 것은 매우 주목할 만합니다. 이 문장은 내가 감히 말하건대 여러분 대다수가 알고 있듯이, 시편 35:5에서 온 것입니다.

제가 그 문장을 읽어드리지요.

그것은 그리스도께서 성경에 대해 얼마나 충분히 알고 계신가를 보여 주는 얼마나 훌륭한 증거입니까!

그분은 하나님의 말씀을 가벼이 여기는 사람들 중의 하나가 아니셨습니다. 그분은 하나님의 말씀으로 흠뻑 적셔진 분이셨습니다. 그분은 기드온의 양털이 흠뻑 이슬로 적셔졌던 것처럼, 성경으로 충만한 분이셨습니다. 그분은 성경을 언급하지 않고서는 죽음 안에서도 아무것도 말씀하실 수 없었습니다. 이것이 다윗이 기술한 내용입니다.

> 내가 나의 영을 주의 손에 부탁하나이다 진리의 하나님 여호와여 나를 속량하셨나이다(시 31:5).

사랑하는 이들이여!

이제 구세주께서 이 단락을 바꾸셨습니다. 그렇게 하지 않는다면, 그 단락은 그분에게 전혀 어울리지 않았을 수 있습니다.

그분은 자신의 경우에 어울리도록 하기 위해서 그 단락에 어떤 내용을 덧붙여야했음을 여러분은 보고 있습니까?

"아버지"라는 어휘 까닭입니다.

다윗은 "내가 나의 영을 주의 손에 부탁하나이다"라고 말했습니다.

그러나 예수님은 말씀하십니다.

> 아버지, 아버지의 손에 내 영혼을 맡기나이다.

얼마나 축복된 진보입니까!

그분은 다윗이 알았던 것보다 더 많이 아셨습니다. 왜냐하면 그분은 다윗이 하나님의 아들로 될 수 있었던 것 이상의 존재이시기 때문입니다. 그분은 영원한 아들이라는 신분의 관계에 의한 매우 높고 특별한 의미에서 하나님의 바로 그 아들(the Son of God)이셨습니다. 그리하여 그분은 "아버지"로 기도를 시작하십니다.

그러나 주님은 다윗이 말한 내용 중 어떤 것을 떼어내십니다. 그분이 그렇게 하셔야할 필요가 있었는데, 다윗이 "내가 나의 영을 주의 손에 부탁하나이다 진리의 하나님 여호와여 나를 속량하셨나이다"라고 말했기 때문입니다.

우리의 거룩한 주님은 속량되지 않으셨으며, 오히려 그분은 속량하시는 주체(the Redeemer)이셨기 때문입니다.

물론 그분은 "아버지 손에 내 영혼을 맡기나이다. 왜냐하면 내가 나의 백성들을 속량했기 때문입니다"라고 말씀하셨을 수도 있습니다. 그러나 그분은 그렇게 말씀하시기를 선택하지 않으셨습니다. 그분은 단지 자신에게 적합한 자신의 역할만을 취하셨고, 그 시편을 자신의 말씀으로 사용하셨습니다.

아버지, 아버지 손에 내 영혼을 맡기나이다.

오, 나의 형제들이여!

여러분은 결국 특히 기도 가운데 성경을 인용하는 것보다 더 나은 일을 할 수 없습니다. 하나님의 말씀으로 가득 찬 기도만큼이나 좋은 기도는 없기 때문입니다.

우리의 모든 언사가 성경 본문으로 풍미를 더하기를 기원합니다!

저는 그런 일이 더 많아지길 바랍니다. 그들은 우리의 청교도 선조들이 자신들의 자녀 이름을 위해 성경 단락에서 이름들을 그대로 가져왔다는 이유로 그들을 조롱했습니다.

그러나 나로서는 쓰레기 같은 소설에서 많은 것을 가져오기보다는 성경에 대해 많은 것을 말함으로써 조롱받는 것을 더 원합니다. 저는 내 입으로 말하기도 부끄럽지만 그 소설들은 수많은 설교들 속에 삽입되는 소설들로, 정숙한 사람들이 읽기에 어울리지 않는 소설들이 사람이 역사적 사건에 대하여 듣고 있는지 혹은 단지 허구 나부랭이를 듣고 있는지를 거의 분별할 수 없을 때까지 분칠한 소설들이 설교에서 인용되고 있습니다.

오 선하신 주님! 그 혐오스러운 일에서 우리를 구하소서!

따라서 여러분은 구세주께서 얼마나 잘 성경을 사용하셨는지를 보고 있습니다. 그리고 여러분은 광야에서의 사탄과의 그분의 첫 전투에서부터 십자가상의 죽음과의 그분의 마지막 투쟁까지, 그분의 무기는 항상, "기록되었으되"였음을 압니다.

이제, 저는 그 본문 자체에게 다가가려고 합니다. 그리고 저는 그 본문에 대하여 매우 짧은 시간 동안만 설교하려고 합니다.

첫째, 그렇게 하는 동안 십자가상의 이 마지막 외침이 제공하는 교리를 배우도록 합시다.

둘째, 그 의무를 행하도록 합시다.

셋째, 그 특권을 누리도록 합시다.

1. 십자가상의 이 마지막 외침이 제공하는 교리를 배우도록 합시다

우리 주 예수 그리스도의 이 마지막 말씀의 교리는 무엇입니까?
하나님은 그분의 아버지이시며, 우리 아버지이십니다. 스스로 "아버지"라고 부르셨던 그분은 자기 자신에 대하여 "우리 아버지"라고 말씀하시지 않았습니다. 왜냐하면 그 아버지는 우리의 아버지가 되시는 것보다는 보다 높은 차원의 의미에서 그리스도의 아버지이시기 때문입니다. 하지만 우리가 예수님을 믿는다면 진정 그분이 우리 아버지가 되시는 것과 그리스도 아버지가 되시는 것에는 큰 차이가 없습니다.

> 너희가 다 믿음으로 말미암아 그리스도 예수 안에서 하나님의 아들이 되었으니(갈 3:26).

예수께서 막달라 마리아에게 말씀하셨습니다.

> 내가 내 아버지 곧 너희 아버지, 내 하나님 곧 너희 하나님께로 올라간다 하라 하시니(요 20:17).

하나님께서 그분의 백성들에게 아버지가 되신다는 교리를 믿으십시오. 내가 전에 여러분에게 경고한대로, 하나님이 보편적으로 아버지가 되신다는 교리를 혐오하십시오.
그것은 거짓말이고, 치밀한 속임이기 때문입니다.

첫째, 이 말은 성경에서 가르치고 있는 양자됨(adoption)의 교리의 심장을 찌릅니다.

하나님은 사람들이 모두 이미 그분의 자녀라면 그들을 어떻게 양자로 입양하실 수 있겠습니까?

둘째, 그 말은 확실히 하나님의 말씀 안에서 가르쳐지고 있는 중생(regeneration)의 교리의 심장을 찌릅니다.

우리가 하나님의 자녀가 되는 것은 중생과 믿음에 의합니다.

그러나 우리가 이미 하나님의 자녀라면 그것이 어찌 가능하겠습니까?

> 영접하는 자 곧 그 이름을 믿는 자들에게는 하나님의 자녀가 되는 권세를 주셨으니 이는 혈통으로나 육정으로나 사람의 뜻으로 나지 아니하고 오직 하나님께로부터 난 자들이니라(요 1:12-13).

사람들이 이미 그분의 아들되는 권세를 갖고 있다면, 하나님은 그들에게 그 권세를 주실 수 있겠습니까?

마귀의 거짓말을 믿지 말고, 그리스도와 그리스도 안에 있는 살아있는 믿음으로 말미암은 모든 사람들이 하나님의 아버지 되심을 기뻐할 수 있다는 하나님의 이 진리를 믿으십시오.

셋째, 다음으로 이 교리를 배우십시오. 즉 이 사실 안에 우리의 가장 중요한 위로가 있다는 교리입니다.

우리가 곤경에 처할 때, 우리가 전쟁의 포화 속에 있을 때, "아버지"라고 말합시다.

여러분은 십자가상의 첫 번째 외침이 마지막 외침과 유사하다는 것을 알아차릴 것입니다. 가장 높은 어조는 가장 낮은 어조와 유사합니다. 예수님은 "아버지, 저들을 용서하옵소서"로 시작하여 "아버지, 내 영혼을 아버지 손에 맡기나이다"로 마치십니다.

용서와 같은 엄중한 의무 안에 있는 여러분을 돕기 위해서 외치십시오.

아버지!

쓰라린 고난과 죽엄의 고통 속에 있는 여러분을 돕기 위해, 외치십시오.

아버지!

여러분의 주요 힘은 여러분이 진정으로 하나님의 자녀된 바로 거기에 있습니다.

넷째, 다음의 교리를 배우십시오. 죽는다는 것은 우리 아버지가 계시는 집으로 돌아가는 것이다는 교리입니다.
그리 오래되지 않은 얼마 전에, 저는 옛 친구에게 말했습니다.
"옛 친구 아무개가 집으로 돌아갔다네."
저는 그가 세상을 떠났다는 것을 의미했습니다.
그는 말했습니다.
"그렇군. 그가 거기 말고 어딜 가겠나?"
저는 그것이 지혜로운 질문이라고 생각했습니다.
거기 말고 우리가 어디로 가야합니까?
우리가 노년이 되었을 때, 그리고 우리 평생의 일이 마쳐졌을 때, 우리가 집 말고 어디로 가야하겠습니까?

그리하여 그리스도께서 "다 이루었다"고 말씀하셨을 때, 그분의 다음 말씀은 당연히 "아버지"였습니다. 그분이 자신의 지상 여정을 마치셨기에, 이제는 그분은 하늘로 집으로 가시려는 것입니다. 아이가 피곤하여 잠이 들고 싶을 때, 어머니의 품으로 달려가는 것처럼, 그분이 죽음 안에서 잠들기 전에 말씀하십니다.

아버지!

다섯째, 또 하나의 교리를 배웁시다. 하나님이 우리의 아버지시라면, 그리고 우리가 우리 스스로를 우리가 죽게 될 때, 우리가 그분께 가기 때문에 집으로 돌아가는 것으로 간주한다면, 그분이 우리를 영접해주실 것이라는 교리입니다.

우리가 우리 영혼을 하나님께 의탁할 수 있다는 암시도 없지만, 그럼에도 하나님은 우리를 받아주시지 않으실 것이라는 아무런 암시가 없습니다. 빗발치던 돌덩이들 아래서 스데반이 어떻게 외쳤는지를 기억하십시오.

주 예수여, 내 영혼을 받아주시옵소서.

우리가 어떻게 죽든지 우리의 마지막 표현은 아닐지라도 이것이 우리의 마지막 감정이 되게 합시다.

아버지 내 영혼을 받아주시옵소서.

우리의 하늘에 계신 아버지께서 그분의 자녀들을 받아주시지 않겠습니까?

여러분이 악할지라도 해질 녘에 여러분의 자녀들이 집에 들어와 잠을 자려고 할 때, 여러분이 그들을 받아준다면, 하늘에 계신 여러분의 아버지가 여러분의 인생의 일과가 끝마쳐졌을 때, 여러분을 받아주시지 않겠습니까?

그것이 우리가 십자가상의 이 마지막 외침으로부터 배워야할 교리입니다. 하나님의 아버지 되심과 그 사실에서 비롯된 신자들에게 주어지는 모든 은혜 말입니다.

2. 그 의무를 행합시다

첫째, 그 의무는 내게 있어서, 우선 체념으로 인한 위탁으로 보입니다.

어떤 것이 여러분으로 놀라게 하고 걱정거리가 되게 한다면 언제든지, 여러분 스스로를 포기하고 하나님께 위탁하십시오.

"아버지, 아버지의 손에 내 영혼을 맡기나이다"라고 말하십시오.

파버(Faber)와 함께 노래하십시오.

> 오, 하나님, 저는 당신의 뜻에 나를 굴복시킵니다.
> 그리고 당신의 모든 길을 찬송합니다.
> 그리고 내가 사는 모든 날 동안
> 저는 더욱 더 당신을 기쁘시게 하길 추구할 것입니다.

둘째, 기도의 의무를 배우십시오.

여러분의 심한 고뇌 속에 처할 때, 여러분이 마음 뿐 아니라 육체의 쓰라린 비애와 고통으로 둘러싸일 때, 계속 기도하십시오.

"우리 아버지" 부르는 일을 멈추지 마십시오.

여러분의 외침이 공중에 흩어지게 하지 마십시오.

여러분의 신음이 의사 혹은 여러분의 간호사를 향하지 않도록 하십시오. 외치십시오!

아버지!

아이가 길을 잃었을 때에 소리쳐 울지 않습니까?

밤에 흑암 속에 혼자 있는 방에서 갑자기 깬다면, 아이는 "아버지"라고 외치지 않습니까?

그리고 그 외침은 아버지의 마음을 울리지 않습니까?

여기에 결코 하나님께 외쳐보지 않은 사람이 있습니까?

여기에 "아버지"라고 결코 말해본 적이 없는 사람이 있습니까?

그때, 나의 아버지께서는 그들의 마음속에 당신의 사랑을 넣어주시고 그들로 오늘밤 "내가 일어나, 내 아버지께로 가리라"하고 말하게 하십니다. 그 외침이 여러분의 마음 속에 그리고 여러분의 입술 위에 있다면, 여러분은 진정 하나님의 자녀들로 알려지게 될 것입니다.

셋째, 우리 스스로를 믿음으로 하나님께 의탁하는 것입니다.

여러분 자신을 하나님께 복종시키십시오.

여러분을 하나님께 의탁하십시오.

매일 아침 여러분이 일어날 때, 스스로에게 말하십시오.

그리고 여러분을 하나님의 보호 감독 아래 두십시오.

말하자면, 하나님의 보호라는 보관함 속에 여러분을 문을 잠그고 가두어 두십시오.

그리고 매일 밤 여러분이 그 보관함을 열었을 때, 여러분이 잠들기 전에, 그 보관함을 다시 잠그고, 여러분의 얼굴에 죽음의 이미지가 있을 때에도 여러분을 지키실 수 있는 하나님의 손에 그 열쇠를 맡기십시오.

여러분이 잠들기 전, 여러분을 하나님께 의탁하십시오.

내가 말하고자 하는 것은 여러분을 두렵게 할 아무것도 없을 때, 모든 것이 순조로울 때, 남풍이 살랑살랑 불어올 때, 돛단 배가 원하는 항구를 향하여 속도를 낼 때, 그 일을 행하고, 더욱이 당신의 평안함으로 당신 자신을 고요하게 만들지 마십시오.

혼자서 자기를 조각하는 사람은 손가락을 벨 것이고, 자신에게 상처를 입히며, 빈 접시만을 갖게 될 것입니다 하나님이 그를 위하여 조각하시도록 맡긴 사람은 그 앞에 놓인 자주 영양이 풍부한 음식을 들게 될 것입니다. 당신이 하나님을 신뢰할 수 있다면, 하나님은 당신이 아직 알지 못하는 방식으로 당신의 신뢰에 대해 보상하실 것입니다.

넷째, 하나님의 임재를 개인적으로 그리고 계속적으로 깨닫는 의무입니다.

아버지, 아버지의 손에 내 영혼을 맡기나이다. 아버지는 여기에 계십니다. 저는 아버지가 계심을 압니다. 저는 당신이 여기에 슬픔의 시간에, 위험의 순간에 계심을 깨닫습니다. 그리고 저는 내 자신을 아버지의 손에 둡니다. 어떤 사람이 나를 공격하였을 때, 내가 내 자신을 경찰 혹은 군인의 보호 아래 두려는 것과 마찬가지로, 저는 나를 당신께 의탁합니다. 아버지는 보이지 않는 밤의 보호자(Guardian)이시고 낮 시간에 결코 지치지 않는 후견인(keeper)이 되시기 때문입니다. 아버지는 전쟁의 날에 나의 머리를 덮어주실 것입니다. 병아리가 암탉이 날개 아래 숨듯이, 저는 당신의 날개 아래 당신을 믿고 의지합니다.

그렇다면 여러분의 의무를 보십시오.
그것은 하나님께 여러분을 맡기는 것이며, 그분께 기도하는 것이며, 여러분을 하나님께 의탁하는 것이고, 하나님의 임재를 느끼면서 안식하는 것입니다.
하나님의 성령께서 이것들과 같은 그토록 귀한 의무들을 실행함에 있어 여러분을 도우시길 기원합니다!

3. 이제 마지막으로 그 특권들을 누리도록 합시다

첫째, 모든 위험과 고통의 시간에 하나님 안에서 안식하는 고차원적 특권을 누립시다.
의사가 당신에게 수술을 받아야 한다고 말했다면, 말씀드리십시오.

아버지, 아버지의 손에 내 영혼을 맡기나이다.

여러분의 연약함, 혹은 여러분의 질병이 여러분 위에 가중되어 머지않아 여러분이 병상에 매여 그곳에서 많은 날 동안 누워 있어야할 개연성은 상존합니다.
그 때 말씀드리십시오.

아버지, 아버지의 손에 내 영혼을 맡기나이다.

초조해하지 마십시오.
그것은 아무런 도움이 되지 않기 때문입니다.
미래를 두려워하지 마십시오.
그것이 여러분을 돕지 않을 것이기 때문입니다.
여러분을 위하여 찢기신 그 고귀한 손의 돌보심에 그리고 여러분을 속량을 위해 값을 치루기 위해서 창으로 구멍이 뚫린 그 존귀함 심장의 사랑에 여러분을 맡기십시오.
그렇게 하는 것이 여러분의 특권입니다.
최악의 순간에 있는 남성 혹은 여성에게 하나님께 주실 수 있는 영혼의 안식이 얼마나 놀라운지요!
오! 순교자들 가운데 몇몇이 죽음의 순간에 어떻게 노래하였던가!
그들은 매우 고통스러울 때 어떻게 기뻐하였던가!
보너(Bonner)가 순교자들을 가두었던, 풀럼(Fullham)에 있는 강 건너 편 석탄 저장고는 추운 겨울밤에 눕기에는 비참한 장소였습니다. 그러나 그들은 말했습니다.

그들이 석탄 저장고에 누웠을 때, 그 사람들이 하늘로부터 울리는 가장 아름다운 노래로 그들을 깨웠습니다. 보너가 "제기랄! 저렇게 시끄럽게 굴다니!" 라고 말했을 때, 그들은 그에게 그가 그들처럼 행복하다면, 그 역시도 그러한 소음을 만들어낼 것이라고 말했습니다.

여러분이 자신의 영혼을 하나님께 맡길 때, 위험과 고통의 시간에 달콤한 안식을 취하게 됩니다.

둘째, 죽음의 시간에, 혹은 죽음을 두려워할 때 갖는 용감한 확신에 대한 특권입니다.

저는 지난 화요일 밤 긴 시간 동안 그 특권을 사용함으로써 이 본문에 대하여 생각해보도록 이끌림 받았습니다. 아마도 여러분 가운데 어느 누구도 지난 화요일 밤을 잊지 못할 것입니다.

저는 내가 므두셀라 만큼이나 오래 살 수 있다면 하고 생각해본 적이 없습니다. 이 장소로부터 우리 집까지 도달하기까지 내게는 한 장으로 연결된 것처럼 보이는 화재가 발생했습니다. 내가 가면 갈수록, 번개의 섬광이 더욱 선명해졌습니다. 그러나 내가 마침내 레이함 코트 로드(Leigham Court Road)에 도착했을 때, 번개가 하늘로부터 세워진 막대기들 마냥 내려쳤고, 마침내 내가 그 언덕 꼭대기에 도달했을 때, 가장 깜짝 놀라게 할 정도 큰 소리로 벼락이 내려치면서 우박 소나기가 떨어졌습니다. 그 우박에 대해서는 감히 묘사하지 않겠습니다.

여러분이 내가 과장하고 있다고 생각할 수 있기 때문입니다. 그리고 그 때 저는, 그리고 나와 함께 있던 친구는 우리가 살아서 집에 돌아가길 기대할 수 없을 정도의 심각한 상황이었습니다. 우리는 그 폭풍우의 정확한 중심부와 정점에 있었습니다.

우리 주위의 모든 곳, 모든 방향, 그리고 우리 내부에 있던 모든 곳에는 단지 전기가 흐르는 것 외에는 아무 것도 존재하지 않는 것처럼 느껴졌습니다. 그리고 하나님의 오른 팔이 전쟁을 위해 온전히 드러난 것처럼 보였습니다.

그 때에 저는 느꼈습니다.

"음, 이제 저는 진정 집으로 돌아가게 되는 것 같군."

그리고 저는 내 영혼을 하나님께 맡겼습니다. 그리고 그 순간부터 비록 내가 천둥소리와 번개의 섬광을 많이 즐겼다고 말할 수는 없을지라도, 그럼에도 저는 바로 이 순간 내가 여기에서 느끼는 것 만큼이나 꽤 많은 평정심을 유지할 수 있었습니다. 아마도 수많은 사람들 앞에 설 때 내가 느끼는 것보다 조금은 더 깊은 평정심이 아니었을까 싶습니다.

짧은 순간이었지만, 내가 지상에서 배울 수 있었던 모든 것보다 그 짧은 순간에 더 많이 이해할 수 있었고, 내가 여기에서 일백 년을 살면서 보길 희망하는 것보다 더 많은 것은 그 순간에 볼 수 있다는 생각해 행복했었습니다.

저는 단지 내 친구에게 말할 수 밖에 없었습니다.

"우리 자신을 하나님께 의탁함세. 우리는 지금껏 우리 안에서 발생한 우리의 의무를 다 해왔다는 알고 있고, 우리에게는 만사형통한 셈이지."

따라서 우리는 단지 곧 하나님과 함께 있을 수 있다는 전망 속에 함께 기뻐할 따름이었습니다. 우리는 불의 전차로 집으로 데려가지지 않았습니다. 우리는 여진히 우리 일생의 사역을 계속 하도록 조금 더 생명이 연장되었습니다.

그러나 저는 모든 것이 마쳐졌을 때 가질 수 있는 그 즐거움을 깨달았습니다. 그 때는 아무런 소원도, 그 어떤 의지도, 그 어떤 말도 없고 기도도 거의 하지 못하겠지요. 다만 우리의 마음을 들어, 위대한 보관되시는 분께 다음과 같이 말씀드릴 것 밖에 없습니다.

> 아버지, 나를 돌보아 주세요. 나로 살게 하옵소서. 그리하여 나로 죽게 하옵소서. 이후로는 그 어떤 소원도 갖지 않겠습니다. 그저 아버지께서 기뻐하시는 일을 행하옵소서. 아버지의 손에 내 영혼을 맡기나이다.

그리고 우리의 심장을 맡기는 것 밖에 할 일이 없을 것입니다.

이 특권은 위험 속에서 안식을 취하게 되고, 죽음을 전망하면서도 확신을 갖게 되는 특권일 뿐 아니라, 온전한 기쁨으로 충만하게 되는 것입니다.

사랑하는 이들이여!

우리가 어떻게 우리 자신을 하나님의 손에 의탁하는지를 알게 된다면, 우리가 들어가게 될 그 장소는 어떠하겠습니까!

들어가게 될 그 장소, 곧 하나님의 손 안은 어떠하겠습니까!

[하나님의 손 안에는] 무수한 별들이 있고, 우주 자체가 있습니다. 하나님의 손은 우주의 영원한 기둥을 붙들고 계시며, 그 기둥들은 무너지지 않습니다.

우리가 하나님의 손 안에 들어가게 된다면, 우리는 만유가 안식하는 곳에 들어가게 되며, 우리는 집과 행복을 갖게 됩니다. 우리는 피조물의 무(nothingness)에서 나와 창조주의 모든 충족 상태 속으로 들어갑니다.

오, 그곳으로 가십시오.

그곳에 도착하도록 서두르십시오.

사랑하는 친구들이여!

지금부터 하나님의 손 안에서 사십시오.

다 이루었다.

여러분은 다 이루지 않았습니다. 그러나 그리스도께서는 다 이루셨습니다. 모든 것이 끝났습니다. 여러분이 해야만 하는 일은 단지 그리스도께서 이미 여러분을 위해 완수하신 일을 이루는 것이며, 그 일을 여러분의 삶 안에서 사람들의 아들들에게 보이는 것입니다.

그리고 모든 것이 완수되었기 때문에, 그러므로 말하십시오.

이제, 아버지, 저는 아버지께로 돌아갑니다. 지금부터 나의 삶은 당신 안에 있게 될 것입니다. 나의 기쁨은 만유(All in all)의 존재 안에 있는 무(nothing)를 피하는 것이며, 죽어 영원한 생명 안으로 들어가는 것이고, 나의 에고(ego)를 여호와 안에 침잠시키는 것이며, 나의 인간됨, 나의 피조물된 성격을 단지 창조주를 위해 살게 하고, 오직 창조주의 영광을 확증하는 것입니다.

오, 사랑하는 이들이여!
내일 아침에 시작하여 오늘 밤에 "아버지, 아버지 손에 내 영혼을 맡기나이다"와 함께 끝냅시다.
주님의 여러분 모두와 함께 하시길!
오, 여러분이 결코 기도한 적이 없다면, 하나님께서 여러분이 이제 기도를 시작하도록 도와주십니다.
예수 그리스도 이름으로 기도합니다. 아멘!

Sermons on Cries from the Cross

제10장
우리 주님의 죽음의 기적들

> 예수께서 다시 크게 소리 지르시고 영혼이 떠나시니라 이에 성소 휘장이 위로부터 아래까지 찢어져 둘이 되고 땅이 진동하며 바위가 터지고 무덤들이 열리며 자던 성도의 몸이 많이 일어나되 예수의 부활 후에 그들이 무덤에서 나와서 거룩한 성에 들어가 많은 사람에게 보이니라
> (마 27:50-53).

우리 주님의 죽음은 경이로움으로 둘러싸인 불가사의한 세트입니다. 주님의 죽음은 우리에게 보석들로 둘러싸인 극상품 보석을 연상시킵니다. 주위를 도는 행성들 중심에 있는 태양이 멀리서 그 모든 행성들을 비추는 것처럼, 그리스도의 죽음도 그 때에 발생했던 기적들보다 더 경이롭습니다.

하지만 태양을 본 후에는, 우리는 행성들을 연구하는 일을 즐거워합니다. 마찬가지로 그리스도의 독특한 죽음을 믿고, 십자가에 달리신 그분을 신뢰하게 된 후에는, 우리는 본문 안에 언급된 네 개의 행성처럼 움직이는 그 경이로움들을 상세하게 살펴보는 즐거움을 추구하게 됩니다. 그 행성처럼 움직이는 경이로움들은 우리 주님 자신의 죽음이라는 위대한 태양을 돌고 있습니다.

그 네 가지 경이로움은 다음과 같습니다.

첫째, 성전의 휘장이 둘로 갈라진 일
둘째, 땅에 지진이 발생한 일
셋째, 바위들이 갈라진 일
넷째, 무덤들이 열린 일

1. 우선 이 경이들 중 첫 번째 것으로 시작합시다. 오늘날 그 내용을 확대할 수는 없습니다. 그럴 여력이 없습니다. 저는 단지 여러 생각들을 제안할 뿐입니다

찢어진 휘장 혹은 열려진 신비들을 생각해봅시다.
그리스도의 죽음으로 성전의 휘장이 위로부터 아래로 찢어져 둘이 되었습니다. 그리고 수많은 세대 동안 가장 거룩한 장소 안에 감추어졌던 신비들이 모든 신자들이 볼 수 있도록 공개되었습니다.
밀하자면, 그리스도의 신성의 정점에서 시작하여 그리스도의 인성의 가장 낮은 부분에 이르기까지 내려가는 형국으로, 휘장이 찢어진 것입니다. 그리고 모든 것이 모든 영적인 눈 앞에 드러난 것입니다.

1) 이것은 죽음 후의 그리스도의 첫 번째 기적이었습니다

생전의 그리스도의 첫 번째 기적은 중요하였고 우리에게 많은 것을 가르쳐주었습니다. 그분은 물을 포도주로 바꾸셨습니다. 그것은 그분이 모든 평범한 삶을 들어 보다 고차원적 삶으로 올려주시고, 그분과 분리될 수 없었을 권세와 부드러움(sweetness)을 모든 진리 안에 두시는 것을 보여주려는 것 같았습니다.

그러나 그분의 죽음 후의 첫 번째 기적은 그의 생전의 첫 번째 기적보다 우위에 서는데, 여러분이 기억할 수만 있다면, 그 생전의 첫번째 기적은 그분이 계신 곳에서 행해졌기 때문입니다. 그분은 거기 계셨고, 물을 포도주로 바꾸셨습니다.

그러나 인간으로서의 예수는 성전에 계시지 않았습니다. 그 기적은 그분이 부재하신 상황에서 행해진 것입니다. 그리고 그 기적은 그 경이로움을 강화시킵니다. 그 사건들은 모두 동등하게 기적적입니다.

그러나 이 두 번째 기적에는 좀 더 놀랄만한 감동이 있습니다. 그분은 말씀하여 휘장으로 둘로 찢어지게 하기 위해서 그곳에 계시지 않았습니다. 그분의 영혼은 그분의 몸에서 떠나갔고, 그분의 몸도 그분의 영혼도 지극히 높으신 하나님의 성전의 그 은밀한 장소에 계시지 않았습니다. 하지만 그분은 멀리서, 훌륭하게 짜여지고 탁월한 솜씨가 발휘된 아마천으로 만들어진 두꺼운 휘장을 찢어지게 만드는 것으로 충분했습니다.

물을 포도주로 만드는 기적은 개인적인 집에서, 가족들과 가족의 친구들과 다름없는 제자들 앞에서 행해졌습니다. 그러나 이 경이로운 일은 하나님의 성전 안에서 행해졌습니다. 그 기적에는 독특한 신성함이 있었습니다. 그 기적은, 거룩한 예배의 중심이자 하나님의 거처인, 지극히 두렵

고 신비스러운 장소에서 행해진 놀라운 행동이었기 때문이었습니다.

보십시오!

그분은 돌아가셨고, 하나님의 존귀한 성소의 바로 그 문 앞에서 그분은 휘장을 둘로 찢으셨습니다. 이 기적에 대해서는, 여호와 하나님 앞에서 행해진 것으로서의 엄숙함이 있습니다. 그 엄숙함은 내가 언어로 표현할 수 없는 것이나, 여러분은 여러분 영혼 안에서 느낄 수 있습니다.

또한 이 기적이 구세주에 의하여 그분의 죽음 후에 행해졌으며 이는 그 기적을 매우 놀라운 빛 안에서 규정한다는 것을 잊지 마십시오.

그분은 죽음의 순간에 휘장을 찢으셨습니다. 예수님은 돌아가셨습니다.

그리고 성전의 휘장이 둘로 찢어진 것을 보십시오.

30년 동안 그분은 스스로 그분의 인생 가운데 첫 기적을 준비하셨던 것처럼 보입니다. 그분은 숨이 멈추어가는 순간, 죽음 후에 그분의 첫 번째 기적을 행하셨습니다. 그분의 영혼이 그분의 몸으로부터 떠났을 때, 우리의 거룩한 주님은 동시에 그분의 아버지의 상징적 집의 큰 휘장을 거머쥐었고, 둘로 찢으셨습니다.

  2) 죽음 후의 이 두 번째 기적은 우리가 엄숙한 살피지 않고서는 지나칠 수 없는 그러한 장소에서 위치해 있습니다

그 기적은 매우 중요한 것으로, 내가 하나님이 결정하신 새 세대(new dispensation)라고 부를 수 있는 시대를 시작하였습니다. 물을 포도주로 바꾸는 기적은 그분의 공생애를 시작하였고, 그 시대의 핵심을 설정하였습니다. 이 기적은 죽음 후의 그분의 사역을 시작하였고 그 사역을 특징짓

습니다.

그 기적의 의미는 무엇일까요?

그 기적은 그리스도의 죽음이 제시하는 비밀들에 대한 계시와 설명을 의미하지 않을까요?

의식법들(ceremonial laws)의 모든 유형과 그림자들을 사라지게 하십시오. 그것들은 성취되었고 그리스도의 죽음 안에서 설명되었기 때문에 그것들로 사라지게 하십시오.

주 예수의 죽음은 모든 진정한 철학의 핵심입니다. 하나님께서 육체가 되셨고 인간을 위하여 죽으셨습니다. 그것이 신비를 설명할 수 없다면, 그 죽음은 설명될 수 없습니다. 여러분 손 안에 있는 이 실타래로, 여러분이 인간사에 발생하는 미로를 따라갈 수 없다면, 그리고 하나님의 위대한 목적을 배울 수 없다면, 여러분은 그 미로를 전혀 따라갈 수 없습니다. 그리스도의 죽음은 위대한 휘장을 찢는 이(veil-render)이시며 비밀들의 위대한 계시자입니다.

그리스도의 죽음은 또한 입구를 여는 위대한 개시자(opener)입니다. 예수께서 죽으시면서 휘장을 찢기 전까지는 그 성소 안에 들어가는 길이 없었습니다. 만유의 가장 거룩한 장소로 들어가는 길은 그분이 죽기 전까지는 명확하지 않았습니다. 여러분이 하나님께 나아가길 원한다면, 그리스도의 죽음이 그분께 나아가는 길입니다.

만일 여러분이 어떤 피조물이 자신의 창조주께 가장 가까이 나아가고 그분과 나눌 수 있는 가장 가까운 교제를 원한다면, 보십시오.

그리스도의 희생이 여러분에게 그 길을 보여줍니다. 예수님은 "내가 곧 길이요"라고 말씀하실 뿐 아니라, 휘장을 찢으시면서 그 길을 만드십니다. 그분의 육체의 휘장이 찢어짐으로 하나님께 나아가는 길이 모든 믿는 영혼들에게 가장 선명해졌습니다.

　더욱이, 십자가는 모든 장애물들을 제거합니다. 죽음으로 그리스도는 휘장을 찢으셨습니다. 그 때에 그분의 백성들과 하늘 사이에는 아무런 장애도 남지 않게 되었습니다. 혹 어떤 장애, 곧 여러분이 두려워하여 어떤 장애를 만들어낼지라도, 휘장을 찢으신 그리스도께서 계속하여 그 장애를 박살내버실 것입니다.

　그분은 황동 문을 깨뜨리시고 철 빗장을 산산조각 내십니다.

　보십시오.

　그분이 죽으실 때에 이렇습니다.

> 길을 여는 자가 그들 앞에 올라가고 … 여호와께서는 선두로 가시리라
> (미 2:13).

　그분은 길을 내시면서 그 길을 깨끗이 하십니다. 그리고 그분의 선택받은 백성들이 하나님의 영광스러운 보좌에 이를 때까지 그분을 따를 것입니다.

　이것은 우리가 지금 영향 받고 살고 있는 시대정신(spirit of dispensation)에는 매우 중요합니다. 장애들이 제거되었습니다. 난관들이 해소되었습니다. 하늘이 모든 신자들에게 열렸습니다.

3) 그것은 그리스도다운 기적이었습니다

　잠시 멈추어 여러분의 죽어가시는 주님을 찬양하십시오.

　그분은 그러한 기적으로 그분의 죽음을 돋보이게 하지 않으십니까?

그 기적은 그분의 불멸성을 증명하지 않습니까?

그분이 죽음 안에서 머리를 떨구신 것은 사실입니다. 그분의 아버지의 뜻에 순복하여, 그분의 죽음의 시간이 다가온 것을 알았을 때, 그분은 기꺼이 감당하는 묵종 아래 머리를 떨구십니다. 그러나 여러분이 그분이 돌아가셨다고 말하는 순간, 그분은 성전의 휘장을 찢으십니다.

그분이 죽으셨을지라도, 그분 안에는 영생(immortality)이 존재하지 않습니까?

그분이 어떤 능력을 가지셨는지를 보십시오.

그분의 손은 못 박혔습니다. 그분의 옆구리는 창으로 찔리고 있습니다. 그분이 거기에 매달려 계실 때, 그분은 군인들의 모욕에 스스로를 보호하실 수 없었습니다. 그러나 그분은 자신의 가장 약함 속에서 위로부터 아래까지 성전의 두꺼운 휘장을 찢으실 만큼 강하셨습니다.

그분의 지혜를 보십시오.

이 아침에 그 행동을 영적으로 볼 때, 그분은 우리에게 모든 지혜를 열어주시고, 하나님의 비밀들을 노출시키십니다. 모세가 자신의 얼굴에 둘렀던 수건을 그리스도께서 그분의 죽음의 순간에 제거하셨습니다 그분이 죽어가실 때 진정한 지혜되시는 분이 모든 신자들의 눈을 가리워서 지고(至高)의 진리를 숨겼던 그 휘장을 찢으심으로써 그분의 가장 위대한 설교를 선포하십니다.

사랑하는 이들이여!

예수님께서 죽음 안에서 우리를 위하여 이 일을 하셨다면, 확실히 우리는 그분의 생명으로 구원받을 것입니다. 돌아가셨던 예수님이 살아계시고 우리는 그분이 우리를 "손으로 만들지 아니한 성소"로 인도하실 것을 믿습니다.

내가 두 번째 경이로 넘어가기 전에, 저는 아직 구세주를 알지 못하는 여기 계신 모든 사람을 진지하게 그분의 죽음에 수반된 기적들을 상고하고 우리 죄를 위하여 자신의 목숨을 내려놓은 그분이 어떤 종류의 사람이었는가를 판단하도록 초대합니다.

2. 이제 두 번째 경이로 넘어갑시다 – "땅이 진동하며"

움직일 수 없는 것이 그리스도의 죽음으로 흔들렸습니다. 그리스도는 땅에 손대지 않으셨습니다. 그분은 십자가 위에 땅에서 들려져 있었습니다. 그분은 죽어가고 계셨고, 그분의 권세를 일시 중지시킨 상태에서 죽음의 행동 가운데 그분은 자신의 발 아래 있는, 소위 "견고한 지구"로 불리는 땅 자체가 흔들리게 하셨습니다.

그 경이는 무엇을 가르칩니까?

첫째, 그 사건은 첫째로 물리적 우주가 자신의 운명인 마지막 가공할 진동을 미리 느끼고 있음을 의미하지 않았겠습니까?

그리스도께서 지상 위에 다시 임하실 그 날이 다가올 것입니다. 그리고 머지않아, 닳아 없어진 의복처럼, 존재하는 만물이 심하게 으깨어질 것입니다. 한 번 더 그분은 말씀하실 것이고, 그 후에는 그분은 땅 뿐 아니라 하늘도 진동시키실 것입니다. 흔들릴 수 없는 것들은 남아 있을 것이나, 이 땅은 흔들릴 수 없는 것들 속에 포함되지 않습니다. 땅은 놓인 그 자리에서 벗어나게끔 흔들리게 될 것입니다.

물질이 뜨거운 불에 풀어지고 땅과 그 중에 있는 모든 일이 드러나리로다(벧후 3:10).

그분 앞에서 아무것도 설 수 없을 것입니다. 그분만이 존재하십니다. 그분 얼굴 앞에서는 두려움으로 모든 사람들이 떨게 될 것이고 하늘과 땅도 달아날 것입니다. 그리하여 그분이 죽으셨을 때, 땅은 자신의 운명을 예감한 것으로 보이며, 그분 앞에서 진동하였던 것입니다.

다시 사신 그 분이 하나님의 모든 영광과 함께 오실 때, 땅의 진동이 어떠할까요!

청중 여러분!

여러분이 구세주 없이 다음 세상에서 깨어나야 한다면, 여러분은 어떻게 떨게 될까요?

그분이 의로 세상을 심판하기 위해서 오시고, 여러분이 경멸했던 구세주의 얼굴을 대면해야 하는 그날에 여러분은 어떤 모양으로 떨게 되겠습니까?

그것에 대해 생각해 보십시오!

저는 여러분을 위해 기도합니다.

둘째, 영적 세상이 그리스도의 십자가에 의해 감동받은 이 기적 또한 그것을 의미하지 않았을까요?

그분은 십자가 위에서 죽으셨고 물질 세상을 흔드셨습니다. 이는 그분의 죽음이 악한 자에게 속한 세상을 흔들 것이고 도덕적 왕국 안에서 격동을 일으킬 것이라는 예언으로 작용하였습니다.

형제들이여, 이것에 대해 생각해 보십시오.

우리는 스스로 말합니다.

"우리가 어떻게 세상을 움직일 수 있을까?"

사도들은 그 질문을 묻지 않았습니다. 그들은 자신들이 선포한 복음을 믿었습니다. 그들의 설교를 들었던 이들은 그 확신을 보았습니다. 그리고 그들이 입을 열었을 때, 사람들은 말했습니다.

천하를 어지럽게 하던 이 사람들이 여기도 이르매(행 17:6).

사도들은 단순히 복음의 선포만으로도 세상을 흔들 수 있음을 믿었습니다. 저는 여러분에게 동일한 것을 믿도록 간청합니다. 이 런던은 거대 도시입니다.

우리가 이 도시에 어떻게 영향을 끼칠 수 있습니까?

중국, 인도, 아프리카. 이곳들은 방대한 지역입니다.

그리스도의 십자가가 그들에게 효력을 가질까요?

그 답은 "예"입니다.

내 형제들이여!

복음은 땅을 진동시켰고, 복음은 인류의 큰 무리를 진동시킬 것이기 때문입니다. 우리가 그 믿음을 가지고만 있다면, 그리고 말씀의 선포와 함께 인내를 유지한다면, 아버지 하나님께 영광이 되도록 예수님의 이름이 모든 사람들에게 알려지게 되고, 모든 사람이 그분 앞에 무릎 꿇게 되며, 모든 혀가 그분이 그리스도이심을 고백하게 되는 것은 단지 시간의 문제일 뿐입니다. 십자가 아래의 땅이 진동했습니다. 그 땅은 다시 흔들리게 될 것입니다.

주 하나님은 그 일로 찬양받으시길!

그리스도에 대한 단순한 선포가 이런 일을 할 수 있다는 것이 불가능해 보이지 않습니까?

그렇지 않나요?

그리고 따라서 어떤 사람들은 그리스도에 대한 선포에다가 음악과 건축 등의 모든 도움을 연결해야 한다고 생각합니다. 그러나 저는 그리스도의 십자가가 인간의 고안물들로 뒤덮이기까지 인간의 지혜 아래 부수어지고 매장된 또 무엇이 있는지 알지 못합니다.

그러나 땅을 진동시킨 것은 무엇이었습니까?

단지 우리 주님의 죽음 뿐, 그 어떤 인간의 능력이나 지혜는 더해지지 않았습니다. 주님의 죽음은 그토록 엄청난 결과를 낳는다는 것이 매우 부적절한 수단으로 보입니다. 그러나 그것으로 충분했습니다.

> 하나님의 어리석음이 사람보다 지혜롭고 하나님의 약하심이 사람보다 강하니라(고전 1:25).

그리고 자신의 바로 그 죽음 안에서 그리스도는 그분의 발 아래 있는 땅을 진동시키기에 충분하셨습니다.

자 이제 와서 우리가 참전하고 있는, 복음 외에는 아무런 무기를 사용하지 않는, 도끼가 아닌 십자가만 사용하는 전투에 잘 만족하도록 합시다.

우리가 그 옛 이야기를 믿을 수만 있다면, 옛 이야기는 인간으로 하나님과 화해시키는 것으로 말해질 필요가 있는 유일한 이야기입니다. 예수님은 죄인들을 대신하여 죽으셨습니다. 의인이 불의한 자를 대신하여 죽으셨고, 그 하나의 행동 안에 하나님의 은혜와 공의가 장엄하게 드러난 것입니다. 우리는 단지 이것만을 지킬 수 있다면, 우리는 우리의 승리자 되시는 주님에게 신속하게 다가가는 승리를 볼 수 있을 것입니다.

저는 두 번째 기적을 떠납니다. 그 기적 안에서 여러분은 땅의 진동 속에서 움직일 수 없는 것이 흔들림을 보게 됩니다.

3. 세 번째 기적에 있는 단지 두 세 개의 암시-"바위들이 터졌다"

저는 바로 오늘까지 지극히 범상치 않는 종류의 바위가 터진 현상의 어떤 표식들이 예루살렘에 있다고 들어왔습니다. 여행자들은 그 표식들은 보통 지진 혹은 다른 어떤 원인으로 생겨난 종류의 것은 아니라고 말했습니다. 그것에 대해서는 저는 말을 한다 해도 조금만 할 것입니다.

그러나 예수님께서 죽으실 때, 그분의 영혼이 그분의 몸에서 찢겨나갈 때, 성전의 휘장이 둘로 찢겨질 때처럼, 모든 것 중 가장 견고한 구조물인 땅의 바위로 된 부분이 한 순간에 큰 구멍이 뚫리고 틈이 벌어진 것은 놀라운 일이었습니다.

이 기적이 우리에 보여주는 것은 무감각한 존재를 깜짝 놀라게 하는 것 외에 무엇이겠습니까?

무엇이라고요?

바위들이 느낄 수 있나요?

하지만 그리스도의 죽음을 목격한 그들은 찢어섰습니다. 사람들의 마음은 죽어가시는 구속주의 고통스러운 외침에도 반응하지 않았습니다. 그러나 바위들은 반응하였습니다. 바위들은 터졌습니다. 그분은 바위들을 위하여 돌아가시지 않았습니다. 하지만 바위들은 사람들의 마음 보다 더 부드러웠습니다. 주님은 그 사람들을 위해 그분의 피를 흘려주셨지만,

그들은 반응하지 않았던 것입니다.

> 그 이유로 만유가 동일한 징조를 보여주었건만,
> 이 나의 무감각한 마음이여.

라고 말한 시인은 진실을 말한 것입니다. 바위들은 찢어질 수 있습니다. 그러나 어떤 사람들의 마음은 십자가를 보고도 찢어지지 않습니다. 그러나 사랑하는 이들이여!

여기에 보여질 수 있는 요점이 있습니다. 완고함과 고집이 그리스도의 죽음에 의하여 정복당할 것라는 요지입니다. 여러분은 죽음에 관하여 어떤 사람에게 설교할 수 있습니다. 그리고 그는 죽음의 확실성과 엄중성에도 떨지 않을 수 있습니다.

그러나 당신으로 그것으로 그를 시험해볼 수 있습니다. 여러분은 어떤 사람에게 지옥에 대해 설교할 수 있습니다. 그러나 그는 주님의 심판에 관하여 그의 마음을 바로처럼 강퍅하게 할 수 있습니다.

그러나 그 심판으로 그를 시험해보십시오.

사람을 움직일 수 있는 모든 것이 사용되어야 합니다. 그러나 가장 고집세고 가장 완고한 것에 영향을 끼치는 것은 하나님의 위대한 사랑이며, 그리하여 주 예수 그리스도의 죽음 안에서 그 사랑이 그토록 이상하게 보이는 것입니다. 저는 그것이 그리스도의 죽음이 미치는 영향에 대해 보여주기 위해 오래 시간을 들이지 않을 것입니다.

그러나 저는 그 영향이 그렇게 미침을 여러분에게 상기시킬 것입니다. 우리들 중 많은 사람의 경우에 있어서, 죽음은 우리의 눈으로 회개의 눈물을 흘리게 합니다. 그리고 하나님의 뜻에 우리가 복종하도록 이끕니다.

저는 그 일이 나에게도 일어났음을 압니다. 저는 너무도 많은 일들을 보았고, 저는 마음이 부드러워지지 않았습니다.

그러나,

> 내가 고통과 피흘림 속에
> 나무 위에 달리신 분을 보았을 때,

그리고 거기에서 나를 위하여 죽어가시는 분을 보았을 때, 저는 내 가슴을 치고, 저는 그분으로 인해 쓰라렸으며, 이는 자신의 첫 소생으로 인해 쓰라려하셨던 그분과 마찬가지였습니다.

저는 여러분 자신의 마음이 바위를 찢으신 위대하신 분이 죽어가시던 구세주였다고 고백하게 될것을 확신합니다.

이제, 여러분에게 그 일이 일어났던 것처럼, 여러분은 그 일이 다른 사람에게도 일어날 것임을 알게 될 것입니다.

여러분이 최선을 다했으나 성공하지 못했을 때, 그 마지막 망치질을 그리스도의 십자가 앞에 가져오십시오.

저는 종종 대포들의 파편들 위에 라틴어로 새겨진 명각들을 봅니다. 거기에는 이렇게 새겨져 있지요.

"왕들의 마지막 주장"(the last argument of kings).

말하자면, 대포들은 왕들의 마지막 주장이었습니다.

그러나 십자가는 하나님의 마지막 주장입니다.

죽어가는 구세주가 여러분을 회심시키지 않는다면, 무엇이 하겠습니까?

그분의 피흘리는 상처가 여러분을 하나님께로 이끌지 않는다면, 무엇이 이끌겠습니까?

예수께서 십자가상에서 그분의 몸 안에 우리의 죄를 지셔서 그 죄를 제거하지 않았다면, 그리고 이것이 죄에 대한 고백과 죄에 대한 증오와 함께, 여러분을 하나님께 이끌지 않는다면, 여러분에게는 아무것도 남아 있지 않게 될 것입니다.

우리가 이같이 큰 구원을 등한히 여기면 어찌 그 보응을 피하리요
(히 2:3).

십자가는 바위를 터친 주체입니다.
형제자매 여러분!
하나님의 죽어가는 아들의 사랑을 계속 가르치십시오.
계속 그리스도를 선포하십시오.
여러분은 이것으로 교만의 알프스와 편견의 단단한 언덕에 터널을 뚫게 될 것입니다. 여러분은 사람들의 가장 깊은 마음속에서, 비록 그 마음들이 매우 견고할지라도, 그리스도를 위한 입구를 발견하게 될 것입니다. 그리고 이 일은 성령의 능력 안에서 십자가에 대한 선포로 이루어질 것입니다.

4. 그러나 이제 저는 마지막 기적으로 설교를 마치려 합니다 이 경이들은 축적되고 상호간에 의존합니다. 흔들린 땅은 의심할 바 없이 바위들이 터지는 결과를 낳았습니다. 그리고 바위들의 터짐은 네 번째 경이를 도왔습니다. "무덤들이 열리며"

무덤들이 열렸습니다.

첫째, 그리고 죽은 자들이 살아났습니다.
그것이 우리의 네 번째 주제가 됩니다. 그 일은 그리스도의 죽음의 위대한 결과였습니다. 무덤들이 열렸습니다. 사람들은 매장지에 신경을 쓰는 유일한 동물입니다. 어떤 사람들은 자신들이 어떻게 매장될 것이냐에 대해 초조해 합니다. 그것은 내 마음에 굳이 떠올라야한다면 마지막 관심사입니다.
저는 사람들이 나를 증오로부터, 혹은 사랑으로, 특히 그들에 대한 사랑의 마음으로 나를 매장할 것이라고 확신합니다. 우리는 그런 일에 신경 쓸 필요가 없습니다. 그러나 사람은 종종 자신의 무덤을 통해 자신의 자부심을 표현해왔습니다. 그것은 이상한 일입니다. 교수대를 꽃으로 장식하는 것은 참신하나, 아직 시도되어본 적은 없습니다.
그러나 무덤 위에 대리석으로 된 고급 조각상을 박아세우는 것은 단지 교수대를 칭송하거나 혹은 보잘 것 없음이 명백히 드러난 곳에 사람이 위대한 위엄을 보이려는 것이 아니면 무엇이겠습니까?
먼지, 재, 부패, 악취, 그 다음에는 조각상, 그리고 모든 종류의 멋있는 것들. 먼지로 되돌아가는 피조물은 결국 대단하다고 당신은 생각지 않습니까?

이제 예수께서 돌아가셨을 때, 무덤은 열렸고, 죽은 자들이 살아 나타났습니다.

이것은 무엇을 의미할까요?

저는 이 마지막 기적 안에서 "한 인간의 역사"를 본다고 생각합니다. 그는 범죄와 죄악으로 죽어 부패되어 거기에 죽어 누워있었습니다.

그러나 그가 누운 무덤은 얼마나 아름다운가!

그는 교회에 다니던 사람입니다. 그는 비국교도(dissent)입니다. 둘 중에서 어느 것이든 여러분이 취해도 좋습니다. 그는 매우 도덕적인 사람입니다. 그는 신사입니다. 그는 시민입니다. 그는 그의 회사의 주인입니다. 그는 언젠가 시장이 될 것입니다. 그는 좋은 사람입니다. 오, 그는 정말 좋은 사람입니다. 하지만 그는 그의 마음속에 은혜가 없습니다. 그의 믿음 안에서 그리스도가 없습니다. 하나님을 향한 사랑이 없습니다. 여러분은 그가 누운 무덤이 어떠한지를 봅니다.

금박을 입힌 무덤 안에 있는 죽은 영혼을!

그분의 십자가로 우리 주님은 이 무덤을 쪼개고 그 무덤을 파괴시켜버리십니다.

십자가의 존전 앞에 있을 수 있는 만큼 합당한 우리의 공적은 무엇입니까?

그리스도의 죽음은 자기 의(self-righteousness)의 죽음입니다. 예수의 죽음은 우리가 스스로를 구원할 수 있다면, 과잉적 행동이었습니다.

우리가 구세주를 원하지 않아도 될 만큼 선하다면, 왜, 예수는 십자가 위에서 피를 흘려 목숨을 버렸을까요?

십자가는 영적으로 죽은 자들이 숨어있는 위선, 허례적인 형식주의, 그리고 자기 의의 무덤을 깨뜨립니다.

그 다음은 무엇이었지요?

둘째, 무덤들이 열립니다.

땅이 갑자기 갈라집니다. 그곳에는 죽은 자가 누워 있었습니다. 그가 빛에 노출되었습니다. 그리스도의 십자가가 그 일을 했습니다. 그 사람은 아직은 은혜로 살아난 것이 아닙니다. 그러나 그는 자신의 상태를 알아봤습니다. 그는 자신이 그의 죄로 말미암아 그 무덤 속에 누워있는 것을 압니다. 그는 그로 하여금 대리석으로 덮여진 시체처럼이 아니라 무덤을 파는 자가 잔디를 걷어버려서 시신으로 한낮의 빛에 노출시킨 시신 마냥 누워있도록 자신 위에 하나님의 능력을 충분히 받아들였습니다.

오, 십자가가 그 무덤들을 열어젖힌 것은 엄청난 일이었습니다. 여러분은 십자가에 못 박히신 그리스도를 선포하는 것 외에는 죄인들로 확신시킬 수 없습니다. 우리가 사람들의 마음에 도달하기 위해 사용하는 창은 그리스도의 심장을 찔렀던 창과 동일한 창입니다. 우리는 그리스도의 십자가를 자기 의를 십자가에 못 박는 수단으로 그리고 사람으로 자신이 죄 가운데 죽었다는 것을 고백하는 수단으로 사용하여야 합니다.

묘지들이 깨진 후에, 그리고 무덤들이 열린 후에, 무슨 일이 뒤따랐습니까?

셋째, 생명이 나누어졌습니다.

자던 성도의 몸이 많이 일어나되(마 27:52).

그들은 재로 변했던 자들입니다. 그러나 그 때에 여러분은 위대한 기적을 가졌다고 좋을 기적을 보게 된 것입니다. 저는 사람들이 하나의 기적을 믿을 수 있을 때, 그들이 또 다른 기적을 믿는데 어떤 어려움이 있을지

궁금합니다. 전능하심이 소개된 이상, 어려움들이 중단되었습니다. 이 기적 안에서도 마찬가지입니다. 몸의 지체들이 모아졌고, 그들은 부활을 위한 완전한 준비를 갖추었습니다.

생명이 심기워진다는 것은 얼마나 놀라운 일입니까!

저는 죽은 사람 안에서의 그 일을 말하는 것이 아닙니다. 그러나 저는 죽은 마음 안에서 일어나는 그 일에 대해 말하려고 합니다.

오 하나님, 당신의 생명을 제가 말하는 이 순간에 어떤 이들의 죽은 마음 속에 보내주소서!

생명을 죽은 영혼들 속에 넣는 것은 예수의 죽음입니다. 우리가 속죄를 보는 동안, 우리 대신에 피를 흘리시는 주님을 보는 동안, 성령께서 사람 안에 역사하셔서, 생명이 그에게로 불어넣어지는 것입니다. 성령은 돌처럼 굳은 마음을 제거하고, 새로운 생명으로 심장이 고동치도록 육체에 심장을 제공하십니다.

이것이 십자가의 경이로운 사역입니다.

중생이 사람들에게 다가오는 것은 우리 주님의 죽음에 의하여 발생합니다. 그분의 죽음이 없었다면, 새로운 출생은 발생할 수 없었습니다. 예수께서 죽지 않으셨다면, 우리는 여전히 죽은 상태에 있었을 것입니다. 그분이 자신의 머리를 떨구지 않으셨다면, 우리들 가운데 어느 누구도 우리의 머리를 들 수 없었을 것입니다. 그분이 살아있는 자들 가운데서 십자가상에서 거기로 옮겨지지 않았다면, 우리는 영원히 그리고 영원토록 죽은 자들 가운데 있었을 것입니다.

넷째, 이제 다음으로 여러분은 그들의 무덤에서 떠나 정해진 시간에, 생명을 얻은 사람들을 보게 될 것입니다.

그들이 자신들의 무덤에서 나왔다고 기록되어 있습니다. 물론 그들은 무덤에서 나왔습니다.

살아있는 사람이 어찌 그들의 무덤 안에서 머물기 바랄 수 있겠습니까! 그리고 나의 사랑하는 청중들이여!

주님께서 여러분을 깨우신다면, 여러분도 여러분의 무덤 안에 머물지 않을 것입니다. 여러분이 만취하는데 익숙해 있었다면, 혹은 그 어떤 다른 쉴 새 없이 범하는 죄악에 익숙해 있었다면, 여러분은 그것을 그만 두어야 할 것입니다.

여러분은 자신의 무덤에 어떤 연결고리도 갖지 않아야 합니다. 여러분이 불경건한 무리 가운데 살고 있다면, 그리고 의심스러운 장소에서 즐거움을 찾고 있다면, 여러분의 무덤 안에 머물러서는 안 됩니다.

우리는 여러분으로 여러분의 옛 관계로부터 어긋나게 이끌도록 여러분의 뒤를 쫓을 필요가 없습니다. 여러분이 그들로부터 벗어나기 위해 열심을 낼 것이기 때문입니다. 여기에 있는 사람들 중 어떤 이가 살아있는 채로 묻힌다면, 그리고 그가 자신의 마지막 숨을 쉬기 전에 관속에서 발견된다면, 저는 단언코 말하건대, 잔디가 들어 올려지고, 관 뚜껑이 제거된다면, 그는 자신의 무덤에서 나오기 위해 간절한 간청의 기도를 드릴 필요가 없을 것입니다.

절대로 그럴 일은 없습니다.

생명은 죽음의 감옥을 사랑하지 않습니다. 그리하여 하나님께서 죽어가시는 구세주가 여러분이 아직도 살고 있는 무덤 밖으로 데려나올 수 있도록 허락하시길 기원합니다.

그리고 그분이 이제 여러분을 깨우신다면, 저는 우리 주님의 죽음이 여러분으로 한 사람이 모두를 위하여 죽었다면, 모든 것이 죽은 것이고, 그분이 모두를 위하여 죽으셨고, 이후로는 스스로를 위하여 살지 않고, 그들을 위하여 죽으셨으나 다시 살아나신 그분을 위하여 살아야함을 인지하게 하실 것임을 확신합니다.

이 사람들이 자신들의 무덤에서 나온 후 어느 길을 향해 갔습니까?

다섯째, 우리는 "그들이 무덤에서 나와서 거룩한 성에 들어가"(마 27:53)라고 듣습니다.

정확히 그러했습니다.

그리고 십자가의 능력을 느낀 그 사람은 거룩함을 향해 가는 길에 자신의 최선을 다하는 것이 마땅합니다. 그는 하나님의 백성들에 합류하는 것을 바라게 될 것입니다. 그는 하나님의 집에 올라가서 거룩하신 삼위일체 하나님과 교제하길 소원할 것입니다.

저는 깨어난 사람들이 그 외 다른 곳으로 가는 것을 기대하지 않습니다. 모든 피조물들은 자신의 무리 쪽으로 갑니다. 짐승들은 자신의 굴로 들어갑니다. 새들은 자신의 둥지로 갑니다. 그리고 회복되고 중생한 사람은 거룩한 도성을 향하여 갑니다.

십자가가 우리를 하나님의 교회로 이끌지 않습니까?

저는 예수님의 다섯 상처와 피 흘리신 옆구리로 인해 인도되어진 동기가 아닌 그 어떤 동기로도 사람이 교회에 합류하게 되는 것을 원치 않습니다. 우리는 우선 우리 자신을 그리스도에게 드리고, 다음으로 그분을 위하여 그분의 백성들에게 우리 자신을 줍니다.

그 일을 행하는 것은 바로 십자가입니다.

> 십자가 위에서 죽으신 예수님
> 그분이 이 놀라운 승리를 이루셨습니다.

여섯째, 우리는 이 경이로운 이야기를 마무리하면서 그들이 거룩한 도성으로 들어갔고, "많은 사람에게 보이니라"고 듣고 있습니다.

즉 죽은 자들 가운데서 일어난 그들 가운데 어떤 이들은 그들의 아내들에게도 보였을 것이라고 저는 의심치 않습니다.

그들이 사랑하는 남편을 다시 보게 되었을 때의 그 황홀감은 어떠했겠습니까!

그들 가운데 몇몇은 아버지와 어머니에게 나타났을 것입니다. 그리고 수많은 깨어난 어머니들과 아버지들이 가장 먼저 그들의 자녀들에게 보였을 것을 저는 의심하지 않습니다.

이것이 우리에게 무엇을 가르칩니까?

하나님의 은총이 우리를 죽은 자 가운데서 일으키신다면, 우리가 그 사실을 보이기 위해 노력을 기울여야 함을 가르칩니다.

많은 사람들에게 우리를 보입시다.

하나님께서 우리에게 주신 생명이 만천하에 드러나게 합시다.

그 생명을 숨기지 말고, 우리의 이전 친구들에게 가서 그리스도께서 자신을 보이신 것처럼, 우리도 그들에게 보이도록 합시다.

그분의 영광을 위하여, 다른 이들에게 우리의 삶아있음을 드러내고 나타내보이도록 합시다.

죽어가시는 구세주께 영광을 돌립니다!

위대한 희생 제물이 되신 분에게 모든 찬양을 돌립니다!

오, 이 나의 초라하고 연약한 말이 나의 죽어 가시는 주인에 관하여 여러분 안에서 흥미를 불러일으킬 수 있다면!

　그분을 위하여 기꺼이 죽을 준비를 합시다.

　그리고 그분을 알지 못하는 여러분은 이 위대한 신비, 곧 하나님께서 여러분의 본성을 취하셔서 사람이 되시고, 여러분을 죽게 하지 않으시려고 죽으셨으며, 여러분이 죄에서 자유롭도록 여러분의 죄를 지셨다는 그 신비를 생각해보시기 바랍니다.

　오늘밤 나와서 나의 주님을 믿으십시오.

　저는 여러분을 위해 기도합니다.

　하나님의 백성들이 빵을 찢기 위해 식탁에 모이는 동안, 여러분의 영혼으로 식탁과 성만찬이 아닌 그리스도께 직접 그리고 그분의 희생 제사 앞으로 나아가도록 서두십시오. 아멘.

Sermons on Cries from the Cross

제11장
우리 주님의 사랑의 메시지

> 가서 그의 제자들과 베드로에게 이르기를 예수께서 너희보다 먼저 갈릴리로 가시나니 전에 너희에게 말씀하신 대로 너희가 거기서 뵈오리라 하라 하는지라(막 16:7).

보십시오. 형제들이여!

예수님은 자신의 백성들을 만지는 일을 기뻐하십니다. 그분은 죽은 자들 가운데서 살아나시자마자 천사들을 통해 그분이 제자들을 만나실 것이라고 메시지를 보내십니다. 그분의 기쁨은 그들 안에 있습니다. 그분은 제자들을 매우 부드러운 사랑으로 사랑하십니다. 그리고 그분은 제자들 가운데 계실 때, 가장 행복해 하십니다.

여러분은 여러분의 주님께서 여러분에게 다가오시도록 간청하거나 그분을 설득해야 한다고 생각하지 마십시오.

그분은 가깝고 친근한 교제를 기뻐하십니다. 여러분이 진정 그분과 결혼한다면, 하늘의 신랑은 여러분과의 사귐 속에서 위로를 발견하십니다.

오, 여러분이 그분과 같이 있기를 사모한다면 얼마나 좋을까요!

우리 주님은 그분의 진정한 백성들이 가질 수 있는 가장 큰 기쁨이 주께서 그들을 만나주시는 것임을 잘 알고 계십니다.

제자들은 가장 큰 슬픔에 빠져 있었습니다. 그들이 생각하기에 그들의 주님이 돌아가셨습니다. 그들은 막 그들의 인생 가운데 가장 끔찍한 안식일을 보냈습니다. 왜냐하면 그분이 무덤 안에 계셨기 때문입니다.

그리고 이제는 그분이 그들을 위로하기 위해 단지 이 메시지만을 보내십니다.

"그분이 제자들을 만나주실 것이다."

그분은 그 소식 안에 그들의 찢어지는 마음을 기운내게 하기 위한 불가사의한 힘(magic)이 들어있음을 아셨습니다. 그분이 그들을 만나주실 것입니다. 그것은 온전히 충분한 위로였습니다.

> 내 형제들에게 갈릴리로 가라 하라 거기서 나를 보리라 하시니라
> (마 28:10).

하나님의 백성들의 모든 슬픔이 하나의 엄청난 더미로 퍼부어질 수 있다면, 그 슬픔들은 어떤 산을 만들어내겠습니까!

우리의 고난의 종류는 얼마나 다양한지요!

우리의 의기소침은 얼마나 다양합니까!

그러나 사랑하는 이들이여!

예수께서 우리를 만나주시면, 모든 슬픔은 사라져버릴 것이며 모든 슬픔은 가벼워질 것입니다.

단지 우리에게 그분과의 사귐(company)을 주옵소서.

그러면 우리는 모든 것을 갖게 되는 것입니다.

여러분 중 많은 이들은 내가 의미하는 바를 알 것입니다. 우리 주님은 우리의 슬픔에 찬 시절에도 우리의 심장으로 기쁨으로 뛰게 하셨습니다. 우리가 육체적 고통으로 가득 찼을 때, 그분과의 사귐은 신체의 약함을 잊게 해주었습니다.

그리고 우리가 무덤으로부터 새롭게 나와 우리의 심장이 죽음(bereavement)을 돌파할 준비가 되었을 때, 우리를 향한 구세주의 시선은 우리의 쓴 잔을 달콤하게 해주었습니다. 그분의 존전에서 우리는 위대하신 아버지의 뜻에 묵묵히 따르면서, "이는 여호와이시니 선하신 대로 하실 것이니라"(삼상 3:18)라고 말하며 만족함을 느꼈습니다.

동이 터서, 그림자가 영원히 달아날 때까지, 우리는 단지 우리의 지극히 사랑하시는 동반자만을 원합니다.

"주여 저와 함께 하소서! 주여 저와 함께 하소서!"

이것이 우리의 한 가지 기도입니다. 만일 우리에게 그 기도가 성취된다면, 다른 모든 소원은 자신들의 순서를 기다릴 것입니다.

저의 주제는, 우리가 일주일의 첫날에 늘 행하는 것처럼, 이 친교의 식탁에 나아오는 것과 관련하여 선택되었습니다. 저는 여기 있는 하나님의 모든 자녀가 그리스도와 온전한 교제를 추구하기를, 아니, 얻게 되길 원합니다. 저 자신이 내안에 살고 계신 그분의 존재 안에서 구세주를 선포하는 일을 즐기게 되길 갈망합니다.

저는 여러분도 내 목소리가 아닌 그분의 목소리를 듣게 되는 일을 즐기게 되길 원합니다. 주님의 음성은 천사들의 비파소리보다 더 달콤합니다. 우리 주님을 알지 못하는 이들이 그분이 탁월한 달콤함을 추구하는 이들로 바뀔 수만 있다면!

그분은 여러분에게 기꺼이 다가오십니다. 기도가 그분을 발견케 할 것입니다. 눈물이 그분을 이끌어올 것입니다. 믿음의 시선이 그분을 굳건히 붙들 것입니다.

예수님께 여러분 스스로를 던지십시오.

그러면 그분의 벌리신 팔이 즐겁게 여러분을 영접할 것입니다.

그러나 이제 본문으로 돌아갑시다.

저는 그 말씀을 있는 그대로 다루면서, 그 말씀에 대한 다섯 가지를 관찰하려고 합니다.

1. 첫 번째 관찰은 이것입니다: 그분의 백성들을 만나주실 예수님이 초청장을 발부하십니다. 그리고 그 초청은 매우 은혜롭습니다.

"가서, 그분의 제자들과 베드로에게 이르라!"

그분의 제자들에게 이르라!

그 초대는 제자들을 향한 지극히 은혜로운 초대입니다. 왜냐하면 "그들 모두가 그분을 버리고 달아났기 때문입니다." 그날 밤, 그 슬픔에 잠긴 밤에, 그분이 가장 절실히 친구를 필요로 할 때, 그들은 잠들었습니다. 그리고 그분이 그들을 깨우실 때, 그분은 가야바 법정으로 끌려가셨습니다. 그들은 달아났습니다.

그렇습니다. 그들 모두가!

그들 가운데는 확고부동한 영혼이 하나도 없었습니다. 그들은 모두 도망갔습니다.

"제자들이여, 부끄러운 줄 알길!"
여러분이 그들을 향해 그렇게 말합니까?
하지만 예수님은 그들을 부끄러워하지 않으셨습니다. 왜냐하면 지상에서 펼쳐진 부활 후의 그분의 영광스러운 삶의 첫 번째 말씀은 "내 제자들에게 이르라"였기 때문입니다.
여기저기서 그들보다 좀더 신실한 마음들을 뽑고 선택하기보다는 전체 겁쟁이 무리들을 언급하시며 그분은 말씀하십니다.

내 제자들에게 이르라.

형제들이여, 그리스도의 제자들이여!
예수님이 지금 우리를 만나주시려 합니다.
서둘러 그분의 존전으로 나아갑시다.
우리들 가운데 어느 누구도 감히 자신의 충성심에 대하여 스스로 우쭐거릴 수 없습니다. 우리는 항상 겁쟁이였기 때문입니다. 우리들 각자는 우리가 우리를 향하신 주님의 가장 신실한 사랑을 생각할 때에 우리의 얼굴을 숨길 수 있습니다.
우리는 결코 상을 받을 만하게 그분을 위해 행동한 적이 없습니다. 그분이 우리를 추방하셨다면, 그분이 "저는 더 이상 이 겁쟁이 무리를 인정하지 않을거야"라고 말씀하셨다면, 우리는 결코 이상히 여기지 않았을 것입니다.
그러나 그분은 우리 모두를 초대하십니다. 그분의 제자들인 우리 모두를 초대하십니다. 그분께로 우리를 초대하십니다.
여러분은 멀리 떨어져 있을 요량입니까?

여러분 가운데 어느 누구가 그 귀한 얼굴을 보지 않고 만족해할 수 있습니까?

그 어떤 사람의 얼굴보다 손상되었으나 천사들의 얼굴보다 더 사랑스러운 그분의 얼굴을 보지 않고 말입니다.

그분을 따르는 모든 이들이여. 나아오십시오!

그분이 여러분에게 오라고 명하시기 때문입니다. 여기에 그 메시지가 있습니다.

내 제자들에게 이르라.

그러나 그분의 은총의 관대함과 아름다움은 여기에 있습니다. 즉, 나머지보다 더 악했던 한 인물이 있었는데, 따라서 그를 향해서는 특별한 언급이, 그를 부르는 특별한 어휘가 있었습니다.

내 제자들과 베드로에게 이르라.

자신의 주님을 부인했던 그는, 부인할 때 저주까지 했던 그는 떠들썩한 자기확신적인 말을 내뱉은 후에, 한 하녀의 농담에 떨어야 했던 그가 불림을 받습니까?

맞습니다.

내 제자들과 베드로에게 이르라.

여러분 가운데 어느 누군가 다른 이들보다 여러분의 주님께 더 악한 행동을 했다면, 여러분이 그분을 슬프게 한 일로 슬퍼하고 있을 수 있습니다. 여러분은 그분에게서 실족한 후에 회한의 자리에 있을 것입니다. 이제 그분은 여러분을 그분께로 초대하면서 여러분을 향한 용서를 확인시켜주십니다. 그분은 뒤로 물러서지 말고 나머지 사람들과 함께 주께로 나아와 그분과 교감하길 명하십니다.

베드로여! 당신은 어디에 있습니까?

수탉의 울음소리가 아직 당신의 귓가에 있습니까?

눈물이 아직 당신의 눈망울 속에 있습니까?

하지만 오십시오!

그리고 환영합니다. 당신이 주님을 사랑하기 때문입니다. 주님은 당신이 주님을 사랑함을 알고 계십니다. 주님은 자신의 사랑이 의심받는 것을 슬퍼하고 계십니다.

오세요.

그분이 당신을 용서하셨습니다. 그분은 당신의 찢어진 마음과 눈물로 가득 찬 눈 속에 용서의 증표를 당신에게 주셨습니다.

오세요, 베드로여!

다른 사람은 아닐지라도, 그대여 오세요.

예수 그리스도께서 당신을 다른 어느 누구보다 앞서 이름을 불러 초청하십니다.

이상하게 행동하였고, 심지어 주님을 버리기까지 했던 신자들이 여기 있을 수 있습니다. 그리고 그들은 지금 스스로에 대해 탄식하며 회한을 갖고 있습니다.

여러분의 거룩한 눈물과 함께 가되, 여러분의 주님께 나아오십시오.

여러분이 그분을 뵙게 될 때까지, 여러분이 새롭게 믿음으로 그분을 단단히 붙들기 전까지, 그리고 여러분이 "내 사랑하는 자는 내게 속하였고 저는 그에게 속하였도다"(아 2:16)라고 말할 수 있을 때까지 만족하지 마십시오.

그리스도께서 주도하신 초청은 지극히 부드럽습니다. 그 부드러움의 일부가 이제 주님을 대신하여 그 메시지를 전달하는 입술 위에 있습니다. 여인들이 와서 말하였습니다. 예수님께서 한 천사를 통해 우리에게 말씀하셨습니다.

> 너희보다 먼저 갈릴리로 가시나니 거기서 너희가 뵈오리라 하라.

저는 항상 하나님께서 말씀 사역을 천사들이 아닌, 우리 불쌍한 자들에게 맡겨주셨음을 감사합니다. 얼마 전에 여러분에게 말씀드린 것처럼, 여러분은 내게 대하여 그리고 나의 말더듬 증상에 대하여 싫증낼 수 있습니다.

그러나 그 증상들이 보다 귀한 긴장보다는 여러분을 위해서는 더 어울립니다. 저는 천사가 여러분에게 설교한다면, 수많은 무리가 모여들 것이고, 한동안 여러분은 말할 것입니다.

"정말 놀랍도다!"

그러나 그 설교는 인간에 대한 동정이 결핍되어 매우 냉정할 것입니다. 여러분은 신속하게 숭고한 설교 양식에 지쳐버리게 될 것입니다. 천사도 그의 하늘의 본성을 따라 친절을 베풀 수 있습니다. 그러나 그는 친지(kin)일 수 없기에, 여러분은 필연적으로 친족에게서 오는 친절은 경험할 수 없을 것임에 틀림없습니다.

저는 여러분에게 여러분의 뼈 중의 뼈로, 여러분의 살 중의 살로서 말하고 있습니다. 저는 선생인 여러분에게 말합니다. 내가 선생이기 때문입니다. 저는 제자들인 여러분에게 말합니다. 내가 제자이기 때문입니다.

그리고 저는 나 자신이 여러분 중 가장 작은 자보다 더 위대하다고 감히 생각하지 않습니다.

우리가 손에 손잡고 우리의 존귀하신 주님께 나아갑시다.

그리고 그분이 세상에 대해서는 아니 하시지만, 우리에게는 그분 자신을 명확히 보여주시도록 그분에 우리 모두 함께 기도합시다.

이것이 나의 첫 번째 요점입니다. 그분의 초대는 은혜롭습니다.

2. 우리는 본문 안에서 예수께서 그분의 약속을 지키심을 봅니다

> 내가 너희보다 먼저 갈릴리로 가리라.

마가복음 14:27에 보면, 여러분은 그분이 자신이 돌아가시기 전에 그들에게 이렇게 말씀하셨음을 보게 됩니다.

> 그 때에 예수께서 제자들에게 이르시되 오늘 밤에 너희가 다 나를 버리리라 기록된 바 내가 목자를 치리니 양의 떼가 흩어지리라 하였느니라 그러나 내가 살아난 후에 너희보다 먼저 갈릴리로 가리라(마 26:31-32).

그분은 자신이 있겠다고 말씀하신 곳에 계실 것입니다. 예수님은 결코 약속을 깨뜨리지 않으십니다. 특히 매우 바쁜 우리에게 어떤 사람이 "이러이러한 장소에서 나를 만나주시겠습니까?"라고 말한다면, 그것은 우리를 매우 짜증나게 하는 일입니다.

"예, 그런데 언제요?"

시간에 예약됩니다. 우리는 거기에 있습니다. 우리가 시간을 엄수할 수 있을 때, 우리가 30초도 늦지 않는다면 하나님께 감사할 일이지요.

그러나 시간 엄수는 소수의 사람만이 배운 교훈입니다. 우리는 기다리고 지칠만큼 기다립니다. 그리고 아마도 우리는 꾸물거리는 친구가 친구들이 그들은 영원 가운데 살지라도 우리는 제한된 시간에 살고 있고, 그 시간을 낭비할 여유가 없다는 것을 알려주기 위해 그 장소를 떠나야 할 것입니다.

많은 사람들이 약속을 하고 또 그것을 어깁니다. 마치 실제적인 거짓말은 전혀 죄책이 없는 것처럼 말입니다. 그러나 그것은 예수님께는 해당되지 않습니다. 그분은 말씀하십니다.

내가 너희보다 앞서 갈릴리로 갈 것이다.

그리고 그분은 갈릴리로 가실 것입니다. 그분이 그분의 백성들을 만나시겠다고 약속하실 때, 그분은 그들을 틀림없이 그리고 지체 없이 만나주실 것입니다.

잠시 이 약속에 대해 곰곰이 생각해봅시다.

왜 우리 주님은 그분이 갈릴리로 가실 것이라고 말씀하셨을까요?

그것은 그분의 **옛 추억** 때문이었을까요?

죽은 자들 가운데서 부활하신 후, 그분은 자신에게 익숙했던 장소들인 그 호수로, 그 언덕으로 되돌아가길 원하셨던 것인가요?

확실히 그 약속에는 무언가 있습니다. 그곳은 제자들의 추억의 장소이

기도 했습니다. 그들은 그 호수에 기대어 살아가던 어부였고, 그분은 그들을 언덕들 사이에 잠들어 있는 메아리 마냥, 수천 개의 기억들이 그들의 목소리로 깨어날 수 있는 그 장소로 데리고 가곤 하셨습니다.

게다가 그곳은 그분의 정체성에 대한 증언을 제공할 수 있는 장소였습니다. 왜냐하면 갈릴리 사람들은 그분을 잘 알았기 때문입니다. 그분이 그곳에서 자랐기 때문에, 그분은 그분이 알려진 곳에 가셔서 자주 가시던 이전 장소들에 자신을 드러내려고 하셨을 수도 있습니다.

아마도 또한 그 장소는 **천대받는 장소**였기 때문일 수 있습니다. 그는 부활하셨고, 그분은 그곳으로 가실 예정입니다. 그분은 갈릴리 사람과 나사렛 사람으로 불리는 것을 부끄러워하지 않으셨습니다. 부활하신 분은 왕의 대저택으로 가지 않으시고 농부와 어부들의 마을로 가십니다. 예수님 안에서 교만이 없으셨습니다. 그런 기미조차 그분에는 전혀 없었습니다. 그분은 마음이 온유하고 겸손하셨습니다.

그분은 또한 그곳은 예루살렘에서 **약간 떨어진 곳**으로 그분을 만저는 이들이 덜 문제를 야기할 것이기 때문에 갈릴리에 가신 것이 아닐까요?

우리의 지극히 사랑하는 분을 사람들이 찾아다닐 수 있었을 것입니다. 그분을 찾는 여행은 그분의 무리를 따르게 할 것입니다. 그분은 아마도 예루살렘에 있는 당신을 만나주지 않으실 것입니다. 적어도 여러분을 전체 무리로는 안 만나주실 것이라는 말씀이지요. 그러나 그분은 한적한 갈릴리의 바닷가에서는 자신을 드리내실 것입니다.

그분이 그곳이 **"이방인들의 갈릴리"**였기 때문에 갈릴리로 가셨다고 생각지 않습니까?

그분은 그분의 사명이 허락하는대로, 이방인들인 우리에게 더 가까이 오시기 위함이었지 않겠습니까?

그분은 이스라엘의 집의 잃어버린 양에게만 설교자로 보내졌습니다. 그러나 그분은 할 수만 있다면, 이방인들(저는 우리 자신을 의미합니다)에게 더 가까이 갈 수 있도록, 그분의 교구의 가장 끝자락까지 여행하셨습니다.

오, 이방인(alien)인 우리에게는 얼마나 행복한 말인지요!

그리하여 그분은 말씀하셨습니다.

내가 너희보다 앞서 갈릴리로 가리라.

그리고 그분이 무덤을 떠나셨을 때, 그분은 그 약속을 지키셨습니다.

이제, 사랑하는 이들이여!

우리는 그분의 약속을 붙듭니다. 그분은 우리가 함께 모인 곳에 오셔서 우리를 만나주실 것입니다.

두세 사람이 내 이름으로 모인 곳에는 나도 그들 중에 있느니라

(마 18:20).

그리고 그분은 그 약속을 지키지 않으십니까?

크건 작건 회중들이 모일 때마다 우리는 얼마나 많이 말해왔습니까?

주님께서 거기 계셨습니다.

얼마나 자주 우리는 유한한 인간보다 더 위대하신 분의 존전에 우리가 있음을 느끼면서 설교자와 동료 예배자들을 잊어왔습니까?

우리의 믿음의 눈은 우리를 향한 그분의 사랑을 계시하는 그분의 아

름다움 속에 계시는 왕을 목도해왔습니다.

오, 그렇습니다!

그분은 그분의 약속을 지키십니다. 그분은 그분의 백성에게 오십니다. 그리고 그분은 결코 그들을 실망시키지 않으십니다. 저는 특히 이것이 친교의 식탁(tabel of communion)에 그대로 적용된다고 생각합니다.

얼마나 자주 그분은 우리를 그곳에서 만나주시는지요!

저는 개인적 간증을 반복할 수밖에 없습니다. 저는 아프거나 참석할 수 없는 상황을 제외하고는, 내 일생 중 지난 과거 동안의 그 어떤 주일에 베풀어진 주님의 식탁을 빠져본 적이 없습니다. 그리고 그러므로 저는 그 질문에 답할 수 있습니다.

성찬식의 잦은 집례가 그 의식의 엄중성을 감소시킵니까?

저는 그렇게 생각지 않습니다. 오히려 그 의식은 내게 더욱 의미있게 다가옵니다. 그분의 몸과 피의 상징인, 찢겨진 빵과 부어진 포도주는 그분을 우리로 매우 가깝게 느끼게 합니다. 감각은 믿음에 도움을 주는 것 같습니다. 이 두 개의 유리구슬(agates)의 두 창문을 통하여, 그리고 붉은 루비보석(carbuncle)의 문들을 통하여 우리는 우리의 주님께 매우 가까이 다가갑니다.

여기에서 우리는 교훈적인 상징 아래서 그분 외에 무엇을 보겠습니까? 우리가 그분 외에 누구를 기억하겠습니까?

그분이 오실 때까지 그분의 죽음을 보이는 것 외에 우리의 일이 무엇이 겠습니까?

부연하건대 우리는 대화로는 그분을 보지 않을 수 있지만, 우리의 눈이 있다면, 우리는 빵을 찢음을 통해 그분을 볼 수 있습니다.

그 일이 항상 일어나길 바랍니다!

우리가 예수님께서 그분의 약속을 지키심을 증명하게 되길 바랍니다. 그분은 지금도 우리와 함께 계실 것입니다 예수님께서 그분이 문자적인 의미로 살과 피로 오늘밤 이 장소에 오신다고 말씀하셨다고 가정해보십시오.

여러분은 모두 기대 가운데 앉아 있을 것이며, 서로에게 말할 것입니다.

"그분이 언제 오실까요?"

설교자는, 그의 주인이 정문에 서 계시는 동안, 뒤로 물러나 기다리거나 경배 가운데 무릎을 꿇을 준비를 하고 있을 것입니다. 여러분은 그런 방식으로는 그분을 뵙지 못할 것입니다.

그러나 훨씬 더 좋은 시력을 가진 여러분의 믿음은 여러분 각자에 가까이 계시는 임재하신 그리스도를 깨달을 것입니다. 그분이 여기에 육체로 오셨다면, 그분은 여기에 서 계실 것이고, 그분은 나 가까이 계시겠지만, 저쪽에 있는 내 친구들로부터 매우 멀리 계실 것입니다. 그러나 영으로 오신 그분은, 마치 우리가 참석한 유일한 한 사람 마냥, 우리 모두에게 동등하게 개인적으로 가까이 계실 수 있습니다.

3. 예수님은 항상 모든 약속된 모임에 첫 번째로 오신다는 것입니다

본문은 다음과 같이 진행됩니다.

> 예수께서 너희보다 먼저 갈릴리로 가시나니(막 16:7).

그 약속을 기억하십시오.

두세 사람이 내 이름으로 모인 곳에는 나도 그들 중에 있느니라.

그 본문은 "내가 있을 것이다"라고 말씀하지 않습니다. 예수님은 그분의 제자들이 그 장소에 도착하기 전에 그곳에 가 계십니다. 그 집에 첫 번째로 도착한 이는 그 집에 첫 번째로 계셨던 주님이십니다. 우리는 그분께 나아갑니다. 우리끼리 먼저 만나고 나서 그분이 우리에게 오시는 것이 아닙니다. 그분은 우리 앞서 가시고, 우리가 그분께 모이는 것입니다.

이 본문은 그분이 **목자**이심을 가르치지 않습니까?

그분은 말씀하셨습니다.

내가 목자를 치리니 양들이 흩어지리라 하였음이니라 그러나 내가 살아난 후에 너희보다 먼저 갈릴리로 가리라(막 14:27-28).

그분은 다시 목자의 자리를 차지하실 것입니다 그리고 양들보다 먼저 가실 것입니다 그리고 양들은 무리의 위치를 다시 차지하게 될 것입니다. 그리하여 양들은 더 이상 흩어지지 않고, 목자의 뒤를 따르게 될 것입니다.

위대한 주인이시여, 오늘 밤에 오소서.

당신의 양을 당신께로 불러주옵소서.

우리에게 말씀하옵소서.

우리를 바라보아주옵소서. 그러면 우리가 일어나 당신을 따르리이다.

다음으로 그분이 **중심**이기 때문이 첫 번째로 오시는 분이 아닙니까? 우리는 그분에 모여듭니다. 여러분은 원주를 표시하기 전에 중심을 선택해야 합니다. 이스라엘이 광야 길을 통과하는 동안, 장막을 친 첫 번째 장소는 성막과 법궤가 놓을 장소였습니다. 그리고 텐트들이 그 장소를 중심으로 세워졌습니다.

예수님이 우리의 중심입니다. 그분은 그러므로 첫 번째이심에 틀림없고, 우리는 그분이 말씀하시는 것을 듣고 기뻐합니다.

내가 너희보다 앞서 갈릴리로 가리라.

그분은 첫 번째 자리를 차지하실 것이고, 우리는 벌들이 여왕벌 주위에 모여드는 것처럼 그분 주위 모여들 것입니다.

사랑하는 이들이여!

여러분은 항상 그리스도의 이름 쪽으로 모입니까?

여러분이 어떤 목사의 이름 쪽으로 혹은 어떤 교파의 이름으로 모여든다면, 여러분은 잘못 모이고 있는 것입니다. 우리의 모임들은 주 예수께로 모여들어야 합니다. 그분은 중심이 되어야 하고, 그분 홀로 중심이어야 합니다.

그 점을 신경 쓰도록 합시다.

다음으로 그분은 우리보다 앞서 자연스럽게 하시는데, 그분이 **주인**이시기 때문입니다. 연회가 있어야 한다면, 기거에 있어야 할 첫 번째 사람은 그 연회를 제공하는 이이겠지요.

상석에 앉는 사람은 주인 혹은 여주인일 것입니다. 손님들이 그곳에 먼저 도착하고, 주인이 "미안합니다. 여러분이 6시에 여기에 와 있으리라고는 생각도 못했어요"라고 외치면서 서둘러 집으로 돌아오는 일은 결코 없습니다.

오, 아닙니다.

주인이 첫 번째여야 합니다. 예수님께서 우리에게 그분께 오라고 명하시고, 그분이 우리와 우리가 그분과 식사할 때, 그분은 연회를 준비하기 위해서 첫 번째로 와 계셔야 합니다. 그분은 우리보다 앞서 갈릴리로 가십니다.

그러나 확실히 그분이 첫 번째가 되시는 이유는 이것입니다.

그분은 우리가 그분을 위하여 준비되는 것보다 우리를 위하여 더 준비가 되신 분이기 때문입니다. 우리는 성찬을 준비하기 위해서는 시간이 걸립니다.

우리 영혼에 옷을 입혀야 하고, 우리의 생각을 모아야 하는 시간 말이지요. 여러분의 오늘밤 주의 만찬을 위한 준비가 되었습니까?

아마도 여러분 가운데 몇몇은 아무런 생각 없이 여기에 왔을 것입니다. 그리고 여러분이 교회의 구성원이기에, 주의 만찬에 참여할 때까지 머물려고 하겠지요.

사랑하는 이들이여!

준비된 마음으로 나오도록 해보십시오.

성만찬은 여러분에게 매우 의미 있는 자리가 될 것입니다.

여러분의 생각과 바램이 올바르지 않다면, 그 외적 상징들이 여러분에게 무슨 의미가 있겠습니까?

우리 주님의 편에서는 모든 것이 준비되었습니다. 그리고 그분은 여러분을 영접하여 축복하시기 위해서 기다리고 계십니다. 그러므로 그분은 약속된 모임 장소에 첫 번째로 오신 분입니다.

저는 또한 그분이 여러분이 그분과 교제하려고 하는 것보다 그분이 여러분과 교제하길 더 원하심을 덧붙이고 싶습니다. 그렇다면 그것은 이상한 일이기는 하나, 정말 그렇습니다. 우리 영혼을 지극히 사랑하시는 그분은 그분의 백성들로 그분의 마음 속에 강제로 모으시려는 열정적인 갈망으로 불타오르십니다. 그리고 비할 데 없는 그러한 사랑의 대상인 우리는 주춤하며, 그분의 애정의 열정을 미온적인 태도로 보답합니다.

저는 이번에는 그렇게 해서는 안 됩니다. 저는 나의 주님께 말씀드렸습니다.

"나로 당신을 배불리 먹게 하시거나 당신으로 허기지게 하옵소서."

저는 여러분이 그분의 잔을 마시고 그분을 향한 갈증으로 수척해지도록 이 시간에 예수님을 향한 불타는 갈증을 갖게 되길 기도합니다.

4. 주 예수께서 자신을 그분의 백성들에게 나타내보이십니다

본문은 어떻게 되나요?

예수께서 너희보다 먼저 갈릴리로 가시나니 전에 너희에게 말씀하신 대로 너희가 거기서 뵈오리라.

주요 목적은 그분을 뵙는 것입니다.
그분은 자신을 그들에게 나타내 보이시기 위해서 일부러 갈릴리로 올라가십니다.

나의 사랑하는 형제들이여!

이것이 그들이 진정 모든 것보다 필요로 했던 것입니다. 그들의 슬픔은 그들이 예수님이 죽으셨다고 생각했기 때문입니다. 그들의 기쁨은 그들이 살아계신 그분을 보았기 때문에 찾아올 것입니다. 그들의 비통함은 여러 형태를 가졌으나, 이 한 가지 위로가 그 모든 비통함을 종식시킬 것입니다. 그들이 예수님을 보기만 한다면, 그들은 자신들의 두려움이 사라짐을 보게 될 것입니다.

하나님의 자녀들이여, 오늘 밤에 여기에 왜 오셨습니까?

저는 여러분이 "목사님, 우리가 예수님을 만나고자 여기에 왔습니다"라고 대답할 수 있음을 믿습니다. 우리 주님이 오셔서, 우리가 그분의 임재를 느낄 수 있다면, 내가 얼마나 약하게 말하거나 예식 자체가 본질적으로 얼마나 초라한가는 문제가 되지 않을 것입니다.

여러분은 말할 것입니다.

"거기에 있는 곳이 좋았습니다. 주님께서 그분의 사랑의 모든 영광 가운데 우리에게 가까이 오셨기 때문이었습니다."

그분의 임재가 여러분이 원하는 것입니다.

그리고 이것이 그분이 기꺼이 주시는 것입니다. 예수님은 그분의 백성들과 매우 친밀하십니다. 어떤 이들은 냉정함이라는 위풍당당한 위엄 안에서 하늘의 보좌에 앉으신 구세주를 예배합니다.

그러나 우리 주님은 그런 분이 아니십니다. 비록 하늘에서 통치하시지만 그분은 여전히 아래에 있는 그분의 백성들과 대화하십니다. 그분은 고난을 위하여 태어나신 형제입니다. 영적으로 그분은 우리와 교통하십니다.

여러분은 그리스도께서 어떤 벗인지 압니까?

여러분은 전적으로 그분에 대한 교리나, 그분에 관한 의식들(ceremonies)에 친숙하지 않습니까?

그렇다면 여러분의 삶은 불쌍한 삶입니다. 그러나 내적인 삶의 기쁨은 주 예수 그리스도를 아는 것이고, 그분과 대화하는 것이며, 그분과 함께 거하는 것입니다.
　여러분은 이것을 이해합니까?
　여러분께 권하노니, 여러분은 여러분의 주님과 개인적이고 친밀한 관계에 이르기 전까지는 만족해 마십시오.
　이것에 못 미친다면, 여러분은 여러분이 필요로 하는 그분을 뵙는 특권에 도달하지 못하는 것입니다. 왜냐하면 이것이 그분의 위대한 약속이기 때문입니다.

　　너희가 나를 보리라.

　더욱이, **그분을 뵙는 것이 우리 주님이 궁극적으로 수여하시는 바입니다.** 예수님은 자신을 보이실 뿐 아니라, 그분은 우리의 눈을 열어 우리가 주님을 뵙게 되는 결과를 향유하게 하십니다.
　거룩하신 주님이시여!
　오셔서 비늘을 제거해주셔서 우리 마음으로 영적인 것을 보게 하옵소서!
　하나님은 모든 곳에 계실지라도, 모든 사람이 하나님을 볼 수 있는 것은 아닙니다. 눈이 먼저 정결하게 되어야 합니다. 예수님은 말씀하십니다.

　　너희가 나를 보게 되리라.

　그리고 그분은 우리가 그분을 볼 수 있도록, 우리의 눈을 여는 방법을 아십니다. 우리 주님은 이것이 그분의 백성을 열중케 하는 사역이 되게 하십니다.

그가 너희 앞서 갈릴리로 가시리라.

그리고 그 다음에는 무엇이지요?

너희가 거기서 그분을 뵈오리라.

왜일까요?
그들은 고기 잡으로 갔습니다.
그렇지 않나요?
그렇습니다. 그러나 그들은 그곳으로부터 부름을 받았습니다.

너희가 거기서 그분을 뵈오리라.

그들은 엄청난 양의 고기를 잡았습니다.
그렇지 않았나요?
그렇습니다.
그러나 그것은 단순한 하나의 사건이었습니다. 더 위대한 사실은 그들이 그분의 뵈었다는 것입니다. 저는 주님이 우리 일생의 과업이 그분을 뵙게 하는 것이 되게 하시길 기도합니다.
보다 낮은 빛들이 희미하게 히읍소서.
정오에 별들은 어디에 있습니까?
별들은 모두 자신들의 자리에 있지만, 여러분은 단지 태양만을 볼 뿐입니다.
그리스도께서 나타나실 때, 수천, 수만 가지 일들은 어디에 있습니까?

그것들은 모두 자신들이 있어야할 자리에 있을 것이나, 여러분은 단지 그분만을 뵙게 될 것입니다. 주께서 다른 모든 사랑은 사라지게 하시고, 그분만이 우리의 마음을 채우셔서, "너희가 거기에 그분을 뵈리라!"가 우리에게도 적용되길 기원합니다.

저는 지금까지 성령의 도우심을 외치면서 나아왔고, 이제 우리가 설교를 마무리 지을 다섯 번째 관찰로 넘어갑니다.

5. 우리 주님은 당신이 하신 약속들을 기억하십니다

그분이 제자들보다 앞서 갈릴리로 가실 것이라고 말씀하신 것은 그분이 죽으시기 전의 일이었습니다. 그리고 이제 그분이 죽은 자들 가운데서 부활하신 이상, 그분은 그분의 천사의 입을 통해, "전에 너희에게 말씀하신 대로 너희가 거기서 뵈오리라"고 말씀하십니다.

그리스도의 행동 규칙은 그분 자신의 말씀입니다. 그분이 말씀하신 바를 그분은 행하십니다. 여러분과 저는 그분의 약속을 잊을지라도, 그분은 결코 잊지 않으십니다. "전에 내가 너희에게 이른대로"는 그분이 말씀하신 모든 것의 기억입니다.

우리 주님은 왜 그분이 은혜롭게 말씀하셨던 바를 기억하시고 반복하실까요?

그분은 당신이 장래를 미리 보시고, 생각하셨으며, 관심을 갖고 말씀하셨기에 기억하시는 것입니다. 우리는 곧잘 약속하지만, 우리가 말하기 전에 그 사안을 충분히 고려하지 않기 때문에 그 약속을 잊습니다. 그러나 우리가 말하기 전에 생각하고, 계산해보며, 무게를 달아보고,

어리잡아 평가해보고 신중한 결심에 이르게 되면, 우리는 적극적으로 우리가 결심했던 바를 기억합니다. 우리 주 예수님의 그 어떤 약속도 나중에 후회할 상황이 올만큼 서둘러 말해진 것이 없습니다. 무한하신 지혜가 무한한 사랑을 이끕니다. 그리고 무한한 사랑이 약속을 기록하게 될 때, 절대 틀리지 않는 지혜가 한 음절 한 음절을 받아 적습니다.

예수님은 잊지 않으십니다.

그분은 자신의 온 마음을 다해 약속하셨기 때문입니다. 마음을 표현하는 것은 혀가 전부는 아니지요. 진실된 사람들일지라도, 우리는 우리가 의미하는 바를 많은 것으로 말하면, 감정의 깊이나, 설득력 있는 감정도, 마음의 중심을 뒤흔드는 것도 없습니다.

우리 주님은, "양들이 흩어지리라 하였음이니라 그러나 내가 살아난 후에 너희보다 먼저 갈릴리로 가리라"라고 그분이 말씀하실 때, 무거운 마음으로, 속이 녹아내리는 많은 한숨으로 말씀하셨습니다. 그분의 온 마음은 그 약속과 함께 그 슬픔에 찬 장면의 막을 내렸습니다. 그분은 자신이 약속하신 바를 구매하셨는데, 그 약속하신 바를 그분의 피로 값을 주고 사셨습니다.

그리하여 그분은 가장 엄중하게, 자신의 온 마음으로 말씀하십니다. 그리스도의 입장에서는 그분이 약속하시는 대상에 대하여 결코 시시하게 약속하지 않으십니다. 그러므로 그분은 결코 약속을 잊으시는 법이 없습니다.

그리고 한 번 더, **그분의 명예는 모든 약속과 밀접한 관련이 있습니다.** 그분이 갈릴리로 가시겠다고 말씀하시고, 가시지 않았더라면, 그분의 제자들은 그분이 실수하셨거나, 그분이 실패하셨다고 느꼈었을 것입니다.

형제들이여!

그리스도의 약속이 실패로 끝난다면, 우리가 그 약속에 대해 생각해야 할 이유가 무엇입니까?
그분은 결코 그분의 신실성과 정직성을 위험에 빠뜨리지 않으십니다.

그분의 약속을 깨거나 잊는 것보다는
그분이 존재하기를 그만 두는 것이 더 낫습니다.

사람들의 말들은 쌀겨처럼 바람에 날아가게 하십시오.
그러나 예수님의 말씀은 굳건히 서게 됨에 틀림없습니다. 그분은 그분의 진리의 색이 변하지 않게 하시는데, 이는 그분의 왕관의 보석들 가운데 최상급 중의 하나입니다.
저는 여러분이 여러분의 평정 상태에서 이 생각을 숙고하길 원합니다. 예수님은 그분이 말씀하신 모든 것을 기억하십니다. 우리의 마음으로 잊지 말게 하십시오.
그분의 약속의 끈과 은혜로운 약속과 함께 그분께 나아가십시오.
그분은 자신의 서명을 기억하실 것입니다. 그분은 최고의 수준으로 자신의 약속을 존중하실 것입니다. 그분을 신뢰하는 그 어떤 것도 그분이 과장하였다 불평하지 않을 것입니다. 저는 이것을 말하였을 때, 그렇게 했습니다. 저는 바로 이 순간에 성만찬의 식탁에서 그리스도와 진정한 교제에 들어가게 되는 것을 간절히 바라고 있습니다.
예수님!
당신은 우리로 당신으로 굶주리게 하셨습니다.
우리를 먹이지 않으시렵니까?
당신은 우리로 당신으로 목말라 하게 하셨습니다.

당신은 그 갈증을 해소시켜주지 않으시렵니까?

여러분은 우리의 지극히 사랑하는 분이 우리를 괴롭히려 하신다고 생각합니까?

우리의 배고픔은 돌로 된 벽을 뚫고 들어올 그러한 종류의 것입니다.

우리는 그분의 마음이 돌벽처럼 단단함을 발견하게 될까요?

아닙니다.

그분은 길을 열어주실 것입니다. 그리고 우리는 그분께 나아가는데 놓인 모든 장애물들을 부수며 지나갈 것입니다.

어떤 이는 말합니다.

"그러나 나 같은 불쌍하고, 이름도 없으며, 무가치 한 사람이 그분께 나아갈 수 있습니까?"

호숫가에 있던 제자들이 바로 그러한 자들이었습니다. 그들은 어부들이었고, 그리고 그분이 그들에게 다가오셨을 때, 그들은 밤새 수고하고 있었습니다.

여러분은 그분을 위해 일하고 있습니까?

그 때 그분이 여러분에 오실 것입니다.

이제 그분을 기대하십시오.

어떤 이는 말합니다.

"아! 성공하지 못하고 일만 하고 있었습니다."

여러분은 회중이 떨어져 나가고 있고, 자신의 교회가 회심한 성도로 수가 늘지도 않는 불쌍한 목사입니다. 여러분은 밤새 수고하였지만, 얻는 것이 없습니다. 혹은 여러분은 회심한 학생들을 보지 못하는 교회학교 교사입니다. 혹은 자신의 자녀가 그리스도가 나아가지 아니함을 슬퍼하고 있는 형제입니다.

저는 여러분이 누구인지를 봅니다.

여러분은 예수님께서 다가가셨던 그러한 종류의 사람들입니다. 왜냐하면 그들은 밤새 헛되이 수고했던 자들이었습니다.

허기가 집니까?

예수님은 외치십니다.

얘들아 너희에게 고기가 있느냐?(요 21:5)

그분은 여러분에게 다가오셔서 여러분의 배고픔에 대해 질문하십니다. 바닷가에 계시는 동안, 그분은 숯불을 피셨고, 그 위에 물고기와 빵을 얹으셨습니다.

와서 조반을 먹으라.

주님은 말씀하십니다. 식탁이 차려졌습니다.

그분께 나아오십시오!

그분이 여러분의 떡이며, 여러분의 소망, 여러분의 기쁨, 여러분의 하늘이십니다.

그분께 나아오십시오.

그분께서 자신을 여러분에게 드러내실 때까지 그분으로 안식하지 못하게 하십시오.

그러면 여러분은 여러분을 보듬는 분이 여러분의 주님이심을 확실히 알게 될 것입니다. 그분의 달콤한 사랑으로 인해, 지금 여기에 있는 우리 각자에게 그분이 그렇게 해주시길 기원합니다. 아멘!

Sermons on Cries from the Cross

제12장
우리 주님의 상처들의 증거들

> 도마에게 이르시되 네 손가락을 이리 내밀어 내 손을 보고 네 손을 내밀어 내 옆구리에 넣어 보라 그리하여 믿음 없는 자가 되지 말고 믿는 자가 되라(요 20:27).

요즈음 우리들 가운데 도마와 같은 사람들이 많이 있습니다. 즉, 반신반의하고, 징조와 징표를 요구하면서 의심이 많고, 때로는 슬픈 사람들입니다.

저는 우리들 가운데 대다수의 사람 안에서 도마와 같은 최소한의 [의심의] 기미도 없는 사람이 없을지 확신할 수 없습니다. 강한 사람도 넘어지는 때가 있으며, 굳건한 믿음을 가진 사람도 잠깐 멈추어, "그게 정말 그렇습니까?"라고 말하는 상황들도 있습니다.

그러므로 우리 앞에 놓인 본문에 대한 우리의 묵상이 도마를 괴롭혔던 병폐의 영향을 받는 사람들에 대해 도움이 될 수 있다고 생각합니다.

우리가 이 주제를 충분히 다루기 전에, 도마가 우리 주님께 그가 물어서는 안 되었던 것을 질문하였음을 인지하기 바랍니다. 그는 그분의 거룩한 인격을 거의 존중하지 않은 채, 부활하신 주님을 시험하길 원했습니다.

그를 향한 그의 주님의 인내심을 찬양하십시오.

그분은 "그가 믿기를 선택하지 않는다면, 그는 계속하여 자신의 불신앙으로 고통 받게 될 것이다"라고 말씀하지 않으셨습니다. 그러나 그렇게 하지 않으시고, 그분은 자신의 시선을 그 의심하는 자에게 고정시키셨습니다.

그리고 특히 그에게 말을 거셨습니다. 하지만 비난과 분노의 말씀이 아니었습니다. 예수님은 비록 도마가 그분과 오랜 시간을 함께 하였으나 그분을 알지 못했을지라도, 도마를 참아주실 수 있었습니다. 못자국에 손가락을 집어넣고, 옆구리의 창상에 손을 밀어넣는 것은 그 어떤 제자가 그의 거룩하신 주님에게 요구할 수 있는 권리 이상의 행동이었습니다.

그러나 예수님의 정중한 태도를 보십시오!

도마가 불신앙으로 인해 고통 받는 대신에, 그리스도는 그로 하여금 많은 자유를 허락하셨습니다. 우리 주님은 항상 그분의 위엄에 따라 우리를 향하여 행동하시는 것은 아닙니다. 주님은 우리의 필요에 맞추어 행동하십니다. 그리고 우리가 진정 단지 그분의 옆구리에 손을 밀어넣는 것 외에는 아무것도 행하지 않을 만큼 약하다면, 그분은 우리로 하여금 그 일을 하도록 허락하실 것입니다.

저는 이 사실에 놀라지 않습니다. 우리를 위하여 그분이 그곳에 찔린 창으로 고통 받으셨다면, 그분은 창으로 찔린 방향으로 들어오는 손을 허용하실 것입니다.

도마가 즉시로 확신을 갖게 되었던 사실을 주목하십시오.

그는 말했습니다.

"나의 주시며, 나의 하나님이십니다."

이는 우리 주님의 지혜를 보여줍니다. 그분은 그러한 친숙함으로 그가 제멋대로 행동하도록 두셨는데, 이는 그분이 그 요구가 주제넘은 것임을 아셨지만, 그 행동이 그의 유익을 위해 긍정적으로 작용할 것을 알고 계셨기 때문입니다.

우리 주님은 때때로 "예수께서 이르시되 나를 붙들지 말라 내가 아직 아버지께로 올라가지 아니하였노라"(요 20:17)라고 말씀하시면서 지혜롭게 거절하시기도 합니다. 그러나 다른 때에는 그분은 지혜롭게 허락하시는데, 우리가 요구하기에는 과도할 수 있는 것이지만, 그분은 허락하시는 것이 현명하다 생각하시기 때문입니다.

지금 당장의 묵상을 위한 주제는 이것입니다.

의심의 치유!

도마는 그의 손가락을 그의 의심의 치유를 위해서 못 자국 난 상처에 손가락을 집어넣도록 허락받습니다. 아마도 여러분과 저는 우리가 그러한 어떤 것을 행할 수 있기를 바랄 수 있습니다.

오, 우리 주 예수께서 한 차례 만이라도 내게 나타나신다면, 나도 내 손을 그분의 옆구리에 넣으려고 했을 수 있습니다.

혹은 한 번 만은 내가 그분을 뵙거나, 그분과 대화할 수 있다면, 저는 얼마나 확신할 수 있을까요!

의심할 바 없이 그 생각은 많은 사람들의 마음속에 떠올랐던 생각입니다.

나의 형제들이여!

우리는 그러한 증거를 가질 수 없습니다. 그러나 우리는 그 증거들에 유사한 어떤 것을 가질 것입니다. 그 증거는 동일한 목적에 활용될 것입니다.

1. 내 설교의 첫 번째 주제는 이것입니다. 아무런 표징을 갈구하지 마십시오. 그러한 표징들이 가능할지라도, 그것들을 갈망하지 마십시오. 꿈, 환상, 음성들이 있을지라도, 그것들을 요구하지 마십시오

기이한 일들을 갈구하지 마십시오.

첫째, 이는 기이한 일들을 요구하는 것은 거룩한 말씀에 불명예를 안기는 일이기 때문입니다.
여러분은 이 성경을 하나님의 책으로서 영감된 책으로 믿습니다.
사도 베드로는 그 책에 대해 이렇게 선포합니다.

> 또 우리에게는 더 확실한 예언이 있어… 너희가 이것을 주의하는 것이 옳으니라(벧후 1:19).

여러분은 그 말씀에 만족해 합니까?
여러분이 어떤 사람의 정직성에 대해 최고의 확신을 갖고 있는 그 사람이 이것 혹은 저것에 대해 증언할 때, 여러분이 곧장 "추가적 증거를 보면 좋겠습니다"라고 말한다면, 여러분은 여러분의 친구를 얕보는 것이며, 그 사람에 대해 부당한 의심의 눈초리를 보내는 것입니다.
여러분은 이 말씀으로 그리스도께 대하여 증언하시는 성령을 의심하겠습니까?
오, 그래서는 안 됩니다!
성령님의 증언에 만족해합시다.
보는 것이 아니라, 믿는 것에 만족하도록 합시다.

믿는데 어려움이 있다면, 믿는 자들이 유한하고, 믿어져야할 것이 본질적으로 무한하다면 믿는데 어려움이 있는 것은 당연하지 않겠습니까?

그 어려움을, 어느 정도는 본질적으로 우리 위치를 교정하는 증거로서, 우리의 마음과 같은 변변치 않는 마음으로 하늘의 신비를 바라볼 때, 그에 따라는 불가피한 부수적 산물로서 받아들이도록 합시다.

말씀을 믿고, 징표를 구하지 맙시다.

징표를 구하지 맙시다.

둘째, 왜냐하면 우리가 이미 가진 것 이상을 바라는 것은 비이성적이기 때문입니다.

말씀 안에 담겨진 주 예수 그리스도에 대한 증언은 그것만으로 우리에게 충분합니다. 그것 외에, 우리는 우리들보다 앞서 살았고, 믿음 안에서 승리의 모습으로 죽어간 성도들과 순교자들의 증언을 갖고 있습니다.

우리는 이 모든 일들이 참으로 그러하다고 말해주는 우리들 가운데 있는 많은 이들의 증언도 갖고 있습니다. 부분적으로 우리는 우리 자신의 양심의, 우리 자신의 회심이 의미하는, 그리고 회심 후의 우리의 삶이 말하는 증언도 갖고 있습니다.

이것은 매우 설득력 있는 증언입니다.

그 증언에 만족해하도록 합시다.

도마는 막달라 마리아, 그리고 다른 제자들의 증언에 만족했어야 합니다. 그러나 그는 그 증언에 만족하지 않았습니다. 우리는 우리 형제들의 말을 신뢰해야 합니다. 이미 증거들이 부족함 없이 우리에게 제공되었을 때, 우리에게는 [또 다른] 증거들을 갈망하는 무분별함이 없어야 합니다.

징표를 구하지 맙시다.

셋째, 왜냐하면 그렇게 함으로써 여러분은 주제넘는 행동을 할 가능성이 있기 때문입니다.

하나님께 징표를 내라고 명하는 당신은 누구입니까?

당신이 하나님을 믿기 전에 하나님이 행할 것을 요구하는 이게 무슨 상황입니까?

하나님이 징표를 보이시지 않기로 결정하셨다고 가정한다면, 따라서 당신은 거만하게 "주님이 내 명령대로 행하지 않는다면 저는 믿기를 거절할 것이오"라고 말할 것입니까?

당신은 지극히 높으신 하나님께 감히 요구하는 자세를 취하는 당신에게 그 어떤 천사가 당신에게 관심을 기울일 것이라고 상상합니까?

절대로 그럴 일이 없지요.

감히 하나님께서 하나님의 말씀 안에서 우리에게 허락하시기로 선택하신 하나님 자신에 대한 증언보다 더한 어떤 것을 요구하는 것은 참으로 뻔뻔스러운 일입니다.

넷째, 더욱이 징표를 구하는 것은 우리 스스로를 해치는 행위입니다. 예수님께서 말씀하십니다.

보지 못하고 믿는 자들은 복 되도다(요 20:29).

도마는 징표를 보았고, 믿었습니다. 그리고 지금까지는 그런대로 괜찮습니다. 그러나 그는 보지 못하고 믿는 자들에게 주어지는 특별한 축복을 놓치고 말았습니다.

그러므로 증거없이도 하나님의 성령의 증언만으로 영생에 이르기까지 주 예수님을 즉시로 믿기로 준비된 사람들에게 빛이 비쳐지는 특별한 은혜의 기회를 당신 스스로 박탈하지 마십시오.

다시 징표를 구하지 마십시오.

다섯째, 이 갈망은 매우 위험하기 때문입니다.

많은 사람들에 의하여 번역되었고, 내가 생각에 바르게 번역되었다는 말씀을 예수님이 하셨습니다.

> 네 손가락을 이리 내밀고 그것을 못 자국 안에 넣으라. 그리고 믿음 없는 자가 되지 말고 믿는 자가 되라.

이 말씀은 차츰 도마가 믿음이 없어질 수 있음을 시사하기 위해 의도된 말씀입니다. 그의 믿음은 점차로 작아져서 만일 그가 계속적으로 징표 혹은 증거로서 이것 혹은 저것을 보기를 고집한다면, 그의 믿음은 가장 낮은 상태에 이를 때까지 내려갈 것입니다.

그렇습니다.

그에게는 아무런 믿음이 남지 않았었을 수도 있습니다.

> 믿음 없는 자가 되지 말고 믿는 자가 되라.

사랑하는 친구들이여!

여러분이 징표를 구하기 시작한다면, 그리고 여러분이 그 징표들을 보아야 하겠다면, 어떠한 일이 발생할 질 알고 있습니까?

왜입니까?

여러분은 왜 더 원합니까?

여러분이 이 증거들을 갖게 된다면, 여러분은 더 많이 요구하게 될 것입니다. 자신의 감정에 따라 사는 사람들은 하나님의 진리에 대해서 자기 자신의 상태에 근거하여 판단합니다.

그들이 행복한 감정을 느낄 때는, 그들은 믿습니다. 그러나 그들의 영혼이 침울하다면, 날씨가 불쾌하게 습도가 높다면, 혹은 그들의 심신의 기질이 불편해져 병이 나거나 한다면, 그들의 영혼은 내리막길을 걷고, 곧장 그들의 믿음도 내리막길을 걷게 됩니다. 감정에 의존하지 않고 주님의 말씀에 위에 세워진, 믿음으로 사는 사람은 하나님의 산처럼 확고하고 견고합니다.

그러나 주님의 손에 안전히 보호받고 있는 징표로 이것 혹은 저것을 갈구하는 사람은 믿음의 결핍으로 생명을 잃어가는 위험 가운데 서 있는 것입니다. 작은 믿음일지라도 살아있는 믿음을 갖고 있는 사람은 멸망하지 않을 터인데, 하나님께서 그를 유혹에서 건지실 것이기 때문입니다. 그러나 그 시험은 믿음에게 있어서는 매우 괴로운 것입니다.

그러므로 징표를 구하지 마십시오.

여러분이 환상을 보았다고 말하는 사람의 이야기를 읽는다면, 혹은 여러분은 어떤 음성이 그에게 말했다고 또 하나의 선언을 듣게 된다면, 여러분이 원하는 방식으로 그것을 믿거나 믿지 않게 될 것입니다.

오. 그러나 그러한 징표들을 여러분 스스로는 바라지 마십시오.

이 기이한 이들은 상상에 따른 이상한 현상일 수 있습니다. 저는 그 현상들을 판단하지 않습니다. 그러나 우리는 그것들에 의존해서는 안 됩니다. 우리는 눈에 보이는 것에 따라 걷는 것이 아니라, 믿음으로 걸어야 하기 때문입니다.

눈으로 보여질 수 있는 어떤 것이나, 귀로 들려질 수 있는 어떤 것을 의존하지 마십시오.

단지 우리가 하나님의 그리스도요, 우리 구원의 바위이신 그분을 신뢰하십시오.

2. 여러분이 위로를 원할 때, 징표를 구하지 말고, 여러분의 주님의 상처를 의지하십시오

여러분은 도마가 한 일을 보았습니다. 그는 믿음을 원하였고, 그는 상처 입은 주님에게서 그 믿음을 찾았습니다. 그는 그리스도의 영광으로 관 씌워지신 머리에 대해는 아무것도 말하지 않았습니다. 그는 자신이 "가슴에 금띠를 띠신"(계 1:13) 분을 보았음에 틀림없다고 말하지 않습니다.

도마는 자신의 불신앙 가운데서도 지혜로웠습니다. 그는 위로를 위해 자신의 주님의 상처를 의지하였습니다.

여러분의 불신앙이 여러분을 지배할 때면, 이점에서 도마의 행동을 따르십시오.

그리고 여러분이 시선을 곧장 예수님의 상처에게로 돌리십시오.

이것들이 결코 멈추지 않고 다함이 없는 [위로의] 샘들입니다. 그 샘들로부터 사람이 한번 마시기만 한다면, 그는 자신의 비참함을 잊게 될 것이며, 자신의 슬픔을 더 이상 기억하지 않을 것입니다.

주님의 상처들을 의지하십시오.

그리고 여러분이 그렇게 한다면, 여러분은 무엇을 보게 될까요?

첫째, 여러분은 여러분의 주님의 사랑의 증거를 보게 될 것입니다.
오, 주 예수여!
당신의 옆구리와 당신의 손에 있는 이 상처들은 무엇입니까?
그분이 대답하십니다.

> 이것들은 내가 너를 위하여 고난 받는 동안 내가 견뎠던 것들이다.
> 내가 어찌 너를 잊을 수 있겠느냐?
> 저는 너희를 내 손바닥에 새겼단다.
> 내가 어찌 너를 기억해 내지 못하겠느냐?
> 바로 내 심장에 그 창이 너의 이름을 기록하였노라.

죽으셨고, 묻히셨으며, 부활하신 예수님을 바라보십시오.
그리고 말하십시오.
"그분이 나를 사랑하셨습니다. 그리고 그분이 나를 위하여 자기 목숨을 버리셨습니다."
침몰하는 믿음에는 상처 입은 구세주를 바라봄과 같은 회복약은 결코 없습니다.
영혼이여, 바라보십시오.
그리고 그분의 죽음이라는 증거로 살아가기 바랍니다.
와서 믿음으로 여러분의 손가락을 못 자국에 넣으십시오.
이 상처들이 불신앙에 빠진 당신을 치유할 것입니다. 우리 주님의 상처가 그분의 사랑의 증표입니다.

둘째, 그 상처들은, 특히 그분의 옆구리에 있는 그 상처는 그분의 죽음의 인장(印章, seal)입니다.

그분은 죽으셨음에 틀림없습니다. 왜냐하면 "그 중 한 군인이 창으로 옆구리를 찌르니 곧 피와 물이 나오더라 이를 본 자가 증언하였으니"라고 기록되었기 때문입니다(요 19:34-35).

하나님의 아들은 확실히 죽으셨습니다. 그 하나님의 아들은 하늘과 땅을 만드셨고, 우리와 같은 인간의 본성을 입으셨고, 놀라운 인격 속에서 그분은 하나님이시면서 인간이셨습니다.

보십시오!

이 놀라우신 하나님의 아들이 이루 말할 수 없고, 그분의 죽음으로 절정에 다다른 고난을 감당하셨습니다. 이것이 우리의 위로입니다. 왜냐하면 그분이 우리 대신에 죽으셨다면, 우리는 우리 죄로 인해 죽지 않을 것이기 때문입니다.

우리의 죄책이 제거되었고, 우리의 불법함이 용서받았습니다. 그 희생제물이 죽임을 당하지 않았더라면, 우리는 절망했을 것입니다. 그러나 창에 찔린 상처가 위대한 희생제물이 진정 죽으셨다는 것을 증명하기 때문에, 절망이 죽임을 당했고, 소망이 되살아났으며, 확신이 기뻐하는 것입니다.

셋째, 예수님의 상처는 정체성의 표식입니다.

이 상처들로 말미암아 우리는 그분의 부활 후에 그분의 거룩한 인격(person)을 확인가능하게 되었습니다. 죽으셨던 바로 그 그리스도께서 다시 사신 것입니다. 환영(幻影) 같은 것이 아닙니다. 착각이 있을 수도 없습니다. 우리 위에 있는 그분의 자리에 누군가를 밀어넣은 것이 아닙니다.

그러나 죽으신 예수님께서 죽은 자들을 떠나셨습니다. 왜냐하면 그분의 손과 그분의 발에는 십자가 처형의 흔적이 있기 때문입니다. 그곳에는 그분이 창에 찔린 흔적이 그대로 남아 있습니다. 그분은 예수님이십니다. 바로 동일한 예수님이라는 말입니다.

이것, 곧 우리 주님의 부활이라는 이 논박할 수 없는 교리가 그리스도인에게는 큰 위로가 됩니다. 이 교리가 복음이라는 아치를 쌓아갈 때 중추적인 돌입니다.

그 교리를 제거하거나 의심해 보십시오.

그러면 여러분을 위로할 아무것도 남지 않게 될 것입니다. 그러나 예수님이 죽으셨고, 동일한 인격이 다시 살아나셨고, 영원히 사시기 때문에, 따라서 우리의 마음은, "예수 안에서 자는 자들도 하나님이 그와 함께 데리고 오시리라"(살전 4;14)를 믿으면서 편안히 쉴 수 있는 것입니다. 또한 우리 마음은 예수님의 전체 사역이 진실되며, 완성되었고, 하나님께 받아들여졌음을 믿는 것입니다.

넷째, 그 상처들, 즉 우리 주님의 흉터들은 그분의 백성들을 향한 그분의 사랑에 대한 기억을 떠올리는 흔적(memorials)이었습니다.

그 상처들은 그분이 선택한 자들이 그 징표를 볼 수 있게끔 그분의 사랑을 설명합니다. 그 상처들은 또한 그분 자신에 대한 기록이기도 합니다. 그분은 겸손히 이 상처들을 그분에 대한 기념물로 지니십니다. 이 순간 하늘에 계시는 거룩하신 우리 주님의 인격 위에는 그분의 십자가 처형에 대한 흉터가 있습니다. 수 세기가 지나갔지만, 여전히 그분은 죽임 당한 어린 양처럼 보입니다.

우리가 처음 본 것만으로도 이 분이 사람들이 "십자가에 못 박으시오!

십자가에 못 박으시오!"라고 말했던 그분임을 확신할 수 있을 것입니다. 침착하게 여러분의 믿음의 눈으로 그 영광을 바라보십시오.

그리고 여러분의 주님의 상처를 보고, "그분은 우리를 여전히 긍휼히 보시고 계시며, 그분은 여전히 고난의 표식을 지니고 계십니다"라고 말하십시오.

고난당하고 있는 불쌍한 이들이여,

고개를 들어 보십시오.

예수님은 신체적 고통이 무엇을 의미하는지를 아십니다.

낙담한 이들이여!

고개를 들어 보십시오!

그분은 찢어지는 마음이 무엇을 의미하는지를 아십니다.

당신은 이것을 깨닫지 못합니까?

그분의 손 위에 있는 못 자국, 이 거룩한 낙인은 그분이 우리를 위하여 무엇을 겪으셨는가를 잊지 않으셨고, 그분이 우리를 향하여 여전히 동료 의식을 갖고 계심을 선언합니다.

다섯째, 다시 한 번, 이 상처들은 우리를 위로할 수 있는데, 하늘에서 그 상처들은 하나님과 거룩한 천사들 앞에서 주님이 완수하신 사역의 영원한 표식이기 때문입니다.

주님의 수난은 결코 반복될 수 없고, 결코 반복될 필요도 없습니다.

> 오직 그리스도는 죄를 위하여 한 영원한 제사를 드리시고 하나님 우편에 앉으사(히 10:12).

그러나 그 기억을 떠올리는 흔적은 항상 하나님의 무한하신 마음 앞에 기억됩니다. 그 흔적들은 부분적으로 우리 주님의 거룩한 인격 안에 상처들입니다. 영광스럽게 된 영혼들은 결코 찬송하기를 쉬지 않습니다.

죽임을 당하신 어린 양은 찬송을 받으시기에 합당하도다.

왜냐하면 그들이 그분을 바라보는 매 순간마다 그들은 그분의 흉터들을 인지하기 때문입니다.
그 못 자국은 얼마나 찬란하게 빛이 저는가!
과거 어떤 임금을 장식했었던 그 어떤 보석들도 이 주님의 상처가 빛을 내는 광채의 절반도 따라갈 수 없습니다. 비록 그분이 영원히 찬양받으실 하나님이실지라도, 우리에게는 적어도 그분의 가장 밝게 빛저는 광채는 그분으로 죽음에서 나옵니다.
나의 청중들이여!
그대의 영혼이 구름으로 드리워질 때면 언제든지, 다섯 개의 밝은 별들이 위치한 별자리처럼 빛을 내는 이 상처들을 의지하십시오.
당신 자신의 상처를 보지 말고, 당신 자신의 고통 혹은 죄악, 혹은 기도들도, 눈물도 보지 말고, "그가 채찍에 맞음으로 우리가 나음을 입었다"는 것을 기억하십시오.
응시하십시오!
집중하여 응시하십시오!
여러분이 위로를 찾고자 한다면 당신의 구속자의 상처들을 응시하십시오.

3. 이 권유는 나를 세 번째 요점으로 이끕니다. 믿음이 휘청거릴 때면 언제든지 여러분의 믿음을 위하여 가능한 도움을 구하십시오

우리는 문자적으로 우리의 손가락을 그 못 자국에 넣을 수 없을지라도, 그리고 그렇게 하길 원하지 않을지라도, 우리가 보유하고 있는 그러한 인식의 방법을 사용토록 합시다.
이 방법들을 최대한 활용합시다.
그러면 우리는 더 이상 우리의 손을 구세주의 옆구리에 집어넣길 바라지 않을 것입니다. 우리는 그것 없이도 완벽하게 만족하게 될 것입니다. 의심과 두려움으로 고통받고 있는 여러분에게 저는 이것들을 추천합니다.

첫째, 여러분은 자신의 믿음이 선명하고 강해지게 하려면, 여러분의 구세주의 죽음에 관한 이야기를 많이 연구하십시오.
그 이야기를 읽으십시오.
그 이야기를 읽고 또 읽으십시오.
그 목소리가 어거스틴에게 말했습니다.

집어 들어 읽으라(Tolle, Lege).
그 책을 취하라. 그리고 그 책을 읽으라.

저도 동일하게 말합니다.
네 개의 복음서들을 집어들으십시오.
이사야서 53장을 취하십시오.

시편 22편을 취하십시오.

우리의 고난 받는 대리자(Substitute)에 대하여 상세히 말하는 성경의 다른 모든 본문들을 취하십시오.

그리고 여러분이 그분의 슬픔과 죄를 대신 지심에 대한 전체 이야기에 친숙하게 될 때까지 그 책들을 밤낮으로 읽으십시오.

여러분의 마음을 의지적으로 그 이야기에 고정시키십시오.

때때로가 아니라 계속적으로 그렇게 하십시오.

Crux lux. 즉 십자가가 빛입니다.

당신은 십자가의 빛으로 그 이야기를 보십시오.

여러분이 성령께 여러분의 깨달음을 위해 기도한다면, 그 이야기에 대한 연구는 여러분 안에 믿음을 낳을 것입니다. 그리고 그 수단을 통해 여러분은 마침내 "저는 의심할 수 없습니다. 속죄의 진리가 내 기억에, 내 마음에, 내 이해에 큰 감동을 주었습니다. 그 기록은 나를 확신시켰습니다"라고 말하게 될 때까지, 여러분은 큰 도움을 받을 수 있습니다.

둘째, 이것이 충분하지 않다면, 자주 예수님의 고난을 묵상하십시오. 저는 그 권면을 통해, 여러분이 그 이야기를 읽을 때, 앉아서 그 이야기를 시험해보고 묘사해볼 것을 의미합니다.

여러분의 마음으로 그 이야기 여러분 앞으로 지나간다고 생각해 보십시오.

여러분을 그분이 죽으시는 것을 지켜보았던 사도들의 위치에 놓으십시오.

그 어떤 일도 그처럼 크게 믿음을 강화시키지 않을 것이며, 확실히 더 즐길 수 있는 아무 일도 없을 것입니다.

> 달콤한 순간들, 거룩함으로 가득 찬
> 내가 십자가 앞에서 보내는 시간,
> 죄인의 죽어가는 친구에게서 얻게 되는
> 생명과 건강과 평화.

여러분이 죽음과 지옥으로부터 속량 받은 길이 되었던 그 장엄한 죽음 안에 있는 각각의 세부적인 일들, 사항들, 그리고 사건들을 숙고하느라 몰두한다면, 한 시간이 웅장하게 사용될 것입니다. 여러분은 스스로가 성령의 도우심으로 예수의 죽음과 얼마나 친숙해지고 있는가를 발견하고 놀라게 될 것이며, 그 일은 마치 여러분이 그 사건을 보았던 것처럼 여러분에게 선명하게 될 것입니다.

그리고 실제로 그 사건을 보았을 때보다 여러분의 마음에 더 나은 효과를 가져올 것입니다. 왜냐하면 실제적으로 보는 것은 여러분의 마음에서 스쳐지나가서 잊혀질 수 있기 때문입니다.

반면에 슬픔 장면에 대한 숙고는 여러분의 영혼의 깊은 곳에 침잠하여 영원한 흔적을 남길 것입니다. 첫째로 여러분은 그 내러티브를 읽고 아는 것이 마땅하며, 그 뒤에는 신중하고 열정적으로 그 내러티브를 숙고함이 마땅합니다.

제가 말하려는 바는 기회가 될 때마다 일 이 분씩 예수님의 죽음에 대해 생각하지 말고, 여러분의 구세주의 죽음에 관한 이야기를 깊이 생각하기 위하여 의도적으로 특별히 구별할 수 있는 한 시간 혹은 두 시간의 시간을 내는 것을 말합니다. 여러분이 이 일을 행한다면, 그 일이 도마가 못 자국에 손가락을 넣었던 것보다 훨씬 더 여러분에게 유익이 될 것이라고 확신합니다.

그 다음은 무엇입니까?
사랑하는 친구들이여!

셋째, 주님께서 왜 그분의 백성들에게 놀라운 깨달음을 주셨는가입니다.

저는 내가 주님이 우리와 함께 계시고, 우리가 강력하게 그 사실에 의해 감명 받고 하나님의 영광이 실제적으로 가시적으로 보인다는 의식 아래 행동할 시대에 우리가 살고 있다고 말할 때, 그 어떤 부정확한 것을 말하지 않게 되길 희망합니다.

주 예수께서 여러분의 어깨 너머로 보고 계시는 것처럼 느끼면서 한 친구에게 편지를 쓰는 일이 어떠할지 여러분은 알고 있습니까?

저는 때때로 여기에 서서 설교할 때, 나의 주님이 내가 문자적으로 그분을 뵙는다면, 전혀 내게는 놀라운 일이 아닌 것처럼 주님을 가까이 느끼는 것이 무엇인지 알고 있습니다.

여러분은 밤에 자지 않고 누워 있을 때에 시계만이 째깍 하는 소리가 들릴 뿐 아무 소리도 나지 않을 때 비록 여러분 앞에 어떤 존재도 없다는 것을 알고 있음에도, 여러분이 마치 그분의 슬픔에 찬 외모를 뵐 수 있는 것처럼 그분이 바로 거기 계시다는 확신이 들 때까지 여러분의 주님에 대해 생각해 본적이 결코 없습니까?

여러분은 그 이야기를 하고 싶지 않을 것이나, 온전히 혼자 있는 조용한 장소들에서, 외로운 숲속에서, 그리고 옥탑 방에서, 여러분은 말하였습니다.

"그분이 말씀하셨더라면, 저는 그분의 존재를 더 확신할 수 없었을 거야. 그분이 나에게 미소 지으셨더라면, 저는 그분의 사랑을 더 확신할 수 없었을거야."

 이 깨달음은 때때로 그 수년 동안 모든 의심의 힘을 뛰어넘어 그 깨달음으로 여러분이 힘을 얻을 수 있었을 만큼 압도적인 기쁨이었습니다. 이 거룩한 여름날들은 영혼의 서리를 몰아내었습니다. 나의 주님의 존재에 대한 의심이 나를 찾아올 때면 언제든지, 저는 내가 시험하는 자를 냉소에 붙일 수 있다고 느낍니다.

 왜냐하면 저는 그분을 뵈었고, 그분과 말씀을 나누었기 때문입니다. 이 눈들이 아닌, 나의 내면의 생명의 눈으로 저는 나의 주님을 뵈었고, 그분과 교제를 나누었습니다.

 내가 "현대적 사고"(Modern thought)라는 검은 해적선의 선원들 가운데 속하지 않은 것을 이상히 여기지 마십시오.

 우리가 이러한 도움을 얻는 것은 단순히 즐거움의 시기가 아니라 **깊은 낙담의 시기**입니다. 고통으로 의기소침하고, 어떤 위로도 즐길 수 없으며, 잠조차 잘 수 없는 상태임에도, 저는 마치 모든 소리가 까르르 결혼식의 웃음소리인 것처럼 행복해하는 신자의 영혼을 보아왔습니다.

 우리들 가운데 몇몇은 맹렬한 시련의 시기에 바르게 매우 기뻐하며, 즐거워하고, 행복해하는 것이 무엇인지를 압니다. 그리스도께서 계속 가까이 계시기 때문이지요. 상실과 사별의 시기에, 슬픔이 속살까지 여러분을 찔렀을 때, 슬픔이 오기 전에 미리 여러분은 그 슬픔을 견딜 수 없을 것이라고 생각했습니다.

 하지만 여러분은 상처 입으셨던 거룩한 머리를 봄으로써 그리고 고통 속에 계신 주님과의 교제를 통해 힘을 얻어서 "그분의 슬픔과 비교하면 내 슬픔은 아무것도아닙니다"라고까지 말하게 되었습니다. 여러분은 자신의 슬픔을 잊었고, 흥겹게 떠들고 노는 이들처럼, 마음의 기쁨으로 노래하였습니다. 여러분이 이런 방식으로 도움을 얻었다면, 못 자국에 여러분의 손가락을 집어넣은 결과였었을 수도 있는 그 일이 여러분에게 항상 효과를 미치게 될 것입니다.

만일 우연히 여러분이 죽음에 넘겨지고, 정신적으로 죽어가는 전 과정을 경험하게 되며, 하나님의 심판정 앞에 곧 서게 될 것이 예상될 때, 행복하고 환희에 차게 된다면, 여러분은 소용돌이치는 파도 위로 여러분을 지탱한 종교의 실체를 의심할 수 없게 될 것입니다.

여러분이 이제 다시 약간은 긴 시간 동안 생명으로 복귀된 이상, 여러분이 죽어가는 시간이라고 생각했던 시기에 가졌던 여러분의 활기찬 정신에 대한 회상은 내가 생각하기에 여러분이 못 자국에 손가락을 넣었던 모든 목적에 대해 여러분에게 답을 줄 것입니다.

때때로 힘을 북돋워주는 영향력은 **유혹의 스트레스** 아래서 주어질 수 있습니다. 적어도 젊은이인 당신에게 세차게 여러분을 향해 달려들던 강한 유혹을 경험하면서, 거의 실족할 뻔 했다면, 저는 당신을 "젊은이"라고 말하지 않을 것입니다.

그러나 적어도 어떤 연령의 남성이나 여성이라도 "하나님, 나를 도와주소서. 내가 어떻게 이것을 피할 수 있겠습니까?"라고 외쳐야 한다면, 여러분은 눈을 돌려 여러분의 주님을 바라보고 그분의 상처를 바라보아야 합니다.

그리고 만일 여러분이 그 순간에 유혹이 모든 힘을 잃었음을 느끼게 된다면, 여러분은 주님으로부터 인증을 받게 된 것이며, 여러분의 믿음은 확증된 것입니다. 여러분의 주님을 바라볼 때, 여러분은 유혹의 현장에서 "내가 어찌 이 큰 악을 행하여 하나님께 범죄하리이까?"라고 외쳤다면, 그 후에 여러분이 구원하시는 여러분의 구속주의 능력의 최상의 증거를 갖게 될 것입니다.

여러분이 바랄 수 있는 더 낫거나 더 실제적인 증거는 무엇입니까?

우리의 믿음의 기초가 계속적으로 파헤쳐지고 있는 이 시간에, 어떤 사람은 때때로 스스로에게 말해야하는 상황이 있습니다.

"그것이 사실이 아니라면!"

어느 날 밤 내가 하늘 아래 서서 별들을 바라보고 있을 때, 저는 내 마음이 내가 드릴 수 있는 모든 사랑과 함께 위대하신 창조주께 올라가고 있음을 느꼈습니다.

저는 내 자신에게 말했습니다.

> 내가 하나님을 사랑하고 있음을 알도록 무엇이 나로 하여금 하나님을 사랑하게 하였을까? 무엇이 나로 하여금 정결하신 하나님처럼 되고 싶다는 생각을 갖게 하였을까? 무엇이든 어떤 것이 나로 하여금 나의 하나님께 복종하는 일을 갈망하게 만들었다는 것은 거짓일 리 없어.

저는 내가 한 때 예수님께 대하여 경솔하였고 무관심하였을지라도, 내 마음을 바꾸어 이제는 그분을 높이는 갈망으로 가슴 벅차 오르게 한 것은 예수님의 사랑임을 압니다.

무엇이 이 일을 행했을까요?

이것은 거짓이 아닙니다. 그렇다면 진리가 그것을 행한 것입니다. 저는 진리를 진리의 열매로 압니다. 이 성경이 거짓이라고 드러난다면, 그리고 내가 죽어 나의 창조자 앞에 간다면, 저는 그분께 말할 수 없을 것입니다.

오 위대하신 하나님, 저는 당신에 대한 위대한 일들을 믿었습니다. 그렇지 않을지라도, 저는 당신의 놀라운 선하심과 용서하시는 능력에 관하여 내가 가진 믿음으로 당신을 높이지 않았습니까?

그리고 저는 두려움 없이 그분의 긍휼 위에 나를 던져 넣을 것입니다. 그러나 우리는 그러한 의심을 고려하지 않습니다. 왜냐하면 고귀한 그 상처들이 계속적으로 복음의 진리를 증명하고, 그것을 통해 우리 구원의 진리를 증명하기 때문입니다. 성육하신 하나님은 시인의 마음으로 결코 고안된 적이 없는, 철학자의 솜씨로 추론된 결과물도 아닌 범주의 사고(thought)였습니다.

죄인인 인간을 대신하여 지상에 사셨고, 피를 흘리셨으며, 인간의 모습으로 죽으신 하나님에 대한 개념인 성육하신 하나님!

그 자체가 최상의 증거입니다. 그 상처들은 그리스도의 복음에 대한 오류가 될 수 없는 증언입니다.

여러분은 사역의 시간에 도움의 형태로 매우 강력하게 역사하는 그 상처들을 느낀 적이 없습니까?

여러분은 말했습니다.

"저는 그것을 할 수 없어요. 그 일은 내게 너무 어려워요."

여러분은 상처 입으신 그리스도를 보았고, 여러분은 어느 것이든 할 수 있었습니다. 피 흘리시는 그리스도를 한 번 보기만 해도 종종 우리 안에 열정이 가득 찼고, 또한 능력도 가득 해졌습니다. 피 흘리신 그리스도를 보는 일을 하나님의 전능하심으로 우리를 강력하게 만들었습니다.

모든 시대에 있는 그리스도의 교회를 보십시오.

왕들과 권력자들은 교회에 대하여 어떻게 대해야 할지를 몰랐습니다. 그들은 교회를 멸절시키겠다고 맹세했습니다. 그들은 교회를 박해하라는 포고령을 발하였고, 그들은 그리스도를 따르는 수천 명을 죽였습니다.

그러나 무슨 일이 일어났지요?

예수님의 죽음이 사람들로 기꺼이 그분을 위해 죽게 만들었습니다. 그 어떤 고통도, 그 어떤 고문도 그 믿는 무리들을 물러서게 할 수 없었습니다. 그들은 자신들의 지도자들이 피를 흘리며 쓰러질지라도, 또 다른 지도자를 내세우고, 또 다른 지도자가 나오고, 또 다른 지도자가 계속 나와서, 폭군들이 어떤 지하 감옥도, 어떤 고문대도 그 어떤 불도 그리스도의 군대의 행진을 멈추게 할 수 없음을 보게 될 때까지 예수님을 사랑하였습니다.

지금도 그렇습니다.

그리스도의 상처들은 교회 안에서 생명을 주입하고 있습니다. 하나님의 교회를 살리는 생명의 피는 예수님의 상처에서 온 것입니다.

하나님의 선하신 목적을 위하여 행하게 하는 우리 안에서 역사하시는 그 피의 능력을 알고 그 피의 능력을 느낍시다. "

그리고 그분을 믿지 않는 이들에 관해서는, 내가 무엇을 말할 수 있을까요? 주님께서 여러분이 즉시로 그분을 믿도록 도우십니다. 왜냐하면 여러분이 그분을 믿지 않는 한, 여러분은 끔찍한 저주 아래 있기 때문이고, "만일 누구든지 주를 사랑하지 아니하면 저주를 받을지어다"(고전 16:22)라고 기록되었기 때문입니다.

이 저주는 주님이 오실 때 임할 저주입니다.

그러한 일이 여러분에게 발생하지 않기를, 아멘!

찰스 해돈 스펄전의
십자가 메시지

Sermons on Cries from the Cross

2017년 10월 20일 초판 발행

| 지 은 이 | 찰스 해돈 스펄전 |
| 옮 긴 이 | 왕인성 |

편 집	변길용, 권대영
디 자 인	이보람
펴 낸 곳	사)기독교문서선교회
등 록	제16-25호(1980. 1. 18)
주 소	서울시 서초구 방배로 68
전 화	02) 586-8761~3(본사) 031) 942-8761(영업부)
팩 스	02) 523-0131(본사) 031) 942-8763(영업부)
홈페이지	www.clcbook.com
이 메 일	clckor@gmail.com
온 라 인	기업은행 073-000308-04-020, 국민은행 043-01-0379-646
	예금주: 사)기독교문서선교회

ISBN 978-89-341-1722-3 (03230)

* 낙장·파본은 교환해 드립니다.

이 도서의 국립중앙도서관 출판시 도서목록(CIP)은 서지정보유통지원시스템 홈페이지(http://seoji.nl.go.kr)와 국가자료공동목록시스템(http://www.nl.go.kr/kolisnet)에서 이용하실 수 있습니다.
(CIP제어번호: CIP2017024348)